本书受中央高校基本科研业务费专项资金资助

supported by the Fundamental Research Funds for the Central Universities

大数据与人文社会科学研究丛书
Big Data in Humanities and Social Sciences

Exploring
Big Historical Data
The Historian's Macroscope

探索历史大数据

历史学家的宏观视角

[加] 肖恩·格雷厄姆（Shawn Graham）　　[加] 伊恩·米利根（Ian Milligan）
[美] 斯科特·魏因加特（Scott Weingart）　著
梁君英　刘益光　黄星源　译

ZHEJIANG UNIVERSITY PRESS
浙江大学出版社

致　谢

　　本书的创作对我们而言是一次重大的尝试，同时也是一段宝贵的学习经历。我们要向我们的学生和网络版本的所有读者表示感谢，感谢他们参与讨论并与我们进行公开的合作，共同致力于揭示大数据数字化历史的潜力和风险。同行评审提出了极具建设性的建议，使本书终稿的质量有了显著的提升。同时，我们衷心感谢爱丽丝·奥芬（Alice Oven）、凯瑟琳娜·威吉曼（Catharina Weijman）、简·赛耶斯（Jane Sayers）以及帝国理工学院出版社的其他工作人员，他们帮助我们筹划了整个项目，并完善了全书的行文和内容。

　　本·马威克（Ben Marwick）对我们的代码给予了评价，且多次对代码进行修改使其更清晰，更有效。我们强烈建议大家通过 https://github.com/benmarwick 查看本的 GitHub 存储库，以获取处理大数据的更多方法。大卫·赫西（David Hussey）、金姆·马丁（Kim Martin）和凯特琳·韦恩-赖特（Kaitlin Wain-Wright）以兼具批判性与深刻性的视角仔细审阅并改进了本书的倒数第二稿。乔·范·埃夫里（Jo Van Every）的写作工作坊及其参与者帮助肖恩的工作顺利起步。米歇尔·莫拉韦克（Michelle Moravec）探讨了什么在 Twitter 上有效，而什么没有，并分享了她自己的研究过程，这让我们学到了很多。以利亚·米克斯（Elijah Meeks）、安德鲁·戈德斯通（Andrew Goldstone）、泰德·安德伍德（Ted Underwood）、本·施密特（Ben Schmidt）和迈克尔·威德纳（Michael Widner）给我们带来了诸多启发。蒂姆·埃文斯（Tim Evans）和爱丽丝·奥芬（Alice Oven）推动了本书的诞生。感谢马萨诸塞州历史学会的慷慨，允许我们获取并分析约翰·亚当斯（John Adams）日记中的珍贵数据。最初审阅我们提案的匿名审稿人促使我们开展更具创造性的工作，感谢他们在百忙之中抽出了时间并进行了深思熟虑。

　　阿曼达·塞利格曼（Amanda Seligman）将部分网站的完善任务分配给了她的学生，作为他们数字化历史研究生课程的一部分。他们的评价也让我们受益良多。

viii　　　　在宏观层面，以下人员对我们的作品是否能够发挥功效提出了诸多意见、问题和反馈，没有他们的贡献我们无法完成这项工作：安杰拉·泽斯（Angela Zoss）、大卫·拜格利恩（David Baglien）、丹·肖尔（Dan Shore）、涅雅·达德利（Nieya Dudley）、詹姆斯·沃勒（James Waller）、阿曼达·沃克曼（Amanda Workman）、杰西卡·达西（Jessica Daase）、马库斯·范·格林斯文（Marcus Van Grinsven）、贾丝明（Jasmine）、伊绍拉·利昂（Isaura Leon）、阿拉迪（Arlardy）、克里斯蒂安·威廉（Christian Wilhelm）、查尔斯·梅尔伯格（Charles Mehlberg）、安德鲁·赫丁（Andrew Heding）、泽基亚·琼斯（Zakea Jones）、本杰明·高奇（Benjamin Gautsch）、贝丝·穆德拉夫（Beth Mudlaff）、伊丽莎白·杨（Elizabeth Young）、丹妮尔·阿尔瓦罗（Danielle Alvaro）、托尼·休杰（Tony Hugill）、卡莉（Karlie）、妮科尔·斯潘格勒（Nicole Spangler）、阿什利·卡尔森（Ashley Carlson）、布莱斯林（Bricelyn）、威尔·塔金里蒂斯（Will Tchakirides）、露丝·琼斯（Ruth Jones）、埃里克·加多斯蒂克（Eric Gajdostik）、卡西迪（Cassidy）、约翰娜（Johanna）、迈克尔·克莱默（Michael Kramer）、丽贝卡·格里尔（Rebecca Greer）、乔伊斯·周（Joyce Zhou）、克里斯蒂·博斯（Christi Bose）、戴安娜·莫雷诺（Diana Moreno）、迦勒·麦克丹尼尔（Caleb McDaniel）、马滕·迪林（Marten Düering）、约翰·劳登（John Laudun）、扎克·巴蒂斯特（Zack Batist）、乔纳森·麦夸里（Jonathan McQuarrie）、阿里安娜·丘拉（Arianna Ciula）、彼得·霍尔兹沃思（Peter Holdsworth）、克莱门特·勒瓦卢瓦（Clement Levallois）、吉姆·克利福德（Jim Clifford）、乔斯·伊盖尔图安（José Igartua）、罗伯·布莱兹（Rob Blades）、霍利斯·皮尔斯（Hollis Peirce）以及威廉·丹顿（William Denton）。

　　　　最后，肖恩感谢塔玛拉（Tamara）、卡里斯（Carys）和科纳尔（Conall）在他被计算机相关问题困扰时表现出的耐心；伊恩感谢詹妮弗·布利克尼（Jennifer Bleakney）对本书进行的大量编辑和复查工作，以及他在滑铁卢大学的同事允许他借助学生的力量对这些想法进行测试；斯科特感谢家人以及合著者在整个过程的每个阶段都显现出了非凡的耐心。

序　言

　　某位历史学家坐在书桌旁，打开了台灯。她开始认真阅读一摞 18 世纪伦敦的庭审记录，这些文件是影印版，且质量不佳，她边看边抄录案文。在工作的时候，她开始注意到用于描述年轻女性囚犯的语言似乎存在一些有趣的规律。"我猜想……"她自言自语道，她求助于 Old Bailey Online（一个法律在线数据库）并展开搜索工作。很快，她就拥有了一个包含一千份有关女性囚犯的庭审诉讼资料。她下载完整的副本并将其加载到 Voyant Tools（一种文本分析工具）中。没过多久，她得到了文本中关键词、关键词搭配以及它们使用频率随时间变化的图表。她更加确信自己的猜测。她使用 MALLET（一种处理文本的 Java 工具包）开始寻找文本中潜在的语义结构。该算法经过多次探索，结果似乎表明，每篇文本的大部分内容都涉及 23 个常见主题。

　　那么，这些主题、这些单词列表意味着什么呢？她开始探究主题和文本之间的关系，并发现了一个话语网络，该网络似乎与国家施加给女囚的道德义务紧密相关。她开始探索网络的形式特征，即哪些词汇、什么想法正在从事繁重的语义提升工作？同时，她在语料库上运行 RezoViz 工具（Voyant Tools 中的一个工具），以提取文档中指定的个人和组织。她开始查阅已经提取完成的社交网络，她能够识别女性和看守、儿童和男性的次级社区，并把注意力集中在一群能够将监狱社区凝聚起来的一小部分人身上。不久，她就对 18 世纪有关女性审判的话语有了深入的宏观认识，对关键的个体、组织以及它们之间的联系同样了然于心。她看了看表，两个小时过去了。她对这样的结果感到满意，然后停止了此次历史宏观探究，她关掉了电脑，再次将目光投向手边的抄本。

　　我们生活在一个人文学者需要了解如何利用数字化媒介进行传统人文学
术研究的时代，包括它们的算法、假设、用法和中介。人文学科和数字化媒介

（也称"新媒介"）的联系可以追溯到几十年前，且两者的交互促进了彼此的发展。从广义的视角来看待"新媒介"，我们可以发现，对于先前通信技术的引入以及它们代表（或者说是"构建"）人类知识的方式相应地也需要新的观点并采取新的方法。上文中的例子，为我们展现了一种历史学家利用历史学领域"大数据"进行研究的可能方式。除此之外，还存在其他路径。本书的三位作者已经探索了许多可以用于历史学和其他人文学科研究的大数据工具和研究视角。这些方法正在不断发展、完善，本书挑选了其中最有用的一些方法进行介绍和描述，内容涵盖它们的使用方法、注意事项、各类问题以及宏观研究开创的全新视角。

我们将这本书的副标题命名为"历史学家的宏观视角"，以此表明这既代指一种工具，也代表了一种研究视角。我们并不是在暗示这就是历史学家遇到大数据时"做"历史的唯一方式；相反，它只是工具箱中的一种手段，是历史学家处理无法回避的"大"数据的又一种方式。更重要的是，所谓的"宏观"（一种观察体量巨大事物的工具）恰恰体现了一种科学家的工作平台，研究人员借助不同的工具来探究不同的问题，并在笔记本上留下记录。同样地，（我们认为）历史学家的大数据路径需要的是一种公开的方法，历史学家保留公开的记录，以便其他人可以通过保留的信息探索相同的路径，同时可能会得到完全不同的结论。这是一种"生成性"的方法：人文科学的大数据不仅可以证实过去的故事，而且能够生成新故事、新观点，为我们提供新的工具和优势。

本书结构

本书分为三大部分。在前两章中，我们会对该领域进行总体性概述。第一章将简要介绍大数据时代，以及为什么我们认为这对历史学家至关重要。我们首先探讨大数据对于人文学科研究者的意义，通过关注几个重大项目来探究该领域的现状，然后简要回顾我们自身领域的历史，从那个听上去不太可能的起源——罗马教皇的格列高里大学中的一名牧师说起。随后我们会探讨大数据和学会，以及我们为何相信历史学家正在投身计算革命的"第三次浪潮"。第二章将继续概述部分，并将重点放在更为具体的问题上，即什么是数

xvii

字人文(简称"DH")时刻？我们简要介绍了一些关键性术语,包括开放获取、版权和数据挖掘等。我们认为即使历史学家并不把自己定义为数字化历史学家,但他们已经开始以一种温和的方式展示如何构建属于自己的历史学家工具箱。该章结束时将讨论如何获取自身的历史数据,并为后文做铺垫。

第三章开启了本书的第二部分,重点介绍具体的文本分析工具,并对第二章末尾提到的几种用以获取数据的数据挖掘工具进行解释。我们循序渐进地介绍 word clouds(词云)和其他现成的软件是如何帮助你快速把握大规模文本的。随后,本书开始探讨正则表达式。我们在此给你提个醒,学习正则表达式并非易事,这一部分可以被视为对"正则表达式是什么"的介绍及其参考内容。你可以用正则表达式完成令人惊叹的工作,对于任何离不开文本的历史学家来说,正则表达式都是非常有用的工具。

对于第三章中的许多工具而言,你必须明白使用它们想要达到的目的。相应地,在第四章中,我们将对主题建模的多种方法进行深入探讨。这是数字人文学科中最令人兴奋的新工具之一,简而言之,它将重构你正在探索的数据主体或语料库的各种"主题"。这种工具可能有点复杂,所以我们一开始就提供了"手动主题建模"练习,以此帮助你理解。这绝对是一个跟实际操作紧密相关的章节,最终会为你带来巨大的回报和收益。

本书的第三部分由第五章、第六章和第七章组成,主要对网络进行深入的分析。因为网络既是一种分析方式,也是一种强大的可视化形式,我们花了一些时间来讨论可视化的基础知识,试图消除学者对大数据的一个主要担忧:只见森林,不见树木。我们认为,网络分析可以让历史学家将个人参与者置身于复杂的关联关系之中,同时把微观和宏观结合起来。网络分析已经成为主题建模可视化极其有成果的方式之一,这在前一章也有所提及。对于历史学家来说,网络分析有助于他们深入探索空间和时间的概念。第六章会介绍网络分析的概念和词语的基本分类,这是一种独特的革命性建模技术。所有这些 xviii 都可以借助电子表格程序或其他基础性软件来执行。之后,第七章将探讨更详细的主题和它们带来的机遇,以及更多帮助我们进行网络分析的实用工具。

在结论部分,我们额外指出了一些你可能感兴趣的内容,特别是如何推广你运用本书技能完成的非凡工作。我们还将回顾序言开头提到的那位历史学家,看看她的工作在尝试"宏观研究"之后有了怎样的进展。本书并不是要对整个数字化历史学领域进行详尽的介绍，任何作品都无法做到这一点。我们是三位扎根北美的学者（其中两位来自加拿大，一位来自美国），而我们举的例子通常来自我们熟悉的学术环境。本书主要关注文本本身。我们努力举出多样化的例子，但我们承认我们的写作起源于北美，且我们更加偏爱英文资料。此外，本书尤其关注文本分析、文本处理以及文本网络，不涉及历史地理信息系统（GIS）或数据库理论。有关 GIS 的研究已经有了诸多成果，包括最近由卡尔加里大学出版社出版的开源出版物《加拿大历史 GIS 研究》（*Historical GIS Research in Canada*），该书可从以下网址下载：http://uofcpress. com/books/9781552387085。

本书背景

肖恩（Shawn Graham）一直打算撰写一本有关大数据与历史研究的著作，并在 2013 年 3 月得到了帝国理工学院出版社（ICP）的认可。仅从定义来看，有关"大历史"的图书几乎无法由某一位学者独立完成，肖恩很快邀请了伊恩·米利根（Ian Milligan）和斯科特·魏因加特（Scott Weingart）与自己合作。我们三人一起利用 Google doc（谷歌共享文档）完成了一份计划书，并将其提交给 ICP 的委托编辑爱丽丝·奥芬（Alice Oven）。ICP 将该计划书发送给四位匿名同行评审，他们快速且极具建设性的反馈使我们能够完善图书的计划书。ICP 的董事会在 2013 年夏季批准了这份计划书。

我们与 ICP 讨论的一个关键点在于我们希望能以公开的方式开展这项研究，我们希望进行生活写作和试验，希望我们的工作能够覆盖更广泛的数字化历史社区。显而易见，这样的想法带来了一个巨大的担忧，即可能不利于图书的销售。经过多次讨论，我们最终达成了以下共识：我们将明确声明最终发布的产品在结构和连贯性等方面不同于可能会出现在网络上的版本，并且我们会为实体和电子版本的图书提供网络链接。我们同意如果有数据表明图书销售情况受到了网络版本的影响，会立即下架网络版本。这是合情合理的做法。高质量的编辑指导使该项目优越性突出，但如果该版本存在缺陷，那么你我都不希望你引用本书的观点或把我们的结果作为相关研究的基础。事实上，我

xix

们认为在公开的情况下犯错不是一件坏事，这样我们就能迅速完善作品（这与开源软件发展的关键如出一辙）。多个成功项目带给了我们诸多启发，如多尔蒂（Dougherty）和纳兹多夫斯基（Nazrawtoski）的作品《在数字化时代书写历史》（*Writing History in the Digital Age*），这些项目开启了我们的写作过程，比如肖恩很肯定他的作品由于参与了这种试验而得到了明显改善，我们十分期待接下来会发生什么。[①] 网站会继续发展并对用户做出回应。甚至在初稿完成之前，本书就已经被列入了美国研究生阶段数字化历史课程的教学大纲，我们对此十分高兴。我们鼓励用户为我们的网站（http://www.themacroscope.org/2.0/answers/）提供反馈意见，并承诺会对各种问题、新的进展、问询和评论做出回应。不仅如此，即使网站可能会因为一些不可预知的情况消失，我们也将确保它能通过 archive.org 网站上的 Internet Archive（数字化图书馆）得以保存。

我们很快就完成了整合工作。如何加快工作进度始终是我们最关心的问题，毕竟在这个日新月异的研究领域，人们需要相对迅速地开展工作。我们尽可能地遵从一般性原则，但即便如此，这些内容也时常出现在特定的软件环境或人文学者使用的工具之中。我们不能用五年时间来完成这样一本书。我们必须加快进度，但绝不能匆匆忙忙。

本书的目标读者　　　　　　　　　　　　　　　　　　　　　XX

我们理想的读者是高年级本科生，他们正处于初次接触大数据并需要相关指导的阶段。为了方便本书用于本科生的数字化历史课程，我们建议教师将本书与《编程历史学家》（*The Programming Historian*）（可从以下网址获取：http://programminghistorian.org）以及丹尼尔·柯恩（Daniel Cohen）和罗伊·罗森茨魏希（Roy Rosenzweig）合著的《数字化历史：利用网络收集、保存和呈现历史指南》（*Digital History：A Guide to Gathering*，*Preserving*，

[①] Jack Dougherty and Kristen Nawrotzki（2013）．*Writing History in the Digital Age*，Ann Arbor：University of Michigan Press．该书可从以下网址获取：http://www.press.umich.edu/6589653/writing history in the digital age。

and Presenting the Past on the Web）配合使用。① 师生还应该密切关注网站 http：//digitalhumanitiesnow.org。我们认为本书还能为以下几类读者提供帮助：需要处理大量数据的研究生、初次接触这些方法的研究人员、那些偶然发现了大量宗谱数据或数字化报纸的有趣之人，以及当地历史学会中试图第一时间获知数字化能够带来多大价值的人。我们致力于把术语的门槛降到最低，并且任何时候都不试图在没有根据的情况下对数字化的精通水平做出假设。的确，我们假设翻开本书的你有兴趣进一步发挥计算机的潜能，而不仅仅是使用在线媒介或者输入一个 Word 文档，而且你希望积极创建和探究数字化数据。

此外，我们假设你愿意真正动手去做。

但有些时候，本书或许会存在一些遗漏，也许有一些东西讲得不够清楚。请你在本书的网站上给我们留下评论，我们会尽力进行补充和完善。另外，你应该了解以下网站。

Digital Humanities Questions and Answers（数字人文问答）：

http：//digitalhumanities. org/answers/.

Stack Overflow（堆栈溢出）：

http：//stackoverflow. com/.

这两个网站旨在帮助那些需要信息与拥有信息的相关人员建立联系。如果你有任何问题，首先要做的就是直接把问题输入搜索引擎。如果你没有找到满意的答案，请在上述任一网站上注册并提问，把问题问得尽可能具体些：确保你提及了正在使用的程序和相关操作系统，并举例说明你为了解决该问题都做了哪些努力。

这么做最棒的地方在于，当你提问时，你其实正在帮助将来可能遇到类似问题的其他人。还有一些网站也会让你眼前一亮。

Digital Humanities Now（当代数字人文）：

http：//digitalhumanitiesnow. org.

---

① Daniel J. Cohen and Roy Rosenzweig（2005）. *Digital History：A Guide to Gathering，Preserving，and Presenting the Past on the Web*，Philadelphia：University of Pennsylvania Press.

The Journal of Digital Humanities（数字人文学报）：
http://journalofdigitalhumanities.org/.

上述两个网站是在 2015 年前后数字人文领域处于领先地位的在线出版物。前者策划并收集活跃的研究人员和编著者的博客，然后经过筛选把一部分收入更正式的《数字人文学报》（*Journal of Digital Humanities*）。这些出版物收藏价值极高，记录了该领域的发展历程。

以下是与该领域有关的 Twitter。

丹尼尔・柯恩（Daniel Cohen）完好地保留了列表：https://twitter.com/dancohen/digitalhumanities.

肖恩的 Twitter：https://twitter.com/electricarchaeo.

伊恩的 Twitter：https://twitter.com/ianmilligan1.

斯科特的 Twitter：https://twitter.com/scott_bot.

快去关注这些 Twitter 吧！

我们是谁，我们是如何涉足数字化历史领域的？

同许多历史学家相似，伊恩・米利根是以迂回的方式进入数字化历史领域的。他小时候是一名电脑极客：用 BASIC（一种编程语言）编程、设计电脑游戏、在车库里销售硬件设备。在这一点上，他是人数众多的"中产阶级白人"中的一员，这些人从小就有机会接触到计算机，同时也会思考编码是否是探究数字人文必不可少的一部分，并对此有着清晰的认识，正如米丽亚姆・波斯纳（Miriam Posner）曾好心提醒过的那样。① 一两个与高等微积分相伴的灾难性学期和与加拿大军队渐行渐远的经历使米利根远离了与计算机有关的工作，对历史着了迷，并在几年后攻读博士学位的后期重新察觉了自己钟爱的事情。

在攻读博士学位期间，米利根研究了青年文化，其中少不了对大量的个体进行研究。当他在推进第二个项目却不知道下一步该怎么做时，一次偶然的机会，他与数字化历史学家威廉・特克尔（William Turkel）进行了交流，并参

xxii

---

① 米丽亚姆・波斯纳曾表示："在劝说所有人研究代码之前需要思考一些问题。"

加了一场人文科技联合会议——THATCamp，这使得他最终走上了数字人文这条路。他首先借助《编程历史学家》这本书学习了文本分析和数据挖掘技巧，然后经历了数月的试验和试错。这一切都意义重大，因为如今他正在滑铁卢大学担任数字化历史的助理教授，那是一所专注于科学和工程的学校。他给学生的建议是：只要勇于面对失败，任何人都可以从事计算工作。

肖恩拥有与伊恩极为相似的背景：他的第一台电脑是他哥哥攒钱买的Com-modore Vic-20。当时游戏对他们来说是稀罕玩意儿，所以他和哥哥开发了一个工作流技术，用来读取《电脑》(*Computer*)等杂志上发布的代码，输入代码并进行错误检查。如果他们足够幸运，两周后就会拥有游戏《太空入侵者》(*Spaceinvaders*)的克隆版本。大学期间，肖恩成功意识到"做学问"唯一的含义就是写论文。1995年他被要求利用新兴的"万维网"来获取有关伊特鲁里亚人的信息，肖恩对此非常沮丧但仍尽职尽责地写了一篇论文，他在第一行就写道："万维网永远不会对搞学术有帮助。"

几年后他就食言了，肖恩的博士论文与罗马制砖业的碑文和考古学相关，该研究迫切需要使用数字化工具进行网络分析，因为在当时这是唯一有助于理清复杂关系的方法。肖恩重新找回了儿时开发电子游戏的动力并努力使这些网络重焕生机（阅读了有关人工智能的材料，肖恩发现开发基于主体的偶然性模型极具潜力）。肖恩在马尼托巴大学获得了博士后研究员职位，那是利·斯特林(Lea Stirling)就这个奇怪想法上进行冒险尝试的地方。这项工作在林肯市内布拉斯加州大学举行的第一次"数字人文工作坊"上得到了认可，当时艾伦·刘(Alan Liu)和威·G.托马斯三世(William G. Thomas Ⅲ)建议他应该在博客上介绍他的工作，http://electricarchaeology.ca/应运而生。肖恩利用他的博客探索用于考古学教学和研究的新型工具（记录下了他成功和失败的经历），这成为他开展研究以及在网络教育领域的基石。在取得博士学位八年后，他在卡尔顿大学历史系获得了数字人文学助理教授的职位。

斯科特打小就对历史充满热情，同时致力于计算机事业，他相信历史和计算机终将成为自己职业生涯不可或缺的元素。斯科特花了三年半时间攻读计算机工程学位，但在这期间他对工程的失望却与日俱增，并发誓再也不会涉足计算机领域。他研修了与工程学课程数量相当的历史学课程，并较为轻松地取得了科学史专业的学位，他很乐意在余生的大部分时间里与尘土覆盖的旧档案打交道。当他申请印第安纳大学并同时获得攻读科学史和信息科学研究生学位资格之时，斯科特意识到信息科学会有助于历史学研究，所以他开始攻读双学位。在很短的时间内，他了解到了数字人文的存在，并认为将计算机应用于自身感兴趣的地方十分有趣。

作为一名研究科学史的学者，斯科特对建模和绘制科学的发展产生了兴趣。他对科学曲折发展以及所有研究都有所涉猎却停滞不前的时段感兴趣。这些领域往往被非常宽泛的术语概括且缺乏相应的深入研究。斯科特的研究希望将宏观视野同微观数据结合起来，从而同时洞察宏观和微观。由于这种计算方法十分罕见，所以他开始开发相关的软件技术和软件包以帮助他实现目标。他的导师极有远见，特别是历史学家罗伯特·A.哈奇（Robert A. Hatch）和信息科学家凯蒂·博内尔（Katy Börner），他们在帮助他实现这些目标的过程中发挥了重要作用。

斯科特将探究历史、数据和数字人文的历程不定期地记录在他的博客上。他目前在卡耐基梅隆大学担任数字人文专家，同时还在印第安纳大学攻读博士学位。

将我们的个人经历联系在一起就会发现一个关键的共同点，即尽管走了一些弯路，但我们都渴望透过现象看到本质。如果你也如此，那么让我们从第一章开始数字化历史学历程。

目　录

第一章　大数据带给历史学家的喜悦

在本章中，我们关注历史学领域"大数据"概念的兴起，探究数字人文领域内的多项研究范例。我们从历史实践的角度来讨论大数据的局限性。此外，无论是否会采用本书讨论的方法，我们所有人都需要了解为什么大数据如此重要。

宏观研究类似于显微镜或望远镜，但它并非让我们看到细小或遥远的东西，而是帮助我们更轻松地理解体量巨大的事物。它通过压缩来实现这一目标，有选择性地降低复杂度，直到一度模糊不清的规律和关系变得清晰。通常，宏观研究通过文本抽象或数据可视化来替代直接的图像。[①]

着眼人类历史，宏观研究提供给我们的内容能够与标准的历史实践形成鲜明对比。优秀的历史学家与好的侦探类似，通过扩展而非压缩的手段来体现他们的价值：这是一种从历史遗留下来的蛛丝马迹中提取复杂知识的能力。通过追踪这些面包屑般的痕迹，历史学家也许就能将过去零散的叙述整合成完整的故事。历史学家的宏观研究提供了一种互补的但截然不同的方式来获取知识。它可以让你从复杂的世界开始，通过筛选的方式从纷杂的证据中得

---

① 关于可视化和抽象，洛兰·达斯顿（Lorraine Daston）写道："这些技术的目标远非让不可见的事物变得可见那么简单。它们渴望一蹴而就，希望通过精简复杂的、琐碎的程序，得到一个直接清晰的结果……艰辛的计算和建立相关的过程（比如构建一个变量表）转变成了直觉的瞬间显现。"宏观研究的目标如下：即刻凸显那些经常需要仔细考虑和计算才能获取的结果，这样，复杂的工作有时甚至可以由一个人完成。

到一段完整的叙述。①

在这方面，我们需要对微观与宏观、微观历史与宏观历史这两对概念进行关键性的区分，两者并非完全吻合。微观历史是对历史上单一事件或时刻进行严谨而深入的研究，而宏观历史则是历史长期的趋势和浮沉，如费尔南德·布罗代尔（Fernand Braudel）的长时期历史理论（longue durée）。通过研究大量数据，宏观研究可以融入微观历史。例如，想象一下，我们可以针对美国某一件案例，分析与之有关的成千上万条推文。此外，宏观研究也有助于我们理解宏观历史，追踪几十年甚至几百年的话语和话题频率。它受到的限制并非来自时间，而是数量。它还借鉴了计算历史的丰富遗产，这可以追溯到 20 世纪 60 年代人口普查所做的早期前沿性工作。

随着历史事件规模的不断扩大，历史经历了数字化过程，没有能力从微观和宏观两方面开展研究的历史学家有可能陷入证据的困境或迷失于纷繁的干扰之中。本书的目标读者是那些有志于将宏观视角用于自身研究的历史学家，在那些历史性时刻，该技能显得愈发重要。② 本书并不打算详尽列出所有研究方法，或对某种方法进行极其深入的讲解，而是希望为多样化的研究路径提供敲门砖。我们希望有兴趣的读者能够沿着这些路径进入这片亟待开发的领域。

3　大数据

我们会疑惑："大数据究竟有多大？"对文学学者而言，大数据可能意味着

---

①　"宏观研究"这一术语并非由我们首创，我们也不是首次将其指向人类历史的人。它最初由乔尔·德·罗斯奈（Jöel de Rosnay）使用，出现在《宏观研究：一种全新的世界科学体系》（The Macroscope: A New World Scientific System）一书中，用以讨论复杂的社会问题，近来得到了凯·伯尔纳（Kay Börner）的推广。伯尔纳通过介绍各类工具使人们可以在保持一定距离的情况下观察人类活动。宏观研究也曾被引入人文学科，如曾被蒂姆·唐赫里尼（Tim Tangherlini）使用，并取得了相似的效果。在文学批评和历史学领域，类似的概念被称为"远距离阅读"或"宏观分析"。在最近出版的文化经济学图书《探索未知：大数据透视人类文化》（Uncharted: Big Data as a Lens on Human Culture）中，埃雷兹·艾登（Erez Aiden）和让·巴蒂斯特·米歇尔（Jean-Baptiste Michel）表示他们意图"创建一个研究人类历史的视角"。

②　乔·古尔蒂（Jo Guldi）和大卫·阿米蒂奇（David Armitage）在他们的著作《历史宣言》（The History Manifesto）中卓有成效地论证了宏观研究的重要性。

一百部小说("大未读")[①];对于历史学家来说,它可能意味着整个 19 世纪的船队名册[②];对于考古学家来说,这可能意味着通过几个季度的现场调查以及几个季度的发掘和研究工作获得的数据;对于计算机科学家来说,他们不仅关注无法读取的材料,还关心常规计算机系统无法处理的大量信息,比如谷歌收集的数据,或者由欧洲核子研究中心的大型强子对撞机等实验产生的海量数据。

对于我们人文学者来说,所谓"大"是指我们作为旁观者的眼界。如果数据量远超你自身的处理能力,或者需要借助计算机才能对它们产生新的认识,那就足够了。这些都是有效的答案。事实上,对"数据"这个术语的使用存在一些合理的疑虑,因为"数据"两个字有着量化的微弱气息,把过往丰富的人生经验直接降维成一些数字。我们相信,本书概述了利用计算探索历史数据的多种方法,这些方法以之前似乎与量化相抵触的方式得到运用。当然,考虑到这一附带条件,我们将"大数据"作为本书的核心概念。

作为学者,我们都不同程度地使用了数据集,并认为它们"很大"。一个极端情况,数据集可以减弱个体研究人员和个人计算的局限性。例如,2011 年发生了一件具有纪念意义的事件,利用 Internet Archive[③] 能够搜集容量为 80TB 的万维网公开数据,这些项目可能需要高性能计算(high performance computing)和专用软件。但其他项目仅仅需要一些可得性更高的数据集,如流行音乐歌词、提交给会议的研究计划或论文、论文数据库以及历史研究调查。

由于数字资源惊人的增长以及大规模处理数据技术能力的不断提高,历史学家必须对数字化转向持开放态度。[①] 本书将会对这两种趋势展开讨论。 4
历史学家正在共同见证一场深刻的变革,这一变革与开展研究、撰写论文以及

---

① 可以参见 Franco Moretti(2005),*Graphs*, *Maps*, *Trees*, New York: Verso, 以及 Margaret Cohen(1999),*The Sentimental Education of the Novel*, Princeton: Princeton University Press。

② Trading Consequences(2014),"Trading Consequences | Exploring the Trading of Commodities in the 19th Century," http://tradingconsequences. blogs. edina. ac. uk/。

③ Internet Archive(2012-10-26),"80 Terabytes of Archived Web Crawl Data Available for Research," http://blog. archive. org/2012/10/26/80-terabytes-of-archived-web-crawl-data-available-for-research/。

① 该领域的基础性著作为 Daniel J. Cohen 与 Roy Rosenzweig 合著的 *Digital History: A Guide to Gathering*, *Preserving*, *and Presenting the Past on the Web*,该著作主要关注如何把信息保存在网络中,而我们主要探究如何通过各种方式利用这些信息来完善你的研究。

工作互动的方式息息相关。随着数据集的扩大，计算分析不再是锦上添花式的存在，而是一个必备条件。虽然并非所有的历史学家都必须熟练运用数据（就像并非所有的历史学家都是口述历史学家，或都使用 GIS，或都在社区内工作），但数字化历史学家必将成为学科中重要的一部分。计算技能也许将被视为与语言重要性相当的技能：在某些情况下能够锦上添花，但在某些项目中则必不可少。

在本章中，我们将向你介绍大数据的含义、它带来的机遇、它的起源，以及这个大数据时代带给我们的更深层次的启示。新兴的研究工具正在助推前沿的人文科学研究，这些研究通常能得到跨国资助网络的资助。历史学家正在利用新工具提出与旧数据集有关的新问题，并在过去无法涉足的领域寻找新的途径。在对现状进行调查之后，我们将目光转向当前学术时代的历史背景。这些项目大多基于罗伯托·布萨（Roberto Busa）神父和他的著作《托马斯著作索引》（*Index Thomisticus*）构建的大背景，近来发生了从"人文计算"到"数字人文"的转向。最后，我们讨论大数据时代带给我们的深层次启示。在这里，我们领略了数据充裕带来的乐趣，但也注意到了信息过载的危害。① 机遇与挑战并存的局面令人着迷，也为我们接下来的谈论定下了基调。虽然未来的道路上肯定会荆棘丛生，但整体而言大数据时代的前景一片光明。

有效利用大数据：历史学案例研究

两百多年来，被指控的罪犯（最初是伦敦人，后来包括了所有被控犯有重大罪行的英国人）都会出现在 Old Bailey（老贝利街，代指英格兰中央刑事法庭），站在法官面前接受审判。由于伦敦人对犯罪的热衷，这些事件被记录在诉讼记录（proceedings）中：最初以小册子的形式出现，后来印成了精装本以及可以刊登广告的期刊，随后成了官方出版物（于 1913 年停刊）。这些资料为我们了解和研究 17、18、19 世纪英国司法和普通人的生活提供了无与伦比的历史性记录。虽然存在一些不足，但这些史实为使用常规方法探究 20 和 21 世

---

① Roy Rosenzweig（2003），"Scarcity or Abundance? Preserving the Past in a Digital Era," *American Historical Review*，108（3），735-762.

纪的社会和法律史提供了丰富而详尽的资源。

　　按照历史学家和大多数人文学者的标准,中央刑事法庭的记录就是"大数据"。其包含了 1.27 亿字,涵盖了 19.7 万场审判,并且由两名打字员同时进行高标准的转录以降低错误率。计算机可以快速处理这些信息,但对于单个学者来说就需要几年的时间来阅读这些信息(他们也很可能遗忘已经读过的部分)。正如研究小组所言:"这些记录是目前能够在线获取、准确囊括抄录历史文本数量极大的数据集之一。这也是在线可获取的记录 18 和 19 世纪伦敦信息综合程度最高的切片视图。"①然而,处理数据量如此庞大的数据集需要专门的工具。数字化后,该数据集能够通过关键字搜索将信息提供给公众。大数据方法提供了新的机会,来帮助我们理解这份非常古老的历史资料。②

　　"犯罪意图数据挖掘"("Data Mining with Criminal Intent")项目应该担起这份责任。③ 一个包含美国、加拿大和英国学者的跨国项目团队试图创建"无缝连接的数字研究环境",用于处理这些法庭记录。将研究焦点从个体审判和记录中抽离,团队得到了新的相关发现。通过使用用于开源参考文献和研究管理的软件 Zotero(http://www.zotero.org/)的插件、小程序或为程序加入某些内容的组件,乔治梅森大学的弗雷德·吉布斯(Fred Gibbs)开发了一种方法来查看特定案例(例如那些与"毒药"有关的案例),并寻找其共性。举个例子,"drank"(喝)是一个常见的词,更可能与"coffee"(咖啡)一词搭配,相反,"ate"(吃)这个词显然通常不会和咖啡出现在一起。利用另一种开发的方法,可以检索出密切相关的审判。通过比较文档中的差异[使用标准化压缩距离(normalized compression distance)或使用计算机上压缩文件的标准工具],研究者可以获得一个数据集,为其提供存在结构性相似点的审判。最重要的是,采用这些材料并对其进行可视化处理,使得研究团队能够获得新的发现。例如"对于那些被丈夫抛弃的女性,她们拥有其他多个伴侣的概率将显著上升";

6

---

① Dan Cohen et al. (2011-08-31), "Data Mining With Criminal Intent: Final White Paper," http://criminalintent.org/wp-content/uploads/2011/09/Data-Mining-with-Criminal-Intent-Final1.pdf.

② 对此最好的解释可能是 Piled Higher and Deeper (PhD Comics)介绍英国历史学家亚当·克林布尔(Adam Crymble)工作的视频。

③ 这方面质量极高的概述,可以参见 Tim Hitchcock (2013-12-09), "Big Data for Dead People: Digital Readings and the Conundrums of Postivism," http://historyonics.blogspot.ca/2013/12/big-data-for-dead-people-digital.html。

或者如图 1.1 所示,在 1825 年左右认罪求情协议的数量急剧上升,凸显出该时期审判时长的巨大变化。[①]

6

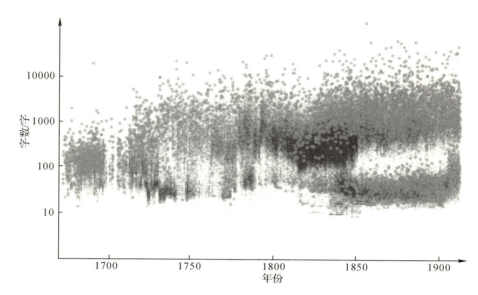

图 1.1　Old Bailey 诉讼文件中由字数体现的审判时长[②]

7　　所有这些工具都已上线,研究人员现在可以像以前一样通过传统入口访问 Old Bailey,也可以通过专用的应用程序编程界面(Application Programming Interface,API)进行访问。API 是一系列允许不同软件程序互联互通的规则或规范。在 Old Bailey 的例子中,API 允许研究人员通过 Zotero 或其他编程语言,或可自由访问的 Voyant Tools 等可视化工具来访问数据库。因此,该项目为未来的研究人员留下了遗产,使他们能够针对审判进行宏观研究,从而搞清楚这个包含 1.27 亿字的详尽数据集。

未来几年必将出现相关的研究结果,而萨拉·克林根斯坦(Sara Klingenstein)、蒂姆·希契科克(Tim Hitchcock)和西蒙·德迪奥(Simon Dedeo)开展的一项令人瞩目的研究——"伦敦老贝利街中的文明进程"("The

---

① Dan Cohen et al. (2011-08-31), "Data Mining with Criminal Intent: Final White Paper," http://criminalintent.org/wp-content/uploads/2011/09/Data-Mining-with-Criminal-Intent-Final1.pdf.

② 图片版权归蒂姆·希契科克(Tim Hitchcock)和威廉·J.特克尔(William J. Turkel)所有,使用已获许可。

Civilizing Process in London's Old Bailey")——已经旗帜鲜明地论证了借助计算手段的必要性。在 Old Bailey 大数据集中,研究人员使用了一种创新方法,即利用《罗杰类义词典》(Roget's Thesaurus)中的相关词语创建"单词袋",并以令人信服的方式证明了 19 世纪初发生的一次重大转变:讨论和处理暴力犯罪的方式开始变得不同。在那之前,虽然犯罪本身时有被提及,但其内部的暴力并不是一个独立的类别。这项工作有助于证实他人的假设,该假设将"文明进程"视作:

> 一种根深蒂固的多元现象,伴随着国家对暴力的垄断愈加显著,而正常社会关系中不可避免的人际暴力的可接受性在逐步减弱。我们[本文]的工作能够追踪这一长期过程中关键性的相关关系,最明显的成果体现在将袭击和暴力盗窃与涉及盗窃和欺骗的非暴力犯罪区分开来。①

正如《纽约时报》(New York Times)在其研究报道中所解释的那样,17 世纪 20 年代暴力的常规属性让位于 19 世纪 20 年代对于暴力控制的强调:"暴力控制作为发展的一个方面,不仅体现在语言层面,而且在司法系统专业化的过程中得到凸显。"②远距离阅读使历史学家将他们的目光从个别审判中抽离,从而能够将 19.7 万场审判视作一个整体。在我们看来,"文明进程"研究会成为大数据研究的一个典型案例,向世人展示大数据揭示独特结果的过程。

然而,高质量的 Old Bailey 数据集只是一个特例,事实上,大多数研究人员无法获取如这些犯罪记录般近乎完美的转录数据库。即使是数字化报纸,虽然表面上看起来是优质的资源,但事实上并非如此,因为其存在光学字符识别(OCR)层面上的一些严重问题。③ 然而,我们仍可以通过不完美的记录找到喜悦。"贸易结果"("Trading Consequences")项目就是一个很好的例子。该项目汇集了加拿大和英国自然语言处理(natural language processing,NLP)领域的顶尖专家和具有创新精神的历史学家,通过追踪商业与全球位置之间

---

① Sara Klingenstein, Tim Hitchcock and Simon DeDeo (2014), "The Civilizing Process in London's Old Bailey," *Proceedings of the National Academy of Sciences U. S. A.* , 111(26), 9419-9424.

② Sandra Blakeslee (2014-06-16), "Computing Crime and Punishment," *The New York Times*, http://www.nytimes.com/2014/06/17/science/computing-crime-and-punishment.html.

③ Ian Milligan (2013), "Illusionary Order: Online Databases, Optical Character Recognition, and Canadian History, 1997-2010," *Canadian Historical Review*, 94(4), 540-569.

的关系，证实并加强了当今世界对贸易的理解。他们对 Edinburgh Geoparser（一种即将发布的分析器）进行了改造，以找到并定位文本文件中的地名，随后确定了与这些地名有关的商品。该项目提供给我们的一个有用的例子是金鸡纳树皮（cinchona bark），这是一种用于制造奎宁（一种抗疟疾药物）的原材料。这样的发现很有趣，因为它使研究者能够确认研究问题的二次文献。他们通过计算分析证实，直到 19 世纪 50 年代，金鸡纳树皮与秘鲁森林以及英国伦敦的市场和工厂都密切相关；到 19 世纪 60 年代，与其关系密切的地点变成了印度、斯里兰卡、印度尼西亚和牙买加等地。利用成千上万的文件，我们可以迅速发现其中的变化。更有前景的是，它可以以数据库的形式成为在线工具，使历史学家能够检验自己提出的假设和已有的发现。有多种方法可以访问他们的数据库，包括搜索特定商品和地点，也可以直接通过以下网址访问：http：//tradingconsequences. blogs. edina. ac. uk/access-the-data/。对于那些对这类工作感兴趣的历史学家来说，此项目的白皮书极具价值。①

除了奇闻逸事和案例研究，"贸易结果"项目利用了超过 600 万页的英国议会材料、来自 Early Canadiana Online（一个介绍加拿大方方面面的电子图书馆）的近 400 万份文件，以及一系列数量较小的信件、英国文件以及其他往来函件等。这类工作预示着联合开放数据的重要性将日益凸显，表明以其他计算机程序可以读取的格式提供在线信息的趋势愈发明晰。通过这种方式，Early Canadiana Online 可以与另一个存储库中的文件实现对接，从而使我们能够结合众多知识库，充分发挥其巨大的潜力。

一个自动化的过程将获取一个文档，将图像转换为可访问的文本，然后对其进行标记。例如，伦敦将被标记为"地点"，粮食将被标记为"商品"等等。训练有素的程序员、语言学家与历史学家之间的互动将卓有成效。举例来说，数据库在持续提取万锦市（Markham）（加拿大多伦多以北郊区）的位置，而历史学家能够指出这些条目实际上指的是英国的一名官员克莱门茨·罗伯特·马卡姆（Clements Robert Markham），此人是走私犯罪的罪魁祸首。随着历史学家科技素养以及计算机科学家人文素养的提升，卓有成效的合作就会水到渠

---

① Ewan Klein et al. （2014-03），"Trading Consequences：Final White Paper"，http：//tradingconsequences. blogs. edina. ac. uk/files/2014/03/DiggingintoDataWhitePaper-final. pdf.

成。很快,这个时期的历史学家就能够将他们的研究置于数据库信息的大背景之中,这是一个有关 19 世纪全球贸易的互动型、可视化数据库。然而,尽管在处理"大"问题时合作的效果值得称赞,但我们仍然认为,单一或小组式的工作仍会发挥重要作用。我们以亲身经历发现探索性研究完全可以由单个研究人员成功开展,或者像在我们的案例中一样,三个人一起探究某一问题。人数各异的不同团队也能适应不同问题的不同需求。

Google Ngram Viewer(谷歌多元词组阅读器,https://books.google.com/ngrams)①

一般性原则

　　Google Ngram Viewer 允许用户查看语料库中某个给定术语的相对频率,该语料库由经过谷歌图书(Google Books)项目数字化的几千本图书组成。这可以让你了解某个搜索词在所有单词中的占比,并对它们进行比较。例如,我们能够就此了解"Great War"(大战)什么时候被"World War Ⅰ"(第一次世界大战)这一用法取代。

描述

　　它是一个简便的阅读器,在你的网页浏览器中就可以运行。你输入术语,用逗号隔开,随后就会在下方出现一张折线图。

评价

　　该工具仅适用于电子图书。它容易受到一些光学字符识别(OCR,指计算机程序试图将字母形状转变为纯文本文件)问题的影响。它也许只能在畅销出版物发行之前捕捉精英文化。

使用方法

　　本阅读器的操作非常简单,只需访问 http://books.google.com/ngrams,然后输入想要检索的术语即可。更多高级选项可以在"帮助"页面找到。

如何分析结果

　　请记住,Google Nagram Viewer 呈现的是标准化频率。用鼠标点击年份按钮,可以查看包含数据的弹出窗口。

---

①　在整本书中,你会看到多个类似的文本框,向你介绍某个工具。

除了法庭和贸易记录之外，人口普查记录一直是计算调查的一个重要部分。例如，在加拿大，有两个重要的且雄心勃勃的项目正在使用计算机来处理庞大的人口普查信息。"加拿大世纪研究基础设施"（"Canadian Century Research Infrastructure"）项目获得了联邦政府基础设施资金的资助，对全国五次人口普查的数据进行处理分析，力图提供一个"用于研究社会、经济、文化和政治变化的基础"。[①] 同时，蒙特利尔大学的研究人员正在重构对于17世纪和18世纪魁北克欧洲人口的认知，该项目利用了大量教区记事录信息。[②] 这种形式的历史研究是对计算研究第一次浪潮的回归（本章后续内容会对此进行讨论），同时向那些利用计算手段查询大型数据库的历史学家展现了其巨大的潜力。

11　　如果没有参考文化经济学项目（Culturomics Project）和谷歌多元词组项目（Google Ngrams），那么任何关于文本数字化历史的观点都将是不完整的。[③] 该工具最早由哈佛大学的团队（最近正在讨论其组成）以文章和在线工具的形式联合发布。他们合作开发了一个流程，用于分析谷歌已经扫描并应用OCR的数百万册图书，这是谷歌图书项目重要的一部分。该项目对超过500万册图书的词语和短语频次做了索引，使研究人员能够通过对特定关键词和短语的搜索以及它们随时间变化的词频来追踪文化思想和现象的兴衰。[④] 项目结果对数百年的图书历史进行了强有力的梳理和回顾。数字化历史有一个不言而喻的原理，即简单的方法可以得到极其令人信服的结果，Google Ngram工具就证实了这一点。[⑤] 就庞大的数据而言，这是现有最具前瞻性且接受面最广的（大众化）大型历史项目。本·齐默（Ben Zimmer）使用这个免费的在线工具绘制出了从何时开始人们逐渐停止使用"The United States are"，

---

　　① 欲了解更多信息，请参阅加拿大世纪研究基础设施项目网站（http://www. ccri. uottawa. caCCRIHome. html）。

　　② 登录网站 http://www. genealogy. umontreal. ca/fr/LePrdh，可以查看历史人口学研究计划（Programme de recherche en démographie historique）。

　　③ Michel et al. （2011），"Quantitative Analysis of Culture Using Millions of Digitized Books," *Science*，331，6014.

　　④ 请记住，在进行短语搜索时需要在短语两侧加上引号。否则，你只会得到近似的搜索结果，从而对你的研究结果产生影响。

　　⑤ Ted Underwood（2013-02-20），"Wordcounts are Amazing,"http://tedunderwood. com/2013/02/20/wordcounts-are-amazing/.

而改说"The United States is"的图表（图 1.2），以此展现美国从何时开始被视为一个单一的实体而不是多个州的集合。①

图 1.2　"The United States are"和"The United States is"两种表达的对比

　　这是一个重大发现，既可以证实某些研究的结果，也为未来的研究路径提供了建议。当然，使用这种相对简单的方法也存在一些局限性：词语的意思和印刷特征会随着时间的推移发生变化（通过比较单词"beft"和"best"的词频可以体会中间字母"s"对单词造成的影响），同时也存在 OCR 错误，而且仅搜索单词或短语可能会忽视词语所处的语境。文化经济学本身的傲慢或许会引起一些历史学家的反感，但是凭借其自身的优点，文化经济学项目和多元词组阅读器已经为推广这种大数字历史模式做出了奇迹般的贡献，并且成为大众媒体、学术报告和演讲中频繁出现的特征。

　　文化经济学还为历史学家提供了一些专业的警示，如伊恩·米利根在《加拿大历史学报》（*Journal of the Canadian Historical Association*）的文章中提及的内容。② 论文和工具的作者名单很长，包括 13 位学者和谷歌图书团队，这其中有数学家、计算机科学家，以及英国文学学者和心理学家。然而，名单上缺少历史学家，这表明历史学家尚未完全接纳数字化方法。鉴于数字知识库、档案和工具，以及文化经济学及其历史主张的重要性日益凸显，这已经成为一个很关键的问题，历史学家的缺失已经引起了各方的重视。在美国历史协会

　　① Ben Zimmer (2012-10-18), "Bigger, Better Google Ngrams: Brace Yourself for the Power of Grammar," http: www. theatlantic. comtechnologyarchive201210/bigger-better-google-ngrams-brace-yourself-for-the-power-of-grammar/263487/.

　　② Ian Milligan (2012), "Mining the 'Internet Graveyard': Rethinking the Historians' Toolkit," *Journal of the Canadian Historical Association*，23(2)，21-64.

（American Historical Association，AHA）的专业报纸《洞察》（*Perspectives*）中，时任 AHA 主席的安东尼·格拉夫顿（Anthony Grafton）关注了这个问题。"这可是由多学科博士共同参与的一项史学研究，可历史学家在哪里？"他在他的专栏文章中问道。① 对此，项目负责人埃雷兹·利伯曼·艾登和让·巴蒂斯特·米歇尔在一则评论中做出了回应，指出尽管他们曾接触过历史学家，并咨询过他们一些问题，但没有哪位历史学家能够满足项目的需求并足以被列入作者名单。每个项目参与者都"为书面文本（'语料库'）的创建或收集，或者对我们执行的特定分析的设计和执行做出了直接贡献"。至于其中的原因，他们很清楚：

> 参与过［项目］会面的历史学家很聪明、善良，与他们的会面是令人欢欣鼓舞的。但他们似乎对如何利用量化数据来回答问题不太了解，他们没有掌握相关的计算机技能，看起来也没有时间投身于这次多领域交叉的合作项目。这不是他们的错，目前来说，历史系似乎并没有教授或鼓励使用这些东西。②

13　　　正如本章前面的例子所说明的那样，某种程度上这是一种夸张的说法。历史学家正在利用数据做很棒的事情。然而，对于这一点（截至 2015 年仍然如此）仍然存在一个核心事实，即数字化历史视角和方法的教学尚未成为该专业的主流，尽管相应的改变正在发生。美国历史协会数字化历史教学和研究小组的成立，以及《数字时代的历史》（*History in the Digital Age*）等令人兴奋且广受欢迎的图书的出现都见证着这样的变化。③

　　尽管多元词组数据库是理解和思考文本分析很好的入门方法，但人文学者还有其他一些重要资源：多元词组数据库的高配版本 Bookworm，以及 JSTOR（Journal Storage）文本挖掘数据库 Data for Research。如要使用这些数据库，请访问网站 http://bookworm.culturomics.org/。在 Bookworm 中，我们发现数据容

---

① Anthony Grafton （2011），"Loneliness and Freedom," *AHA Perspectives*，http://www.historians.org/perspectives/issues/2011/1103/1103pre1.cfm.

② 引自 Jean-Baptiste Michel & Erez Lieberman Aiden 对 Anthony Grafton 的评论。

③ Toni Weller （eds）（2013），*History in the Digital Age*，Abingdon：Routledge.

量不是无限且万能的。它的"开放式图书馆"（网址为 http://openlibrary. org/collection)搜索功能仅能搜索 100 多万本图书,但它收录了 1923 年之前的图书,这意味着它不能用于处理版权作品。考虑图 1.3 所示的搜索结果:

13

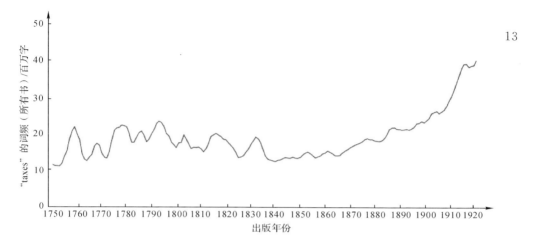

图 1.3　针对 Bookworm 数据库中所有图书搜索关键词"taxes"

注:图片来源于本·施密特(Ben Schmidt)。

词语"taxes"(税收)的使用频率在不断增加。1750 年到 1830 年间,该词词频一直在某一范围内稳定浮动,随后一直稳定增长直到数据库的年份末期,即 1923 年。在之前多元词组数据库中,这就是我们所能看到的全部。但是,借助数据库的间隔范围,我们可以看到对于"税收"的讨论呈上升态势。如果我们的搜索只考虑在美国出版的图书,我们得到图 1.4。

14

14

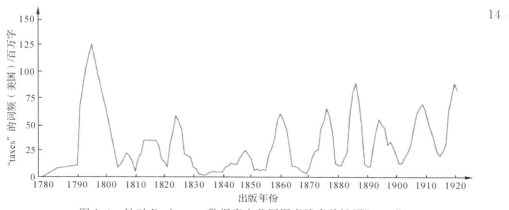

图 1.4　针对 Bookworm 数据库中美国图书搜索关键词"taxes"

当我们关注英国的"税收"时，整体轮廓变得更加清晰（图 1.5）。18 世纪后期，"税收"在英国的重要性远超之后的各个时期，这与美国的情况差异明显，在美国，"税收"的重要性在这之后更为凸显。

15

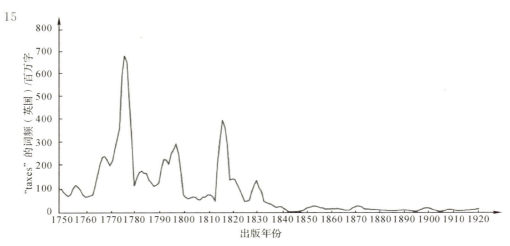

图 1.5　针对 Bookworm 数据库中英国图书搜索关键词"taxes"

注：图片来源于本·施密特。

14　　　这样的操作因为只包含了不受版权保护的图书，所以可供我们考虑的语境受到了限制，但我们可以通过点击特定年份从相对词频的远距离阅读转为对个别图书的研究。我们发现，峰值出现在 1776 年，即独立战争时期，并且相关讨论以"税收"为核心。通过点击每一个年份，读者可以自己读取相应的文本。在此例中，文本包括有关国家财富的讨论，还有英国出版的有关"税收"的政治小册子、发表的演讲和政府报告。同时存在其他选项，例如，用户可以发现某个单词特征在图书中的占比。因此，它既能助推关注整体趋势的远距离

15　阅读，还可以为研究个别作品提供更近更细致的视角。Bookworm 比起我们拥有的研究资源显得更加全能。在写作方面（2015 年），它与科学文献（ArXiv）、美国国会通过的法案、美国 Chronicling America 报纸数据库以及社会科学研究网络具有相似的特征。

　　　正如 Bookworm 中可访问数据集表明的那样，从学术文献中提取单词和短语的使用频率具有极大的价值。作为历史学家，我们时常进行编史工作，这个过程部分涉及了解过往文献中的发展趋势。我们在研究过程中主要使用的

储存库是 JSTOR。认识到远距离阅读和文本分析对研究人员的重要意义，JSTOR 已经成为任何人都能进行查询的平台，对于那些通常不能访问馆藏资源的公众同样如此。

　　一个例子可以体现此功能的价值。访问 http://dfr.jstor.org/，你甚至不需要订购 JSTOR 就可以使用该工具。出于学术兴趣，让我们以两个观察过去 20 年财富相对衰退和繁荣的历史的子学科为例。在搜索引擎中，我们首先搜索"labor history"（劳工历史）。现在，我们知道它在英语中还有另外一种拼写方式，即"labour history"，让我们以此为关键词再次进行搜索。搜索堆栈位于各自搜索结果的顶部，所以我们看到了综合结果。默认结果是引用列表，因此为了生成可视化效果，我们单击"graph"（图形）按钮。你可以看到从 20 世纪 60 年代（该短语首次被提到的时段）开始，短语"labor history"和"labour history"相结合的相对词频（图 1.6）。 16

16

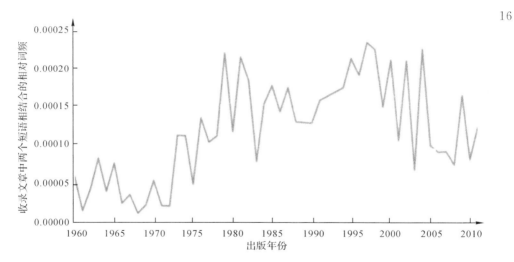

图 1.6　JSTOR 收录文章中短语"labor history"和 labour history"的搜索结果
注：通过 dfr.jstor.org 完成此操作。

　　请注意，JSTOR 不是一个完美的综合数据库，因为很多期刊都未被收录，但即便如此，这也是一个有意义的起点。我们看到"labour history"和"labor history"的组合词频在 20 世纪 70 年代后期以及 80 年代初期达到峰值，在 20 世纪 90 年代后期又呈现了惊人的上升趋势，然后在 21 世纪有所下降。如果 16

我们想要生成引用列表,我们可以通过点击上方菜单栏中的"submit a dataset request"(提交数据集请求)选项来下载。

　　然而,让我们回到相关研究,搜索"environmental history"(环境历史)。我们搜索后点击"graph"(图形)按钮,可以发现检索词词频增长迅猛(图 1.7)。

17

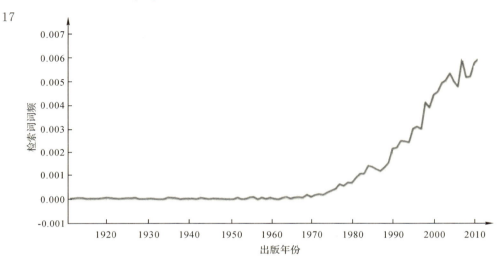

图 1.7　JSTOR 收录文章中短语"environmental history"的搜索结果

注:通过 dfr.jstor.org 完成此操作。

16　　这太有趣了,一个子学科方兴未艾! 但是,如果这反映的是其他学科中"environmental history"的使用情况呢? 即如果短语"environmental history"并非出自历史学科,而是出自科学文献或技术论文中的文献综述部分呢? 不用担心,我们可以对数据进行进一步的提炼。在左栏中,我们看到一个搜索条件列表。我们点击"discipline"(学科)选项,然后选择"history"(历史),并查看结果(图 1.8)。

　　从 21 世纪开始,结果就出现了下降的趋势。有趣的是,这也能够通过北美就业市场得到佐证。我们必须谨慎使用这些数据,但这能为你的数字化历

17　史工具箱增添一种利器。它们可以成为有用的情境化工具,用于历史编纂学论文。

17

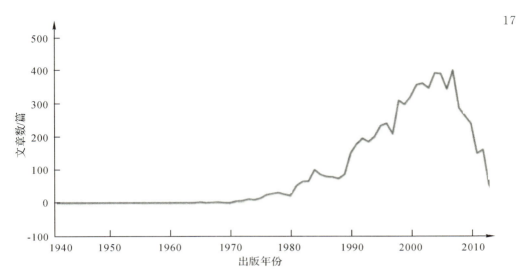

图 1.8 JSTOR 中短语"environmental history"经过"学科"过滤之后的搜索结果

注:通过 dfr. jstor. org 完成此操作。

　　文本分析并不是数字化历史工作的全部,"罗马世界标准地理空间网络模 17
型"("ORBIS:The Stanford Geospatial Network Model of the Roman World")
等项目生动揭示了这一点。ORBIS 是由斯坦福大学的瓦尔特·沙伊德尔
(Walter Scheidel)和以利亚·米克斯(Elijah Meeks)开发的模型,它可以使用
户探索罗马人对空间的理解,而空间以时间距离和连接的形式出现,该模型以
连成一片的道路、车辆、动物、河流和海洋为基础。[1] 在这个大约存在于公元 18
200 年的帝国中,ORBIS 模型允许游客将这个世界理解成一个地理意义上的
整体:这是一个综合模型。正如沙伊德尔和米克斯在白皮书中解释的那样,该
模型由 751 个地点组成,其中大多数是城市定居点,但也包括重要的海角和山
口,覆盖面积接近 1000 万平方千米的陆地和海洋空间,有 268 个地点是海港。
道路网络包括 84631 千米的公路或沙漠轨道,辅以 28272 千米的通航河流和
运河。[2] 风和天气因素被计算在内,且某些旅行路线和选项的可变性以及不确

　　[1]　Walter Scheidel, Elijah Meeks and Jonathan Weiland (2012), "ORBIS:The Stanford
Geospatial Network Model of the Roman World," http://orbis. stanford. edu/orbis2012/ORBIS_
v1paper_20120501. pdf.

　　[2]　同[1]。

定性也被考虑在内。模型同时提供了 36.3 万个"离散成本结果"。模型提供了一种罗马帝国"自上而下"的全景视角（考虑了我们理解空间的习惯性方式），并借鉴了传统的历史研究。通过交互式图形用户界面，用户——无论是历史学家还是学生——都可以决定自己的出发地、目的地、行进月份，以及是否希望他们的旅程以最快、最便宜或路程最短的方式进行，以此确定他们想要的行进方式，然后详细说明他们想要通过水路还是陆路行进（从步行到快速行进，再到骑马、坐牛车等）。对于学者而言，他们现在可以开始对古代经济史进行更为细致的研究。

ORBIS 项目已经超越了学术范畴，成为一种综合性研究。《大西洋月刊》（*Atlantic*）、《经济学人》（*Economist*）、科技博客"Ars Technica"以及 ABC 电视网络等各类媒体都对 ORBIS 进行了热情的报道，表明此类研究工具拥有吸引新用户的潜力。ORBIS 利用了大数据，在这种情况下，是整个信息库中有关从 A 点到 B 点所需时长的信息（别忘了，有 36.3 万个成本结果），并将其转化为古代版的谷歌地图。

从 Old Bailey 的文本分析探索，到 19 世纪的全球商品网络，以及维多利亚时期小说的大集合，甚至是谷歌图书数据库中的数百万本图书、构成罗马帝国的旅行网络，这些对大数据深入而细致的利用都使历史学家受益良多。这些项目都是数字人文工作的代表，展现了新兴的计算方法可以为学者和公众带来的巨大潜力。① 当然，如果信息专业人员并没有如此出色地完成这些材料的收集工作，这些项目将不可能成功（在我们将要讨论的主题中，我们会讲到图书管理员和档案管理人员经常会从事一些自耕农般的工作，为我们整理、收集和保存这些过去的痕迹）。既然我们已经看到了体现该领域现状的一些例子，就让我们把视线投向 1946 年，简要回顾一下数字人文学科的起源。与 Old Bailey Online 数据中心或斯坦福大学的学者的研究领域相比，这个领域在起步阶段的前景并不明朗。

---

① 有兴趣的读者可以关注网站 http://www.digitalhumanitiesnow.org 以及推特（Twitter）账号 @dh，以随时了解数字化历史的最新发展和相关项目。此资源是机器与人类合作的成果，旨在为公众介绍数字人文工作的最新进展，这本身就是最近兴起的大数据的一种应用。

起源:布萨神父,人文计算与数字人文

要了解数字人文学科的现状及发展方向,我们需要了解这门学科的起源。在这部分,我们概述了数字人文和数字化历史的演变,即为上文所讨论项目奠定基础的思想传统。我们介绍的不是一段详尽的历史,但能让我们对该学科的起源有一个基本的认识。众多国家的语言传统为如今数字人文领域的多样化奠定了基础,但本书无法将其悉数囊括。[①] 虽然今天数字人文学科似乎在大学中处于中心位置,并由学者以各种形式进行主导,但在追溯该领域起源之时,我们不能不提及一位罗马天主教神父的希望和梦想。梳理一个如此多样化领域的历史并非易事。该领域的缘起借鉴了诸多学科,包括语料库语言学、计算机科学、英国文学、历史研究、考古学,但我们将工作集中在两个领域:数字人文和定量史学。

1946 年,罗伯托·布萨神父遇到了一个问题。他刚刚为自己在罗马圣格雷戈里大学的博士论文进行了答辩,他呼吁对圣·托马斯·阿奎那(St. Thomas Aquinas)的作品进行全面的关键词索引分析。关键词索引提供了一个给定单词在给定作品中出现位置的列表。例如,如果有人看了上文有关 Old Bailey 的部分,希望看一下单词"poison"(毒药)出现的语境,那么他(她)应该使用关键词索引。借助如今的计算程序,这并非难事(我们将在第三章讨论一种简单的方法,即使用 AntConc 软件),但是在 1946 年,这是很难实现的。布萨构思了一系列卡片,他预计有 1300 万张。[②] 这就是他的《托马斯著作索引》,一种探究圣·托马斯·阿奎那作品的新方法。意识到实现设想的巨大困难,布萨在 1948 年西班牙巴塞罗那举行的一次会议上,呼吁学者们"提供有关该

20

---

① 数字人文年度大会能够体现该领域的多元化;单是 2014 年 DH 大会的征稿通知就被译成了 20 多种语言。作为历史学家,我们承认"数字化历史"可以被视作一种与众不同的基础性叙事,脱胎于口头和公众历史(该领域虽然更多起源于数字人文,而非这些历史学的分支领域)。例如,可以查看斯蒂芬·罗伯森(Stephen Robertson)的帖子,他辨析了"数字人文"和"数字化历史"之间的差异,详见 http://drstephenrobertson.com—05/23/the-differences-between-digital-history-and-digital-humanities/。

② Thomas Nelson Winter (1999),"Roberta Busa,S. J.,and the Invention of the Machine-Generated Concordance," *Classical Bulletin*,75(1),6.

类工具的任何信息和想法，以便在尽可能提高准确性的同时最大限度地节省人力"①。

随后，布萨来到美国继续搜寻并与国际商业机器公司（International Business Machines Corporation，IBM）取得了联系。布萨运气不错，IBM 有一些机器处于空闲状态。长期在位的总裁托马斯·J. 沃特森（Thomas J. Watson）会见了布萨，尽管 IBM 员工表示布萨想要的东西是不现实的，但沃特森愿意提供帮助。利用机械读卡器，布萨开始开发关键词检索。由于每张卡片最多包含 80 个字符，这就要求文本不能太长。布萨使用圣·托马斯·阿奎那的诗歌进行测试。1951 年的这项测试标志着人文计算发展历程中的一个革命性时刻。正如托马斯·N. 温特（Thomas N. Winter）所述，机械（而非计算性的）编码的构建需要五个步骤：文本中短语的转录；将卡片数乘以每张卡片上单词数；将单词拆分成词的主体部分（词目或称之为词根，以便同一单词的各种形式将显示为一个词，即"go"和"goes"表示相同的概念）；选择并按照字母顺序给卡片排序；出版最终的印刷产品。重要的是，最终产品带来了以下成果：

1. 单词及其词频，按字母顺序排列；

2. 单词及其词频，按字母逆序排列；

3. 单词出现在词目之下（如"aemulis"出现在词目"aemulus""aemula""aemulum"下），并显示其词频；

4. 词目；

5. 单词索引；

6. 语境关键字索引。

布萨坚持高标准并不愿对数目妥协，这意味着《托马斯著作索引》的制成需要耗费多年时间。最终纸质版《托马斯著作索引》于 1974 年出版，而在 2005 年推出了在线版本。② 布萨天方夜谭般的梦想最终成为现实。保罗·塔斯曼（Paul Tasman）是负责布萨项目的 IBM 员工，正如他在 1957 年所预言的那

① Thomas Nelson Winter (1999), "Roberta Busa, S. J., and the Invention of the Machine-Generated Concordance," *Classical Bulletin*, 75(1), 6.

② Susan Hockey (2004), "The History of Humanities Computing," in Susan Schreibman, Ray Siemens and John Unsworth (eds), *A Companion to Digital Humanities*, Oxford: Blackwell.

样，"使用主要为科学和商业开发的最新数据处理工具可以极大地助推未来的文学和其他学科研究的发展"①。如今，当初的预言已经成为现实。

正如苏珊·霍基(Susan Hockey)在她的人文计算史中所讲的那样，在 20 世纪 60 年代，学者们对于大规模关键词检索带来的机遇越来越感兴趣。学者们从收集文本起步，随后涉足诸如作者归属以及利用定量方法研究文学类别等诸多领域。特别是在 1964 年，统计学家弗雷德里克·莫斯特勒(Frederick Mosteller)和大卫·华莱士(David Wallace)试图利用计算机辨别《联邦党人文集》(*Federalist Papers*)中 12 篇文章的作者，因为这些作品的作者归属存在争议。这被视作一次成功的尝试。② 相关会议和期刊相继涌现，例如《计算机和人文科学》(*Computers and the Humanities*)，同时研究中心相继创立。

在 20 世纪 50 年代和 60 年代，历史学家本有希望参与大规模的计算探究。年鉴学派(Annales school)努力大幅拓宽历史研究的边界，这对诸如上文提及的弗朗哥·莫雷蒂(Franco Moretti)等文学学者是一种极大的激励。特别是费尔南德·布罗代尔的工作值得我们简单讨论一下。布罗代尔是 20 世纪极具影响力的历史学家之一，他开创了一种长时期历史研究方法。他对于文明的探索跨越了广阔的时空，关注地中海世界，以及意大利和法国这些较小地区(相对而言)的历史。他研究历史的方法使他并不需要与当地人密切接触，而是以超越个体事件的视角关注贫穷和其他的地方性、结构性特征的兴衰起伏。③ 尽管他的方法本身很难适用于飞速变化的社会(他关注的是长期的缓慢变化)，但他关于远距离阅读的观点以及合作性跨学科研究的需求对今天的研究人员来说意义重大，布罗代尔也因此被视为该领域的先驱。

定量和计算历史学在 20 世纪 60 年代后期上升势头明显。与此有关的文章和特刊散布在一些当代期刊中，包括《美国历史评论》(*The American*

---

① Thomas Nelson Winter (1999), "Roberta Busa, S. J., and the Invention of the Machine-Generated Concordance," *Classical Bulletin*, 75(1), 6.

② Susan Hockey (2004), "The History of Humanities Computing," in Susan Schreibman, Ray Siemens and John Unsworth (eds), *A Companion to Digital Humanities*, Oxford: Blackwell.

③ longue durée 是一种与短期事件历史相对的历史研究范式，在社会科学跨学科框架下关注长期历史进程。在一篇长文中，布罗代尔指出，人们可以借此看到经济的结构性危机和制约人类社会和发展的结构性因素。

Historical Review)、《当代美国史》(*The Journal of American History*)和《历史与理论》(*History and Theory*)。1965年,35位历史学家参加了为期三周的密歇根大学历史课程研讨会;到1967年,超过800名学者收到了旨在利用计算研究历史的时事通讯。美国历史协会在1967年召开了两次有关量化历史研究的会议,《计算机和人文科学》等许多早期期刊精选了历史学家的诸多研究予以刊登。

然而,对于历史学家来说,计算历史与人口统计学、人口和经济史联系密切。在20世纪70年代的一段时间里,随着数学和统计学广泛应用于我们对历史的理解,看起来历史学正整体性地发生量化转向。到1972年,至少有六种新兴期刊和杂志关注计算和历史学的某些方面。总结一下,文学学者追求文本分析,而历史学家偏爱计算方法。迈克尔·卡茨(Michael Katz)的著作《加拿大西部的汉密尔顿人》(*The People of Hamilton，Canada West*)使用手稿普查的方法追溯了几十年间的经济流动性问题,堪称北美此类工作的代表。对于那些旨在填补某段历史时期研究空白的聚焦型社会历史研究而言,这些卓有成效的研究成果为其提供了宝贵的研究背景。[①] 然而,潜在的不利之处在于,计算历史与定量研究的联系愈发紧密。但一些略显夸张的观点并不支持这一点,它们认为计算历史是在制造更多实质性的"事实"论断,或是借用历史的"科学方法"。[②] 主流历史学家认为这种所谓的"客观主义"本身和20世纪30年代的研究趋势如出一辙,随着他们对计量史学的质疑越来越多,计量史学逐渐淡出了主流史学界。21世纪初,文学学者已经越来越频繁地追求复杂的文本分析、社会复杂网络以及在线探索性门户网站,但对计量史学的中伤依然屡见不鲜。20世纪60年代和70年代的数字工作的爆发式增长标志着计算史上的第一次浪潮。

然而,计算历史却在20世纪70年代出现了萎缩,这一方面是由于傲慢,如对 *Time on the Cross* 等开创性作品的争论,另一方面是因为历史学中一些

---

① Michael Katz (1975)，*The People of Hamilton，Canada West：Family and Class in a Mid-Nineteenth-Century City*，Cambridge：Harvard University Press；A. Gordon Darroch and Michael D. Ornstein(1980)，"Ethnicity and Occupational Structure in Canada in 1871：The Vertical Mosaic in Historical Perspective,"*Canadian Historical Review*，61(3)，305-333.

② 1967年,计算历史学家已经驳斥了计量史学需要成为实证史学的普遍认识。

元素出现了普遍的社会历史走向。第一次浪潮就此终结。随着个人计算机的逐渐普及，出现了易于使用的图形用户界面，而且计算机整体的可操作性也有所提升，计算历史在20世纪90年代再次兴起，这标志着计算史上第二次"浪潮"的到来。令人费解的打孔卡和晦涩难懂的输入语法被相对易用的数据库、GIS，甚至是早期的在线网络（如H-Net和Usenet）所取代。1994年在耶鲁大学举行的"超文本和人文科学的未来"大会等早期会议吸引了一些现代数字化历史的奠基人参会。① 期刊《历史与计算的联系》（*Journal of the Association for History and Computing*，*JAHC*）在1998年至2010年间出版，该期刊的发展有赖于美国历史与计算年会的召开，年会创始于1996年1月的辛辛那提。看到数字化方法正在逐步改变历史的创造和传播，*JAHC*发表了有关超文本、数字教学方法、操作障碍以及表征历史的新手段（无论是通过声音、图形、地图还是网络）的前瞻性文章。之后，该期刊一直追踪记录该领域前沿性的工作。② 随着普查手稿数量的缩减和作者识别工作的开展，以及词汇计数的兴起，人文计算这一广阔的跨学科学术领域就此诞生，它汇集了历史学家、哲学家、文学学者和其他与计算科学相关的学者。③

　　对人文计算下定义可能要费一番功夫，它是数字人文学科的继承者。实际上，还有其他几位学者下过定义。在一篇极具煽动性的文章《什么是人文计算而什么不是》（"What Is Hamanities Computing and What Is Not"）中，约翰·安斯沃尔（John Unsworth）将这个领域定义为"表征的一种实践，建模或模仿的一种形式。它是一种推理方式和一系列本体论承诺，其代表性的实践工作一方面源自对高效计算的需求，另一方面则是为了满足人类交流的需要"①。简单使用文字处理软件、电子邮件，或通过论坛进行交流并不是人文计算学家做的事情。要成为数字人文学家，需要一种全新的思维方法。向数字人文的转变不仅仅是术语的转变，尽管也有这样的因素存在。帕特里克·斯文

25

---

① 参会者包括格雷戈里·克兰（Gregory Crane）和罗伊·罗森茨魏希（Roy Rosenzweig）。参见网站 http://www.cis.yale.edu/htxt-conf/。

② 相关成果可从网站 http://quod.lib.umich.edu/j/jahc/browse.html 获取。

③ Willard McCarty（2005），*Humanities Computing*，Basingstoke：Palgrave Macmillan.

① John Unsworth （2002-11-08），"Unsworth：What Is Humanities Computing and What Is Not?，" http://computerphilologie.uni-muenchen.dejg02unsworth.html.

松（Patrick Svensson）追溯了从人文计算向数字人文的转变，展现了术语的改变如何造就了一个更具包容性和广泛性的新定义：将设计问题、原生数字和新媒体研究包含其中，更加重视工具而非直截了当地探讨方法论问题。

与马修·基尔申鲍姆（Matthew Kirschenbaum）有关数字人文沿革的叙述一样，该术语也强调了此短语包含的不同含义。正如美国国家人文科学基金会首席信息官所说的那样，他"赞赏这样一个事实：它似乎构建了一个比'人文计算'更广泛的网络，这似乎暗示着一种计算形式，而'数字人文'暗示了某种形式的人文主义"①。

这个扩展性定义似乎也延伸到了数字化历史领域。如前所述，数字化历史与数字人文之间的关系并无定论：有些人认为前者是后者的一个子集；也有人认为它们之间有所重叠，但并不存在层级性差异。比如，数字化历史与相应领域相比更接近公共人文科学。在数字人文学术会议上，该团体的代表人数远远少于那些拥有文学和现代语言研究背景的团体②，导致近来有关数字人文学科的报道完全忽略了数字化历史。③ 而另一方面，数字化历史学家往往也不会将学科的历史追溯到布萨神父。我们不打算在这里辨析这些不同之处，而是会从数字人文领域的各个方面汲取灵感，以便助力新一代数字化史学家的培养。

总之，很难对"数字人文"这个术语做出明确的定义。有一种有趣的方法可以开启数字人文或数字化历史学科，就是访问詹森·赫普勒（Jason Heppler）创办的那个名字简单明了的网站——"什么是数字人文？"（"What is Digital Humanities?"）。一年一度的数字人文日活动最初由阿尔伯特大学举办，现在每两年由不同大学轮流举办，该活动会公开征集研究计划书，每年都会要求参与者就数字人文的定义提出自己的看法。2009 年至 2012 年间，赫普勒已经汇编了 511 个条目，均以原始数据格式提供给大家。每一名网站访问

26

---

① Matthew G. Kirschenbaum（2010），"What Is Digital Humanities and What's It Doing in English Departments?," *ADE Bulletin*，（150），55-61.

② 参见魏因加特关于数字人文会议的博客系列（http://www. scottbot. netHIAL? tag = dhconf）.

③ Stephen Richardson（2014-05-23），"The Differences Between Digital History and Digital Humanities," http://drstephenrobertson. com/blog-post/the-differences-between-digital-history-and-digital-humanities/.

者都可以贡献一个新的定义:从短小和异想天开的定义("作为一种社会构念""使人们碎片化"),到详细而全面的定义("数字人文是探讨数字媒体相关科技和技术如何与人文学科和学术交流交互并对其产生影响的批判性研究"),再到注重实际操作抑或数字化保存的那些更加具体的定义。在纷杂且深思熟虑的讨论中,我们对加入自己的定义十分踌躇。然而,为了实现本书的既定目标,我们确实需要一个定义。我们相信数字人文学科一方面与理解数字工具必须提供的内容有关,而另一方面,或许更重要的是,了解数字化手段对我们理解历史和自身带来了怎样的影响。该定义的本质内涵贯穿全文,我们使用特定工具(如主题建模和网络分析)剥离了大数据特定方法的各个层次。我们意识到需要对各个层面进行批判性的研究,因为它们来自不同的学科和领域。了解数字人文的发展历程,从布萨神父到人文计算,我们试图探索新时代给予我们的启示:大数据的挑战与机遇。

为什么在当今时代这一切如此重要:计算史上的第三次浪潮

我们已经进入了大数据时代。大数据诞生于这个计算机极度普及的时代,这是一个始终在线、通知与信息录入频繁,且美国国家安全局(NSA)时时刻刻都在进行元数据搜集的时代。甚至在冬天某个寒冷的上午,我们在写作的同时,身旁的恒温器就在观察我们如何从大数据生活中获得见解和启发。① 这对数字化方法产生了决定性的影响,接下来的十到二十年,大数据将会成为行业不可或缺的一部分。正如 IBM 公司在 2012 年指出的那样,"当今世界90%的数据都是在过去两年内创建的"②。虽然大数据通常明确地与未来联系在一起,但它也为探索过去提供了丰富的机会。最显而易见的例子就是那些可公开访问的互联网存档副本。1991 年,万维网的出现对人类的交流和组织产生了革命性的影响,其存档内容包含了大量非商业化的公共言论。然而,数

27

---

① 欲了解大数据的概况,可以参阅 Viktor Mayer-Schönberger and Kenneth Cukier (2013),*Big Data*:*A Revolution that Will Transform How We Live*,*Work*,*and Think*,Boston:Eamon Dolan Book。

② 例如,可以访问网站 http://www-01.ibm.com/softwaredatabigdata/。

据量太大了，亟须利用宏观方法对其进行探究。正是这个问题让我们意识到采用数字化方法研究历史是何等重要。

正如上文提到的，历史学家曾经历过这些问题。20 世纪 60 年代，大型人口普查工作与打孔卡式计算相结合，取得了重大的学术成果，这些成果仍在将更多的聚焦型研究置于当前的大背景之中。如今，随着数字人文的兴起，我们可以发现如今对这些成果的兴趣其实深深植根于最初对它们产生的兴趣。将其置于历史大背景中，如果说计算史上的第一次浪潮源自人文计算，而第二次浪潮围绕文本分析（H-Net、Usenet 和 GIS），那么我们有理由相信如今正是计算史第三次浪潮的巅峰时期。三个主要因素造就了第三次浪潮，分别是：存储成本不断下降，这对历史学家而言意义尤为重大；强大的互联网和云计算为其奠定了基础；开源工具兴起。[1] 很多时候，我们探究的问题和 20 世纪 60 年代那些具有开拓精神的研究者别无二致，区别只是我们利用了更强大、更易于使用的工具（幸运的是，本书中涉及的工具偶尔带来的挫败都不是打孔卡式计算带来的）。

信息存储方面的重大技术革新预示着一个史学研究与计算技术相融合的新纪元，我们需要为此做足准备。史学研究方法需要发展，以跟上该行业在未来十到二十年间的发展趋势。简而言之，我们有能力保留更多日常产生的信息，并且信息存储能力的提升也跟得上数据量增长的速度。正如作家詹姆斯·格莱克（James Gleick）所言：

> 在过去，人类生产和消费的信息常常无法留存——这是一种常态，是默认情况。影像、声音、歌曲和口语消失了。记录在石头、羊皮纸和纸张上的标记是特例。索福克莱斯（Sophocles）的戏剧极受欢迎，但即便如此，观众们也不会因为戏剧无法保存而黯然神伤。如今我们的期待已经发生了天翻地覆的变化。任何内容都能被记录、保存下来，至少存在这种可能。[2]

作为摩尔定律（认为微芯片的电极管数量每两年都会翻一番）的推论，克

---

[1] 预言来自 Roy Rosenzweig（2003），"Scarcity or Abundance? Preserving the Past in a Digital Era," *American Historical Review*，108(3)，735-762。

[2] James Gleick（2011），*The Information*：*A History*，*a Theory*，*a Flood*，New York：Pantheon.

拉底定律①使得该目标的实现成为可能。他基于过往的实践认为,硬磁盘驱动器的存储记录密度大约每 11 个月会增加一倍。虽然该定律本质上更偏向于描述性定律而非预测性,但事实显示,在过去的十年中,存储成本越来越低,并且已经能够保留并有望长期储存珍贵的历史资源。

如今我们的储存能力胜过以往任何时候,并且越来越重视这种数字材料,以确保未来几代人能够成功地对其进行探索。显然,数据和信息的创建或生成本身并不能保证它们将被留存下来,因此我们创建了数字化保存领域。2011 年,人文学科创造了 1.8 兆字节的信息。这不是一个异常值:从 2006 年到 2011 年,数据量增长了 9 倍。②

这些数据的存储形式多种多样,一些可得性较高,一些是历史学家无法访问的。对于后一类数据,人们已经扎紧了篱笆并创建了专属网络,如Facebook、企业数据库、服务器日志、安全数据等。对于防泄露或由具有前瞻性的人群掌管的数据,历史学家可能永远无法访问。然而开源数据,即使数据量难以与无法访问的数据相提并论,但仍然能为我们提供海量信息:YouTube上每分钟会有总时长为 72 小时的视频上传;Twitter 上每天新增的推文能有数亿条;大量博文、反思、评论和想法,构成了面向公众的、有存档潜能的万维网。③ 然而,暂且不提未来的可能性,即使站在当下回顾过去存储的材料,也会有一种"一览众山小"的感觉。本书的重点尽管并非访问这些归档材料,但确实与访问这些数据集所需的方法密切相关。当下,历史学家需要开始以计算化的方式进行思考,以便为我们下一代同行访问这些数据奠定基础。

我们正在朝广泛的数字化存储、更长久的信息存储以及更频繁的日常记录存储转向,这对制定有关探究、伦理道德以及信息存储者角色等方面的合理标准提出了挑战。历史学家应该如何应对历史资源的短暂性特征?是像Myspace(某社交网络)那样匆忙删除个人博客,还是跟那些被销毁的

①　Chip Walter（2005-07-25）,"Kryder's Law," http://www. scientificamerican. com/article. cfm? id=kryders-law.

②　John Gantz and David Reinsel（2011-06）,"Extracting Value From Chaos," http://www. emc. com/collateral/analyst-reports/idc-extracting-value-from-chaos-ar. pdf.

③　Twitter（2012-11）,"Total Tweets Per Minute | Twitter Developers," https://dev. twitter. com/discussions/3914; YouTube（2013-05-29）,"Statistics-YouTube," http://www. youtube. com/yt/press/statistics. html.

GeoCities（某虚拟主机服务提供商）网站一样？我们应该如何使用 Usenet 等大型资源库？要知道仅在 20 世纪 80 年代，通过 Usenet 发送的消息就已经超过了 200 万条。我们是否对那些怀有隐私期望的网站创作者负有道德责任？还是直到最后也对他们早在 1996 年就发布网页的事实毫不知情？作为专业人士，这些都是我们需要解答的问题。总之，它们都具有危害性。

然而，我们有必要放慢脚步，同时我们也要将"数据量激增导致革命性转向"这一论断置于历史语境之中。人文学者长期以来一直在经历媒介转向以及大数据的早期迭代，其历史可以追溯到苏格拉底以及书写文字本身。[1] 当印刷出版和装订本取代了早期的手抄本，同样的媒介转向对已有的传播标准造成了威胁。作为新教改革中的关键人物，德国牧师马丁·路德（Martin Luther）认为："大量图书的存在是一种恶。"这个 16 世纪极度情绪化的说法与 19 世纪埃德加·爱伦·坡（Edgar Allen Poe）以及 20 世纪 70 年代刘易斯·芒福德（Lewis Mumford）的观点遥相呼应。[2] 越多、越大不意味着越好，至少其中不存在必然的关联性，但其同样不应该被我们忽略。

30 **投身当下的第三次浪潮**

然而，这种所谓的大数据只有经过必要的解读才有意义。幸运的是，两种相互关联的趋势使解读大数据成为可能：更强大的个人计算机，以及用来理解大数据且可得性较高的开源软件。计算机的成本在持续下降，其性能也在持续提升，这对于涉及大型数据集的研究十分重要。而计算机具有的随机存取存储器（RAM）的数量也在持续增加。加载到 RAM 中的信息可以被快速处理和分析。即便是那些研究预算十分有限的人文学者，现在也可以使用几年前十分昂贵的计算机。

信息开源浪潮的精神及其成功的结果，赋予了数字史学家以及广大人文

---

① 请参阅柏拉图的《斐德罗篇》（*Phaedrus*），英译版本可在以下网站获取：http://classics. mit. edu/Plato/phaedrus. html。

② James Gleick （2012），*The Information：A History，a Theory，a Flood*，New York：Pantheon。

学者起航的东风。开源软件是一种还在变化的概念,其内涵绝非"免费"软件那么简单:开源许可意味着用户可以自由访问驱动软件的代码,他们也可以随时查阅、修改和传播原始代码或他们认为合适的修改版本。著名的开源项目包括 Mozilla Firefox 浏览器、Linux 操作系统、乔治梅森大学历史与新媒体中心(CHNM)开发的 Zotero 参考管理软件系统、WordPress 和 Drupal 网站内容管理系统(CMS)平台以及可自由访问的 OpenOffice 效率套装。

自此,对于人文学者而言,进行大规模的数据分析不再需要高昂的成本。而分析数据对于昂贵培训的需求也越来越低。本书的序言曾提到过《编程历史学家》,这是一本致力于为人文学者介绍计算方法的开源教材。此书实用性很强,介绍了以下这些程序强大的潜力,序言部分提到过其中一些程序。

• **Python**:一种开放源代码的编程语言,可免费下载,能够让你进行高难度的文本分析和处理工作。它有助于文件下载以及将文本转换为便于分析的小段,然后提供一些基本的可视化操作。

• **Komodo Edit**:一个开源的编辑环境,可以让你编写自己的代码,对代码进行编辑并且快速找出可能出错的位置。

• **Wget**:一个在命令行上运行的程序,可以让你下载整个信息库。Wget 可以快速将整个目录或网站下载到个人计算机上,而不需要你挨个点击诸多链接。

• **MALLET**:全称为"用于语言工具包的机器学习"(machine learning for language toolkit),它提供了一整套开源工具,尤其是主题建模工具。它能够储存大量信息并找出其中的主题。

这四个工具只是冰山一角,代表着一种重大的变革。一些免费工具包含由人文学者编写或为他们编写的开源资料,使我们能够释放大数据巨大的潜力。

大数据是第三次计算浪潮的重要体现。截至目前,你应该已经对大数据的含义以及我们必须探索的技术性机遇有了一定的了解。然而,本质问题仍然没有答案:对于人文研究者来说,这可以做些什么?除了本章开头提到的简短例子之外,它给我们带来了哪些机遇和挑战?

大数据的局限性，或说大数据与历史实践

这里有一个简短的附带性问题。大数据会对历史的认识论基础产生革命性的影响吗？随着历史学家越来越频繁地与信息打交道，我们需要考虑这一趋势与更广泛的有关历史性质和历史本体讨论之间的交叉。乍看之下，大量的数据似乎在探知历史方面为我们提供了实证发展的潜能：例如，记录所有数字化通信的乌托邦式承诺（不幸的是，NSA 使其变成了反乌托邦式的现实），或者在数年内拥有处理全国人口普查的能力。在某些方面，它唤起了围绕"科学历史"的现代主义式兴奋。[①] 大数据为史学家带来了众多启发，因为我们的研究范式再次从基于一些有效案例，向从广泛的计算数据库中找出整体趋势发生转变。这类似于 20 世纪 70 年代和 80 年代的相关争论，当时量化历史学家面临着对其结果的可重复性提出的质疑，这些结果源自早期的计算机数据库，并且通常只会以表格的形式呈现。但我们认为，虽然大数据十分重要，但它并不会改变历史学家历史认识论的根本性问题。

面对数字化方法无限的潜能，我们在感到兴奋的同时也要牢记，这并不代表历史认识论的基础会发生转变。我们仍然是与历史留下的印迹打交道。毋庸置疑，过去确确实实发生了什么。这些发生在过去的事件包括：生命繁衍生息以及朝代的存亡兴衰，工作人员利用可得的有限资源有了一定作为。然而，关于这些经历和事件的大部分数据已经消失，数字革命或许能让我们思考得比过去更多[②]，然而即便可以利用太字节（TB）级别的海量档案文件，我们如今仍然只能看到过去的印迹。尽管有关历史认识的程度存在更大的争议，但我们认为，在为大数据的优越性感到兴奋之余，我们需要思考一个问题。

历史，作为一种专业性实践，本质上应该涉及对可利用信息的加工并将其

---

① Robert William Fogel (1983), "'Scientific History' and Traditional History," in Robert William Fogel and G. R. Elton (eds), *Which Road to the Past? Two Views of History*, New Haven: Yale University Press.

② 简要介绍可参见：Keith Jenkins (1991), *Rethinking History*, London: Routledge; Alun Munslow (2010), *The Future of History*, New York: Palgrave Macmillan.

转化为学术性叙述。① 即使利用大量数据，历史学家要做的也并非简单地从计算机数据库中剪切和粘贴信息；这种方法会让我想起历史学家 R.G.科林伍德提出的"剪切和粘贴"模型。② 拥有更多数据并非一件坏事。从实践角度来说，凭借更多数据，历史性叙述将更可能贴近过去的事件，因为我们拥有了更多的印迹来重构历史的真相。但这并非板上钉钉的事情。历史不仅仅是一种重构练习，也是一种叙述性写作和创造性实践。③

　　后文有关方法论的章节中，主观性将会贯穿始终。例如，当我们生成主题　　33
模型时需要搜索多少个主题？应该把哪些词排除在计算范围之外？要寻找哪些词？预计使用哪类分析方法？这些也是计算语言学家所做出的基本假设，比如所采用的统计模型，甚至是那些有关语言本质的前提。④ 在更显而易见的层面上，我们所做的很多工作也会涉及数据转换，或将过去的印迹变更为新的形式，在多数情况下出于叙述构建的考量会把数据转换成更丰富的形式。本书讨论的许多技术都与文本密切相关，但许多数据的来源不仅限于文本，它们具有图像、纹理、气味或位于特定的区域。但即便适配于历史背景，这些数据也有可能会经常丢失。

　　然而，在哲学层面上，数据来源的数字化转换并不会对历史实践带来重大挑战。历史学家总是在改变他们的数据来源，并一直在做出抉择。需要注意什么呢？要拍摄哪些数码相片？谁来接受采访？哪些数据来源会提供更好的出版物？我的院长（经理、合伙人）会怎么想？哪些内容将助力我的职业发展？对于这一系列数字化技术带来的问题，我们将会在本书对以下具体问题进行讨论：如何对文本进行片段划分（如我们会在第二章讨论，应该怎样进行"分

　　① 在未来几年，由于数字化转向的缘故，或许使用"narrative"（叙述）一词来描述史学家的工作会显得有些狭隘。本书将会继续使用这一术语，但 SCALAR 和 ORBIS(可在网站 http://scalar.usc.edu/ and http://orbis.stanford.edu/respectively 查看）等项目的兴起使该术语显得不够准确。"historiographies"（历史编纂）或许是一个含义更广泛的术语。

　　② R.G. Collingwood (1965)，*The Idea of History*，London：Oxford University Press.

　　③ 很多史学家都曾表达过这种观点，有关该观点推理过程的简要介绍可参见 Keith Jenkins (1991)，*Rethinking History*，London：Routledge；Alun Munslow (2010)，*The Future of History*，New York：Palgrave Macmillan。

　　④ 斯坦福数字人文阅读团队讨论过这种观点，转述可参见 Mike Widner(2013-09-06)，"Debating the Methods in Matt Jockers's Macroanalysis"，*Stanford Digital Humanities Blog*，https://digitalhumanities.stanford.edu/debating-methods-matt-jockerss-macroanalysis。

词"，是以词为单位，还是以标点为单位，抑或其他)？应该使用何种主题建模算法？是否应该忽略非文本信息？网络能否作为一种有用的可视化处理？

但是，如果我们不相信大数据能够纠正其他史学家在各领域中正在从事的工作，那么也就意味着我们认为上文中提到的这些问题并非方法论的根本缺陷。没错，媒介将会发生转变，我们要做出抉择，但这不会违背历史学的传统。数字化历史并不会直接提供真理，而是赋予我们解释和理解过去印迹的新方法。是的，更多的印迹仍然只是印迹，是过去事物的简要剪影。

那么目的何在呢？特雷弗·欧文斯(Trevor Owens)关注计算手段的目的是产生新的成果，还是验证相关假说？对于欧文斯来说，如果我们利用计算手段来转换文本，意味着我们试图以新的视角和新的组合方式看待事物，以激发新的发现。① 拉姆赛(Ramsay)也在《阅读机器》(*Reading Machines*)一书中谈论过这种观点，并探讨了杰尔姆·麦根(Jerome McGann)和丽萨·塞缪尔斯(Lisa Samuels)的作品。"对诗歌进行反向阅读就像观看一张侧着的脸——这是一种方式，用来释放转换视觉可能带来的潜力。"② 欧文斯强调辩护(justification)与发现(discovery)的目的并非谴责一种方法而推崇另一种方法，而是希望大家注意以下事实：

> 当我们将发现和探索的背景从正当化的背景中分离出来之时，我们最终会把谈话内容说清楚。"这是一种有趣的思考方式"和"该证据支持这种说法"之间存在巨大差异。③

对于数字化历史而言，这是大数据的一个要点。考古学家几十年来一直使用计算机来试图证明抑或加剧数据与我们想要讲述故事之间的差距。一位数字人文领域的数字考古学家不会太过担心这一点，而是更多地关注发现和提出"有趣的思考方式"。数字化历史也是如此。数字人文领域内探究历史的数字化方法试图利用我们的计算能力来迫使我们以不同的方式看待各种材料，以有趣的

---

① Trevor Owens (2012-02-03), "Deforming Reality With Word Lens," http://www. trevorowens. org/2012/02/deforming-reality-with-word-lens/.

② Stephen Ramsay (2011), *Reading Machines*：*Toward an Algorithmic Criticism*, Urbana：University of Illinois Press.

③ Trevor Owens (2012-02-03), "Deforming Reality With Word Lens," http://www. trevorowens. org/2012/02/deforming-reality-with-word-lens/.

方式对它们进行思考,并探索这些有时颇具争议的转变可能意味着什么。

结论

本章对如今这个大数据新时代充满的乐趣和缺陷进行了基本介绍。毫无疑问,本书的作者都十分看好数字化历史和大型数据集的前景。大数据的优势已经在一些成功的项目中有所体现,包括 Old Bailey Online 的刑事审判,ORBIS 的罗马旅行模式,以及"贸易结果"项目中的全球商业。然而,我们认为历史大数据的成功不仅要把研究置身于历史学发展的大背景之中,还要对相应的知识主张进行细致的描述。

正如下一章说明的那样,我们认为目前我们正同时处于历史学与更广泛的数字人文学科领域之中:"DH"(数字人文或数字化历史学)时刻降临到了我们身上。然而,如果经过深思熟虑决定涉足该领域,那么我们需要对自己来自何方以及身在何处具有清楚的认识。在接下来的章节中,你将读到大量全新的内容,正如布萨神父倡导的那些方法在二战之后的当时也是十分新颖的一样。我们正在跨越革新与传承之间的界限,解决这一紧张局势将成为未来几年历史学家的中心任务。在接下来的章节中,我们将借鉴两种观点的要素,充分理解这本书本身就像我们研究的工具一样,是这个特定历史时刻的产物。

然而,本章要强调的是,所有的新奇事物仍然继承了相应的传统。有关历史认知的争论一直延续到数字化时代,但仍然与过去几百年一样:比起过去,数字化历史并没有更加客观,抑或更加主观。围绕人文探究的基本问题依然与过去一样。我们可以了解过去的什么? 我们可以尝试通过过去修正哪些观点? 我们要利用当前的历史知识做些什么? 是用来告知政策决策,还是激励边缘化社区,抑或仅仅讲述有趣的故事?

自布萨神父为探究圣·托马斯·阿奎那作品的一致性而寻求利用先进技术以来,数字化历史已经走过了很长一段路。正如下一章所言,我们处于一个新的时刻,对宏观知识的熟悉从未如此重要。随着数字化革命给我们的世界带来了深刻的变革,随着历史学家越来越频繁地参与数字化工作,并且随着我们开始思考如何对 20 世纪 90 年代展开研究,布萨的问题显得更加迫切。

35

第二章　DH 时刻

在本章中，我们将探讨如何进行数字化，并且介绍数字化历史和数字人文中一些关键的术语和观点。在史蒂芬·金（Stephen King）的启发下，我们构建了服务于历史学家的数字化工具包，以此探讨基础性的数据收集和数据处理，并试图就大家希望成为"编程历史学家"的原因进行解释。首先，我们需要阐述一些基本问题，在开始收集和处理我们发现的数据之前，我们必须努力解决版权问题、伦理问题，并思考数字资源会如何影响我们历史学家的工作。

什么是 DH 时刻？简而言之，对历史学家和其他人文学者来说，在当下抓住数字化信息广泛可得性带来的机遇并有所作为是十分必要的。正如哈尔·埃布尔森（Hal Abelson），肯·莱丁（Ken Ledeen）和哈里·刘易斯（Harry Lewis）所言，当今世界已经迎来了"比特风暴"（Blown to Bits）。[①] 他们认为我们需要重新思考几乎所有的社会层面：二进制数字意味着什么，它们又代表了什么（从完美的副本到围绕二进制代码转变为各种图像、语音和文本形式的哲学问题），隐私问题，模拟与数字文档之间的差异，搜索引擎，加密，语音，甚至旧的隐喻是否仍然成立，等等。尽管这些问题看起来有些突兀，但学者们几十年来一直致力于解决这些问题。得益于计算机性能的提升、存储成本的下降以及开源软件的普及等利好因素，数字化信息存储量急速增长，我们处理数字化信息的能力也越来越强，这些都推动了如今 DH 时刻的来临。上一章讨论过的第三次计算浪潮就此拥有了更加强劲的动力。

　　DH 时刻已经来临，但要如何抓住机会呢？我们有意不把章节名称中的"DH"表述为"数字化历史"（digital history）或"数字人文"（digital humanities），因

---

① Hal Abelson, Ken Ledeen and Harry Lewis (2008), *Blown to Bits: Your Life, Liberty, and Happiness After the Digital Explosion*, Boston: Pearson.

为我们相信本章内容在不同程度上同时适用于这两个领域。在前面的章节中，我们展现并构建了大数字历史的全貌，现在我们转向更加具体的讨论，探究这个时刻能为该领域的研究者或学习者带来什么。为此，我们使用"工具箱"这一隐喻性表述来代指我们可以用于多项工作的各种软件和算法知识。[①]当然，并不存在适用所有研究问题的万能方法，而人文学者需要知道什么是最适宜的工具，他们希望借此揭示怎样的结果，以及他们应该牢记哪些具体性的告诫。

在本章中，我们将先介绍一些基础性的知识，以便于你更好地理解随后的应用性越来越强的章节会出现的关键术语、概念和问题。首先，我们会介绍一些用来定义本次计算浪潮的基本术语（开源、版权和文本分析）。之后，我们将继续讨论为什么我们认为自己已经成为完完全全的数字化学者。随着谷歌搜索、主要数据库和数字化主要来源的日益普及，我们认为学者们在使用这些日常工具时需要进行更多的自我反省。最后，我们会对亟待人文学者继续挖掘的深度内容进行思考，并以此作结。

介绍数字化历史的关键术语

历史学家要更好地使用大数据，需要搞清楚三个术语的含义：开放获取和开放源代码运动、版权，以及文本分析。正如前一章所讨论的那样，开源软件是计算史上第三次浪潮的核心。有关 20 世纪主题的历史学工作都面临显著的版权问题。当收集大量数据时，研究人员几乎必然会碰到这些问题。最后，文本分析和基础性可视化操作是本书教程的核心部分。然而，正如我们认为的那样，很可能你已经在应用文本分析了。你可能只是没有意识到而已。虽然只介绍这三种术语无法实现全面而详尽的术语覆盖（正如我们在引言中提到的那样，GIS 是另一个研究领域），但我们相信对这三个方面的介绍有助于加深你对该领域的了解和认识。

39

---

① 当然，这个隐喻性表述并非我们首创，见 Elaine G. Toms and Heather L. Obrien (2008)，"Understanding the Information and Communication Technology Needs of the E-Humanist," *Journal of Documentation*，64(1)，102-130。此文使用了类似的隐喻性表达"数字人文工作台"。

本书中讨论的许多工具（虽然并非全部）都是免费的或十分契合多样化的开源哲学。① 虽然免费软件自 20 世纪 80 年代以来就不断涌现，但其主要体现在 GNU（一个免费的操作系统，名称源自"GNU 并非 UNIX"运动，1985 年连同宣言一同出现）等运动中，1998 年升级至运动层面。② 克里斯托弗·凯尔蒂（Christopher Kelty）的著作《两比特》（Two Bits）对该运动进行了不可替代的人类学和历史学层面的研究，其源头可追溯到 1998 年网景（Netscape）决定免费发布 Netscape Communicator 软件的源代码（这造就了今天的 Mozilla Firefox 浏览器）。③ 作为微软 Windows 系统捆绑浏览器的竞争者，网景的这一产品原本是需要付费的，而公开源代码是一个创举。④ 鉴于一些利益冲突，对"开源"进行定义是一件棘手的事，但本质上来说，"开源软件"的内核符合"开源定义"（Open Source Definition）中做出的定义。⑤ 简而言之，开源软件需要自由的再分配和源代码，允许衍生工作的开展（修改程序），保持作者源代码的完整性，无歧视性行为以及对其他一些限制的整体性许可。

开源软件为数字化历史学家带来了巨大的且多为正面的启发，但也有一些警示。本书中讨论的程序很多都能免费使用，少数程序中的部分功能除外。在政府预算紧缩的时代，这显然对研究大有裨益。更重要的是，它们的开放性意味着它们通常是模块化的，并且可以不断改进：某位学者可能会注意到某个算法的问题，并提出建议或自行对其进行改善。这非常适合实验操作。对于得到社会支持的学者来说，无论来自公立大学还是授予理事会，这种特点都有利于学者回馈社区甚至整个社会。

这种开放的精神也会影响数字化历史的其他方面。数字化历史大多（但并非全部）源自公共历史。大量相关网站和门户网站的创立使公众有机会与

---

① 差异大多与哲学有关：不同于基于许可的开源方法，免费软件更具政治意义。如果对这些差异可能对自身研究带来的启发感兴趣，可查阅 Richard Stallman，"Why Open Source Misses the Point of Free Software," https://www. gnu. org/philosophy/open-source-misses-the-point. html。

② Richard Stallman（1985），"The GNU Manifesto," http://www. gnu. org/gnu/manifesto. html。

③ Christopher M. Kelty（2008），Two Bits：The Cultural Significance of Free Software，Durham：Duke University Press，pp. 99-100。

④ 有关此事件原因的讨论，可参见 Christopher M. Kelty（2008），Two Bits：The Cultural Significance of Free Software，Durham，NC：Duke University Press，p. 108。

⑤ 参见 http://opensource. org/osd。

历史互动并参与其中,而其他学者开始呼吁将开源精神应用于更多的学术实践:这见证了开放获取出版的兴起。尽管开放获取可能采取作者支付模式(作者为其文章支付相关费用)或者以免费抑或受支持的方式获取,但它试图契合面向大众开放的精神。例如,本书就是在这种精神的引领下完成的,我们决定利用 CommentPress 平台进行直播式写作,该平台的内核就是开放获取的 WordPress 主题和插件。[①]

　　与许多运动相似,开放获取或开放源代码难免也会存在一些弊端。作者薪酬模式可能会对初级学者造成歧视,尤其是那些非研究型大学的研究人员以及可能得不到资金支持的研究生。同样,发布免费软件在许多方面都是有利的,甚至在道德上对于拥有丰厚薪水的获得终身职位的人员来说也是合适的;但对于那些需要资金支持的非终身、临时性研究者来说,这更多的是一种强制性要求。此外,对研究人员时限的要求也很高。学者们可能没有必备的启动资金进入该领域,此外,他们可能也不具有必备的启动时间。学习曲线或许非常陡峭,而最重要的是,学习数字化工具和数字修辞需要投入大量时间和精力。除了本书讨论的那些具体性问题之外,这些都是数字化历史学家需要考虑的。

　　除了工具包,了解版权的相关问题对数字化历史学家来说也极为关键。本书并不打算为你所在辖区的版权法提供综合性指南,因为各地规定不一而足,我们也并非专业律师。然而,作为历史学家,我们希望能为版权争端提供语境,并呼吁我们的读者对此给予足够的重视。为此,我们聚焦谷歌图书项目的例子以及接踵而至的法律纠纷。

　　谷歌从 21 世纪初搜索引擎市场的竞争中脱颖而出,对于意图从万维网获取信息的人群,谷歌占据了统治性的市场份额。具有讽刺意味的是,蒂姆·吴(Tim Wu)认为侵权行为可能是他们成功的关键:其搜索索引最早于 1996 年创建,需要对万维网进行全方位复制。虽然当时法律层面对此尚无定论,但因为在法律规范下没有人提出诉讼,这种大规模的索引复制行为还算说得过

41

---

① http://www.futureofthebook.org/commentpress/.

去。① 但无论如何，伴随着谷歌搜索帝国的发展，它们无法摆脱有关版权的争议。

　　谷歌在万维网搜索引擎市场获得统治地位后，公司决定将注意力转向另一个大型知识库——图书。早在 2003 年底，谷歌就开始接触大学图书馆人员，逐步扫描各类图书的第一章内容，并悄无声息地将搜索结果引入名为"谷歌印刷"（Google Print）的用户平台。一年后的 2004 年 12 月，谷歌宣布与哈佛大学、牛津大学、密歇根大学、斯坦福大学以及纽约公共图书馆开展合作，启动图书数字化工作。② 该项目被恰如其分地称为"谷歌印刷"，并将实现以下数个目标：普及精英机构中可得性较低的知识，以图书为媒介提升全网的关键词搜索，谷歌获得一批能够接触到广告的用户。这些机构不同程度地参与了这次合作项目：密歇根大学希望对其全部的 740 万册图书进行数字化处理，纽约公共图书馆只对无版权的图书进行数字化处理，哈佛大学先行推出 4 万册图书进行试验。受到版权保护的图书只能通过"片段搜索"（snippet search）获取。③

　　这是一项有争议的项目。法国国家图书馆担心该项目会使"英语图书相对其他语言的图书占据支配地位"，因为参与项目的五所机构的藏书均以英语图书为主。④ 更重要的是，大批作者和出版人为此感到忧虑。一些深感担忧的组织对此提出了质疑，例如美国大学出版社协会质问道：版权图书被数字化的片段有多长？频次如何？并且这会对销售产生影响吗？⑤ 随着美国出版商协会等行业团体不断提出抗议，谷歌在 2005 年 8 月暂停了该项目，宣布至少在当年 11 月前不会重启。⑥ 激烈的争论在万维网和主流新闻机构相继展开：争论的一方在意的是生产知识的作者和出版商的权利，而另一方则关心读者希

———————————

　　① Tim Wu（2010），*The Master Switch：The Rise and Fall of Information Empires*，New York：Knopf.

　　② David Vise（2004-12-14），"Google to Digitize Some Library Collections：Harvard，Stanford，New York Public Library Among Project Participants，"*Washington Post*，E05.

　　③ 同②。

　　④ Stephen Castle（2005-05-06），"Google Book Project Angers France，"*The Independent*（*London*），p. 33. 可通过 Lexis|Nexis 获取。

　　⑤ Edward Wyatt（2005-05-25），"Challenging Google，"*New York Times*，E2.

　　⑥ Yuki Noguchi（2005-08-13），"Google Delays Book Scanning：Copyright Concerns Slow Project，"*Washington Post*，D01.

望得到一种快速简便的方式来查找相关信息的愿望。谷歌希望暂缓项目，以便出版商从系统中退出，但出版商想要参与其中。

不久之后，谷歌就被告上了法庭。2005 年 9 月 20 日，三位作者代表同行就所谓的"大规模版权侵犯行为"向法院提起诉讼。① 谷歌声称自己的行为是一种"合理使用"，而作者声称他们受版权保护的作品被搜索引擎巨头用于商业目的。一个月后，出版商麦格劳-希尔（McGraw-Hill）、皮尔逊教育（Pearson Education）、企鹅集团（Penguin Group）、西蒙和舒斯特公司（Simon ＆ Schuster）以及约翰威利父子公司（John Wiley ＆ Sons）联合提起诉讼。之后，谷歌重启了图书数字化项目。② 2008 年 10 月，诉讼双方达成了一个终极和解协议，协议有助于绝版图书的数字化和购买选择，更重要的是，每本书 20％的内容被允许免费呈现，且大学能够订阅相关服务以查看全文。③ 未参与诉讼的作者团体以及个体作者强烈反对此协议。该协议需通过法院审查，2011 年 2 月，法官钦（Chin）否决了该协议。④

如果说谷歌的项目是为了商业目的，那么非营利性质的多所大学也认识 43 到了图书数字化蕴藏的巨大价值：数字化能够延长图书的保存时间，搜索索引也十分有用，由于所有知识信息被集中在一起，学者能够获取重要的大数据资源。鉴于此，一批大学（包含美国中西部地区的 12 所大学以及加州大学）在2008 年底宣布，它们将创建一个数字化图书馆，囊括由谷歌进行数字化的图书以及大学自身的藏书，这就是 HathiTrust 数字图书馆。这个名字十分贴切，正如《纽约时报》所言："Hathi 在印度语中是'大象'的意思，被认为是一种永远不会被遗忘的动物。"⑤它们的目标十分崇高——"该项目的合作伙伴们旨在建立一个全方位的档案库，囊括世界各地已发表的文献，并以协作的方式制定管

---

① Edward Wyatt（2005-05-25），"Challenging Google，" *New York Times*，E02.

② Edward Wyatt（2005-05-20），"Publishers Sue Google Over Scanning，" *New York Times*，F13.

③ Miguel Helft and Motko Rich（2008-10-30），"Google Settles Suit Over Putting Books Online，" *New York Times*，F20.

④ http://www.nysd. uscourts. gov/cases/show. php？db＝special＆id＝115.

⑤ 如希望了解有关 HathiTrust 的更多信息，可登录网站 http://www. hathitrust. org/partnership。这篇发表于《纽约时报》的文章可见于网站 http://bits. blogs. nytimes. com/2008/10/13/an-elephant-backs-up-googles-library/？r＝0，也可参见简介文章 Heather Christenson（2011），"HathiTrust，" *Library Resources ＆ Technical Services*，55（2），93-102。

理和开发其电子和纸质馆藏图书的共享策略。"几年后出现了类似的诉讼，当时作者协会和其他团体以及个人作者对未经授权的扫描行为提起了诉讼。然而，他们并不想销毁数字化版本的图书，而只是要求"图书从 HathiTrust 服务器下线，并交于受托人"。①

　　了解了谷歌印刷、图书项目和 HathiTrust 电子图书馆两个案例的基本情况，我们应该稍稍放缓脚步，讨论一下这对于从事大数据相关研究的历史学家意味着什么。尽管媒体的报道大多着眼于作者与谷歌的权利之争上，但这些案例反映的问题，则是处于历史学家和其他学者开展真正意义上具有范式转向特征的大数据研究的中心位置。该观点源自数字人文学家和法律学者组成的"法庭之友"（amicus curiae），由《宏观分析》（*Macroanalysis*）（上文曾提到）的作者马修·约克斯（Matthew Jockers）以及两名法律教授马修·赛格（Matthew Sag）、杰森·舒尔茨（Jason Schultz）书写成文。正如他们所言，"法院对该案件中大规模数字化行为合法性的判决结果可能会对数字人文学科的未来产生巨大影响。"②

44　　他们通俗易懂的论点对数字历史学家意义重大，尤其是那些对本书所讨论的大规模文本分析的未来状况深感疑惑的学者。在重新评估了几个成功的项目之后，例如前文讨论过的文化经济学以及《宏观分析》中的结果，我们可以发现这些方法"促使许多学者重新认识人文科学研究的本质"，或者更简单地说，"这些方法为检验现有理论提供了新的工具，或者导致了新兴研究领域的诞生"。③ 之后，他们发表了一份强有力的声明（重点在于他们是联合发布的）：

　　　　然而在 20 世纪的大背景之下，如果学者不能以非张扬的方式利用潜在的版权文本（正如上文显现的那样，这类图书的规模即使没有达到百万级别，也至少成千上万），新方法的作用将无从谈起。鉴于版权法设立的初衷是推动科学进步，那么如果数字人文的承诺因版权保护搁浅，那将会

---

① Julie Bosman（2011-09-13），"Lawsuit Seeks the Removal of a Digital Book Collection," *New York Times*，B07.

② Matthew L. Jockers，Matthew Sag and Jason Schultz（2012-08-03），"Brief of Digital Humanities and Law Scholars as Amici Curiae in Authors Guild v. Google," http://papers. ssrn. comsol3papers. cfm? abstract id＝2102542.

③ 同②。

造成一种违反直觉的结果。

如果没有数字历史学家积极参与版权讨论,数字化历史的许多承诺将在数十年内无法兑现。这促使数字历史研究向 19 世纪发生倾斜:近来,一位作者把谷歌图书这类的知识库描述为"学者重生的场所",在这些知识库中,被遗忘的作者和被抛弃的项目经历了某种程度上的重生。[①] 数字化研究使研究人员能够超越既定的文本规范,通过文本分析发现被遗忘的作品。不幸的是,尽管 20 世纪已经有了大量打印文本且见证了数字化来源的诞生,但版权规则最大限度地限制了这些资源潜力的发挥。无论如何,"版权"对于数字化历史学家来说是一个极其重要的术语。

深入研究大数据

目前为止,我们一直从整体层面探讨开展数字化工作的原因,现在我们将转变视角,关注这些信息究竟能为你带来什么。在这方面,文本分析和基本可视化需要成为你的常备工具。虽然我们将深入讨论这些术语,但我们首先要简要概述一些基本技术,它们是本书剩余部分的基础性知识。简要概括一下,这些技术包括:

- **词语计数**(counting words)。计算一个给定的单词出现在某个文档中的频率。更进一步,我们会查看一个词在数十甚至数千个文档中出现的频率,甚至关注词频随时间发生的变化。

- **N 元频率**(或"词组频率")。当我们对词语进行计数时,从技术层面来讲,我们是在统计单元结构词频:由一个单词组成的字符串的频率。对于短语来说,我们称之为 N 元结构:主要包括二元、三元、四元和五元结构,虽然理论上 N 元结构可以由更多字符组合而成。二元是两个字符的组合,可以指两个音节或两个单词。举个例子:短语"Canada is"就是一个二元结构。三元即由三个单词组成,四元是四个单词,而五元由五个单词组成,以此类推。

---

① Paula Findlen(2013-07-22), "How Google Rediscovered the 19th Century," http://chronicle. com/blogs/ conversation/2013/07/22/how-google-rediscovered-the-19th-century/.

- **语境关键词（keyword-in-context）**。这项技术十分重要。想象一下你正在搜寻一个多义的特定术语，例如刊物《环球邮报》（*Globe and Mail*）通常会被简称为《环球》（*Globe*）。如果你想看看这份报纸的出现频率，那么搜索"globe"会为你呈现所有你需要的结果，但也会包括额外的内容：例如"globe"也指地球的 3D 模型、地球，以及球状物体，抑或亚利桑那州的环球城，或世界各地的大量刊物等。示例如下：

he	read	the	**globe**	and	mail	it
picked	up	a	**globe**	newspaper	in	toronto
Jonathan	studied	the	**globe**	in	his	parlour
favourite	newspaper	the	**globe**	and	mail	smelled
the	plane	to	**globe**	arizona	was	late

中间的一列是我们搜索的关键词（即"globe"），而该词左右组成了相应的语境。在不需要复杂编程技巧的情况下，我们可以在这个有限的五样本结果中判断出其中三个可能指的是《环球邮报》，其中一个是不明确的（某人在自己客厅中研究的既可能是地球仪，也可能是一份报纸），还有一个检索结果显然是指亚利桑那州的环球城。

列举这些术语并不是想要吓到你，而是对你可能在相关研究中遇到的一些重要问题进行入门级介绍。有关版权和开放获取的内容，以及基本可视化术语可以帮助你了解其他数字人文学者正在做些什么。

为什么说我们都是数字化学者？

你不必自称数字人文学者或数字历史学家。事实上，几乎所有的历史学家都已经经历了数字化的洗礼。毫无疑问，会有一些落后分子，但大多数历史学家都开始利用搜索引擎来寻找资源（包括在线档案和传统的印刷档案）。一部分人（虽然比前者少了一些，但其规模仍不可小觑）会对档案进行数字化记录，以便回家后再次查阅。或许最重要的是，历史学家越来越依赖在线数据库来寻找相关的期刊和报纸文章：从 JSTOR 到 ProQuest，以及加拿大安大略省学者门户网站数据库等地区性或国家性项目。上文提到的三个关键词都适用于这些实践:版权会对资源的可得性产生影响(对报纸尤为重要);以及告知某类人哪些数据库是开放的而哪些并非如此(如 paywalls 提醒我们的那样);更重要的是,计算文本分析强调了这些检索数据库的重要性。我们的研究每天都会受到这些因素的影响。一旦历史学家开始将自己的日常活动定义为数字化转向的一部分,那么面向数字材料整体操纵和数字化材料探索的飞跃将不再遥不可及。

除了轶事之外,我们还有越来越复杂的数据展现了历史学家如何应对数字化转向。2012 年底,咨询公司 Ithaka S＋R(隶属于 JSTOR 数据库的母公司)针对历史学家的研究实践发布了一份详尽的报告。他们的结论显示了数字化方法的广泛影响:

> 尽管计算分析和其他新型研究方法的覆盖面仍然局限于部分历史学家,但新兴的研究实践和交流机制正在被广泛采用,既带来了机遇,也让他们面临挑战。[①]

历史学家从谷歌开始,在线查找资源,使用在线数据库,访问在线档案并拍摄数码照片,并在办公或个人计算机上以数字化的方式审视与之类似的材料。尽管历史学家在图片媒介或大众意识的某些方面以反现代的形象出现,但他们无法避免地受到了数字化转向的影响。目前的问题在于,虽然历史学家已经开始使用数字化工具,但在某种程度上他们正在不加鉴别地运用这些工具。

我们需要批判性地运用搜索引擎。正如《网络巨龙:搜索引擎技术的误区》(*Web Dragons: Inside the Myths of Search Engine Technology*)的作者所言,由于多种原因,我们需要复杂化对于网络的理解,将其视为信息访问的"通用密钥",其中包括"强者愈强"这一事实。网站的访问人数越多,其搜索排名也就越靠前,而人们会依照搜索排名来寻找相应的网站,这种密切的联系很

47

---

① Roger C. Schonfeld and Jennifer Rutner (2012-12-07), "Supporting the Changing Research Practices of Historians," *ITHAKA S ＋ R*, http://www. sr. ithaka. org/research-publications/supporting-changing-research-practices-historians.

难被打破。① 2007 年，在发现许多网站收不到链接的原因以及它们如何被隐藏等问题之后，作者们注意到了一个能够缓解问题的因素，即"幸运的是，我们并非都偏爱同一条巨龙［搜索引擎］"。② 虽然确有其事，但谷歌现在是搜索引擎战争中无可争议的优胜者，在搜索引擎市场中占有 67.1％ 的份额。③ 伊利诺伊大学的文学学者泰德·安德伍德（Ted Underwood）认为：

> 相比书目检索，全文检索的内部运算与数据挖掘有着更多的相似之处。如果我以"Moby-Dick"为关键词进行标题搜索，检索结果很容易得到。但在全文搜索过程中，用户往往会得到过多的匹配结果，他们不得不通过长时间的浏览来寻找自己的目标。相反，该算法必须根据一定程度的相关性对它们进行分类。相关性指标通常在数学意义上是十分复杂的，研究人员通常不知道他们使用的是哪个指标，在网络搜索中所用的指标可能是搜索引擎的特有产品。④

简而言之，即使你使用谷歌以"Canadian history"（加拿大历史）这一看起来十分具体的关键词进行搜索，你也会得到 2.73 亿个结果。但你浏览的结果很可能达不到 27 万个，甚至不足 100 个。是什么让某些内容出现在第一或第二页？随着数字化工具的广泛使用，这些都成为学者关注的问题。

考虑在线报纸数据库使用存在的问题。⑤ 它们看起来似乎有序、先进且全面。人们可以通过图书馆门户登录到报纸数据库，而不是使用微缩阅读器来浏览旧报纸。搜索特定事件、人物或文化现象的关键词会得到一系列研究结果。虽然也可以使用日期搜索，但它看起来笨拙而缓慢；但是，关键字搜索会带来一些新产物，以及一些潜在的变革。每个结果通常按日期、报纸页码、出

---

① Ian H. Witten, Marco Gori and Teresa Numerico (2007), *Web Dragons: Inside the Myths of Search Engine Technology*, San Francisco: Morgan Kaufmann.

② 同①。

③ Jennifer Slegg (2013-05-21), "Google's Market Share Drops as Bing Passes 17%," http://searchenginewatch.com/article/2269591/Googles-Search-Market-Share-Drops-as-Bing-Passes-17.

④ Ted Underwood (2014), "Theorizing Research Practices We Forgot to Theorize Twenty Years Ago," *Representations*, 127(1), 65.

⑤ 该问题已经被本书的一名作者彻底解决，见：Ian Milligan (2013-12), "Illusionary Order: Online Databases, Optical Character Recognition, and Canadian History, 1997-2010," *Canadian Historical Review*, 94(4).

现的章节等标准进行细分，并且为了方便起见，进一步点击相应选项能为你呈现完整的网页，其中搜索的关键字会被高亮显示。页面周围的环境、广告和原始布局都得以保留。现在学者可以投身以前不可能实现或不可行的研究项目，特别是那些涉及广阔的社会或文化地形的研究。

在加拿大，这是一个特别重要的问题。2002 年，加拿大成为首个将两大报纸进行数字化的国家：《多伦多星报》(*Toronto Star*)（加拿大发行量最大的报纸）甚至早于《纽约时报》全面实现了在线检索，《环球邮报》(*Globe and Mail*)（一些人将其视为加拿大的"纸质记录"）也紧随其后。[①]

伊恩·米利根的研究显示，自 2002 年以来，研究人员就开始或多或少地引用网络信息。利用 1997 年至 2010 年期间上传到 ProQuest 的历史论文组成的数据库，他发现引用量出现了大幅度的增长：1998 年至 2010 年期间，《多伦多星报》的引用频次增长了 991%，而同期的其他报刊，它们的引用频次增幅很小甚至出现了下降趋势。这一现象引发了两大深远的影响。其一，在一个地区性特征显著且历史悠久的国家，研究向大都市集中同时远离边缘区域。例如，区域性报刊对小城市事件开展的研究却往往需要借助多伦多的报刊进行重述。其二，或许也是最重要的问题在于，搜索引擎会使我们的研究产生偏差。谷歌搜索确实会出现这样的问题，对电子书进行搜索时，可能会检索到在线版的《多伦多星报》。

此外，这些数据库的光学字符识别(OCR)质量欠佳，这使得搜索偏差成为一个紧迫且严重的问题。报纸数字化等操作既简单也复杂。让我们以《多伦多星报》为例进行相关阐释。数字化是从缩微胶片原件开始的，以每月大约一百万页报纸的速度进行。从缩微胶片开始，每个单独的页面随后会被制作成高分辨率的 PDF 文档，平均大小为 700KB。每个页面都会进行 OCR 扫描，产生一个由已发现文本组成的文本文件；当用户输入搜索词时，他(她)会根据文本文件搜寻他们想要的结果。一旦搜索得到匹配结果，用户会得到相应的 PDF 文件。

但是，OCR 会造成一些数据的丢失。OCR 主要与商业市场和用户相关，通常用于企业、法律界和政府部门中大量印刷文件的数字化工作。将这种技

49

---

① 有关该项目的背景，Cold North Wind 创建了一个内容翔实的网站，请访问 https://paperofrecord.hypernet.ca/default.asp。

术应用于历史文献是一件棘手的事情，因为这相当于我们正在试图将一种工具应用于紧密相关但绝不相同的任务。通过一篇较为全面的文章，一个团队的三名研究人员概述了使用 OCR 程序处理历史学文件和报刊时面临的主要问题。① 这些问题包括：出现非标准字体（历史报纸不使用标准字体）；打印出无关信息（实际打印中小错误频现）；行间距和字间距前后不一致；出现断行连字符（由于历史学图书版面较小，所以一个单词无法在同一行显示完全的现象十分常见，而算法原因会导致部分连字符丢失）以及媒介转换时的数据丢失。

我们额外举出此例主要出于两个原因：首先，鼓励读者考虑如何用大数据（以报纸和期刊数据库的形式）构建他们的研究活动。使用计算方法来解决新的或现有研究问题确实有些与众不同，但事实上它几乎已经成为学术研究方方面面的基础。其次，是为了指出所有学者务必要留意的一些误区。我们需要考虑数据库的底层结构：它们是如何构建的，它们具有什么假设，以及数据的格式化如何实现。对于历史学家来说，当我们使用经过数字化的一手资料时，需要时刻考量文本的质量。它是怎样构建出来的？是像 Old Bailey Online 那样进行双盲输入，还是使用商用 OCR 算法（专为法律公司设计，不应用于其他领域）进行扫描？我们需要援引使用的相应格式：如果我们引用 Lexis Nexis 数据库中某篇报刊文章，它就该以相应的格式被引用；对于谷歌图书数据库中一本以片段形式查看的书，就需要以不同于全文或复制版本的方式进行处理和记录。无论是出于知识产权的原因，还是为了识别数据库的基础算法，数字化资源的引用规范十分重要。

无论如何，几乎所有的历史学家（即使不是全部）都在某种程度上采用了数字化方法。借助谷歌和 JSTOR，我们动动手指就能获取海量信息，这些信息因为一系列复杂的数学和语言算法变得触手可及。考虑到这一点，我们不应该畏惧数字化道路，而应该将其视为发展与进步的大好机遇。在接下来的章节中，我们将讨论历史学家可以构建的工具包，以帮助他们成为真正的数字历史学家并掌握发挥大数据潜能的技能。

---

① Maya R. Gupta, Nathaniel P. Jacobson and Eric K. Garcia (2007), "OCR Binarization and Image Pre-Processing for Searching Historical Documents," *Pattern Recognition ：The Journal of the Pattern Recognition Society*, 40, 389.

构建历史学家的工具箱

对于那些开始解决大数据问题的历史学家，我们喜欢使用"工具箱"这个比喻（相当常见）代指一系列各种各样能够为我们探索历史带来启示的软件程序。其中一些程序具有明确的类似工具的名称，如 MALLET；而一些其他的程序基于方法进行命名，如 Voyant，斯坦福主题建模工具箱；还有一些程序的名称较为异想天开，如 Python，这是一款以 20 世纪 70 年代英国喜剧连续剧《蒙提·派森的飞行马戏团》(*Monty Python's Flying Circus*)之名命名的编程语言。[①] 它们有两个共同点：都是免费开源程序，而且历史学家已经开始频繁使用这些程序。我们将在本书中对一些工具进行介绍，当然还有更多的工具本书没有涉及。其他一些有待探索的实用领域包括 DiRT（数字研究工具）目录（网址为 http://dirtdirectory.org/）以及文本分析门户网站（TAPoR，网址为 http://tapor.ca/）。我们发现 TAPoR 特别有用，因为它提供了质量颇高的数字化工具报告以及史学语境，并且能够在你访问不同网站时帮助你了解其更广阔的领域。　　51

在史蒂芬·金的著作《关于写作：写作生涯回忆录》(*On Writing：A Memoir of the Craft*)中，他讲述了奥伦叔叔的一个故事，这个故事对历史学家很有启发。故事的主要内容是：网格门坏了，奥伦叔叔把曾经属于他父亲的巨大工具箱拉到门口，却发现只需要一把小螺丝刀就可以把门修好。他的小侄子问他为什么要把工具箱拉过去而不是直接拿螺丝刀，奥伦叔叔说："我不确定我一旦离开，还能不能找到其他用得上的工具，不是吗？你最好把工具都带在身边。如果不这样做，你很容易遇到一些意想不到的情况，也就容易因此而沮丧。"运用数字化材料类似于史蒂芬·金提出的写作建议。你希望各种各样的工具都触手可及，以便提出不同类型的问题，并觉察到不同类型的规律。大数据工具的使用本不存在规范，但我们在本章和下一章中提到的那些正日趋成为数字化历史学家标准流程的一部分。

无论历史学家主要从事大数据研究还是传统工作，我们都强烈建议他们

---

① http://docs.python.org/2/faq/general.html#why-is-it-called-python.

使用 Zotero 这一研究工具。Zotero 由乔治梅森大学罗伊·罗森茨维格历史和新媒体中心开发，是一个集收集、组织、分享和引用信息来源于一体的一站式商店。登录网站 https://www.zotero.org/，就可免费获取。不论是作为开源浏览器 Mozilla Firefox 的插件（作为浏览器中的一个程序运行）还是独立运行，Zotero 都是一个体验极佳的平台，能够利用并保存你的材料。安装完成后，你可以自动提取源信息。比如，你想寻找 Amazon.com 或所在机构图书馆网站上的文章或者图书清单，一本书的小图片就会出现在你网站的地址栏中，点击一下，相关信息即会添加到你的数据库中。如果你使用 JSTOR 等存储库则会更加便捷，单击一次就会添加文章全文，然后将其编入索引以供搜索。

最后，一旦你想引用材料，你可以通过 Zotero 在 Microsoft Office Word（微软文字处理软件，简称"Word"）或 OpenOffice 中以你想要的格式添加引文。不用太费事，就能将芝加哥式脚注转换成 MLA 格式的嵌入笔记！尽管 Zotero 具有无法估量的价值，但它在与其他程序交互时偶尔会出现一些问题。例如，它与 Word 交互时运行状况良好，但有时在其生态系统中构建的应用运行时可能会出现中断情况。尽管如此，Firefox 浏览器右上角的或电脑桌面开始（start-up）菜单中 Zotero 图标依然存在，提醒你数据库始终触手可及，从而让你心安。

52

> **Zotero（https://www.zotero.org/）**
>
> **一般性原则**
>
> Zotero 是一个让你能够"收集、组织、引用和分享研究资源"的工具。通过与网络浏览器和文字处理器的结合，Zotero 可以让你从各种偶然发现的来源收集书目元数据。例如，它能下载 PDF 格式的文章全文，或者保留正在使用的网站的截图。Zotero 可以有效地协助你进行研究。
>
> **描述**
>
> 它是一个简单的数据库，可以在 Mozilla Firefox 浏览器中运行，也可以作为独立程序运行。安装十分简便，可登录 https://www.zotero.org/ 下载。

评价

Zotero 能够做好想做的事情。然而有时候,它不能与插件很好地兼容,程序更新可能会破坏兼容性。该程序的核心功能设计精良,但有时候并不是用来构建插件的最佳平台。

使用方法

操作十分简便! 只需要登录网站 https://www.zotero.org 并点击十分醒目的红色"Download Now"(立刻下载)按钮即可。如果你使用 Firefox 浏览器,请点击"Zotero 4.0 for Firefox"。如果你想将其作为独立应用程序使用,请下载该选项。它的安装过程简单且直接。

也有可能出现"链接失效"的问题。① 将数字化数据相结合的链接生态很容易失效。举个例子,如果你在谷歌图书中搜索网址"http://geocities.com/"(如果你对万维网的早期历史感兴趣,你应该知道那是一个几乎可以在 GeoCites 找到每个网页主页的年代),你检索到的结果会包含一些已经失效的网页。Zotero 具有这样一个功能,可以保存你访问的任何网页的截图,并将其作为引用的一部分存储在你的资料库中(它将截图存储在计算机本地,或其他安装了 Zotero 软件的计算机上)。问题在于其他人无法看到这个截图。名为"WebCite"的服务能够为你创建相应网络资源的永久性引用,同时支持分享。本质上来说,WebCite 创建了一个副本并为其提供了一个永久性地址。即使原件处于离线状态,副本仍会存储在网站 http://www.webcitation.org/中。最终,归档网络已经出现在了网络世界的各个角落,从谷歌的缓存(点击搜索结果旁边的朝下箭头可以查看缓存版本,这通常只是 Google's spiders 检索页面的最新版本),到 Internet Archive Wayback Machine。② 还有其他归档网络,但 Memento 服务(http://www.mementoweb.org/)将这些都整合到了同一个门户之中。我们也会在后面的章节中提到 Zotero,介绍一些可以加强大数据研究的具体插件。我们相信不

---

① 如果想要初步了解与网络、其底层架构、治理等有关的问题,维基百科实际上是非常好的消息来源,能够帮你理解发现的其他东西。在此例中,可以参阅维基百科有关"链接失效"的文章。

② 可在网站 http://archive.org/web/获取,也可见 Ian Milligan(2013-02-11),"Exploring the Old Canadian Internet:Spelunking in the Internet Archive," http://ianmilligan.ca-02/11/exploring-the-old-canadian-internet-spelunking-in-the-internet-archive/。

论是安装 Zotero 软件还是了解一些其他服务,都会造福每一位历史学家。[①]

我们使用的工具都预设了观察世界的不同方式,其中许多都偏向于美国的数据集和语言结构。例如,Wolfram Alpha(所谓的"计算知识引擎")允许人们自动对文本进行语法分析,并为其找到的名字分配性别标签。[②] Shawn 是什么?是男性名,还是女性名?肖恩·格拉汉姆(Shawn Graham,男),肖恩·科尔文(Shawn Colvin,女)。谁编辑了这个工具的名称列表?它们如何被标记?谁来决定"肖恩"是男性名还是女性名?那些过去主要用于男性但现在更常用于女性的名字又会怎样(如 Ainsley)?艾莉森·普伦蒂斯(Alison Prentice)在她的致歉文(mea culpa)"维维安·庞德(Vivian Pound)是一名男性吗?"中讲述了她如何在研究多伦多大学物理系女性职员时,将维维安·庞德误认为女性的经历[③]:

> ……这完全出乎我的意料,也让我感到羞愧,我在 2000 年的春天了解到 1913 年从多伦多大学获得博士学位的物理学家庞德是一名男性,而我根据名字把他误认成了女性。……在 1996 年至 1999 年间发表的三篇有关二十世纪初女性物理学家的论文中,我错误地将维维安·庞德当成了一名女性,并且将其视为多伦多大学第一位获得博士学位的女性。[④]

在普伦蒂斯的例子中,她当时使用的数据集(简单的名单列表)导致她犯了错误。她的作品向我们展现了如何从这类参考材料中向外进行展示和构建。因为就像我们使用计算分析一样,一个名称列表可能会成为一个"工具"

54

① 已有很多旨在帮助人们充分利用 Zotero 的教程。例如,《高等教育纪事》(*The Chronicle of Higher Education*)中的 Profhacker 专栏中曾多次刊登有关 Zotero 的文章,其中包含许多教程,指导性视频,平板电脑和智能手机应用程序,这些应用程序扩展了 Zotero 的功能,使其更加实用,参见 http://chronicle.com/ blogs/profhacker/tag/zotero。

② 相关讨论可见 Ian Milligan (2013-07-28),"Quick Gender Detection Using Wolfram|Alpha," http://ianmilligan. ca/2013/07/28/gender-detection-using-wolframalpha/。Lincoln Mullen 使用 R 语言软件包提供了一个使用名称性别检测工具的存储库(我们将在后面的章节中更深入地讨论 R 语言)。欲获取更多信息,可见 http://lincolnmullen. com/blog/analyzing-historical-history-dissertations-gender/。

③ Alison Prentice (2001),"Vivian Pound Was a Man? The Unfolding of a Research Project," Historical Studies in Education/Revue d'histoire de l'éducation, 13 (2), 99-112, http://historicalstudiesineducation. ca/index. php/eduhse_rhe/article/view/1860/1961.

④ 同③。

供我们使用;而工具很少是直接且中立的。这是使用数字化工具(各种工具都是如此)的重要一点。在后面的章节中,我们将更详细地讨论融入我们所用工具的世界观是如何将我们引入歧途的。

自动检索数据

首先,我们需要得到数据。历史学家如何找到大型数据存储库来进行工作呢? 与其他方法类似,这取决于你个性化的需求。我们会按照获取难度的差异提供几个不同的示例。最简单的情况是,数据存储在一些网页上,只需点击几下鼠标即可轻松下载,就像第二任美国总统约翰·亚当斯(John Adams)的日记一样。当然如果付出更多努力,我们可以从详尽的 Internet Archive 中自动获取海量存储数据。如果再费些力气并借助更多命令,我们可以从美国国会图书馆、加拿大图书档案馆等国家机构获取更多数据。

你是否有过这样痛苦的经历,坐在计算机前查看加拿大图书档案馆、大英图书馆或美国国会图书馆等大型数据库超长的列表,逐条点击来下载相关记录? 或者你是否曾在 Internet Archive 进行查询,检索出了数百条结果? 也许你没有遭遇过这样的苦恼,但很有可能你已经搜索了与你的研究兴趣相关的历史资料,使用了在线查找工具,可能想知道如何以更快、更直接的方式进行访问。有一些工具确实可以解决这样的苦恼。根据学习曲线,也许第一次利用工具进行下载需要的时间比手动操作还要长,但存在积累性节省效应,即下一次下载的速度会更快,并且从那之后你每一次搜索所需的时间会逐步减少。

Wget

一般性原则

Wget 基于计算机上的命令行运行,并使你可以进行复杂的自动下载。举个例子,你可以通过一个命令下载某个网页的整个副本。如果你正坐在计算机前逐页进行下载,Wget 可以替你节省大量时间。

55

描述

这是一个基于文本的程序，具有相对陡峭的学习曲线，涉及修改程序操作的几个不同的标志。

评价

对于那些不熟悉命令行环境的人来说，使用起来不太容易上手，在使用初期难度较大。工具容错率较低，如果哪里出错它就无法正常运行。

使用方法

若想学会操作软件，最好的方法是参考《编程历史学家》，可通过网站 http://programminghistorian.org/lessons/automated-downloading-with-wget 获取。

56　　对于历史学家而言，免费的开源程序 Wget 是下载数据极其强大的方式之一，可以在任一平台上获取。它可以让你设置一些规则并自动下载数据。如果你发现自己正盯着一个列表，右击以重复性的操作下载每个单独的文件，不必为此苦恼：解决这样的困扰就是 Wget 的设计初衷。

与那些你熟悉的软件程序不同，Wget 是在命令行界面运行的。如果你在 20 世纪 80 年代或 90 年代早期就是计算机用户，那你将对这样的界面十分熟悉，因为当时 MS-DOS 就是一个这样的命令行界面。但如果你不了解早期的操作界面，这会看起来有些令人费解。今天的大多数用户都通过图形用户界面与计算机系统进行交互，这样的界面允许你通过图像（图标、图片和渲染文本）寻找文件和程序。本书讨论的一些工具使用命令行进行操作。虽然学习曲线表明在使用命令行的初期困难重重，但它的高精确度以及熟练之后的操作速度会弥补初期遭遇的困难。

在本节中，我们要向你展示如何使用命令行在你的系统上安装 Wget。虽然我们不会对本书中提到的每一个软件都进行如此详细的讲解，但我们认为适当的详细说明有助于更加清楚地阐述一些内容。由于操作系统千差万别，你将看到不同的说明。《编程历史学家》也有命令行的使用指南，你可以访问网站：http://programminghistorian.org/lessons/intro-to-bash。

在你的系统上安装 Wget 不是一件难事。Linux 系统在默认条件下会预装该程序。OS X 用户安装 Wget 会稍微复杂一些（如果你是 Windows 用户，请跳至"适用 Windows 用户"的段落进行阅读）。登陆 App Store 或 Apple 官网安装 XCode。安装完成后，从程序中的"Preferences"（偏好）选项卡安装"Command Line Tools"（命令行工具）工具包。之后，一个名为"Homebrew"的常用软件包管理器会帮助你通过几行代码安装 Wget。打开你的"Terminal"（终端）窗口，默认设置情况下可以在 Applications（应用程序）的"实用工具"文件夹中找到，然后整行输入以下内容来安装 Homebrew：

ruby-e " $ (curl-fsSL

https://raw. github. com/Homebrew/homebrew/go/install)"

它可能会要求你输入密码，不必担心，这是安装软件过程中十分正常的一个步骤（在图形系统中安装软件，你经常需要输入密码；如果这行命令仍未正常运行，那就在命令行首输入 sudo）。完成相应配置，以确保其能够通过输入下列内容正常工作：

brew doctor

之后输入如下所示的简单命令安装 Wget：

brew install wget

Wget 将开始下载并安装到你的系统中。

对于 Windows 用户来说，最简便的方法是直接下载 Wget 的 Windows 版本。你只需将相应的文件（wget. exe）下载到 C 盘之中，以便你可以从系统的任何其他位置访问该文件。[①] 随后的操作如打开命令行一样简单（这是"cmd. exe"程序，可以通过开始菜单搜索该术语或在"附件"目录下找到它）。如果你已将 wget. exe 下载到 C 盘，在对话框中输入"wget"就能使其运行。

你可以按住 Shift 键并右击文件夹来打开 Windows 中存储在任一目录下的命令行，一个语境菜单对话框将会被开启。选择"open command window here"（在这里打开命令窗口），这可以为你省去一些麻烦，因为使用 Windows 资源管理器浏览文件和文件夹通常比使用"cd"命令手动更改目录更加容易。

现在，让我们（OS X、Windows 以及 Linux 用户）一起**快速运行**。在进入本节的主体内容之前，为了安装 Wget 我们已经费了不少工夫，所以让我们快点

---

① 例如，在 Wget 的 Windows 版本（32 位系统）中，可参见 http://users. ugent. be/~bpuypewget。

运行程序吧。为了得到更多用法说明,你可以查看《编程历史学家》上面伊恩·米利根的课程"使用 Wget 进行自动下载"(Automated Downloading with Wget),可访问网站 http://programminghistorian.org/lessons/automated-downloading-with-wget 获取。总而言之,命令如下所示:

wget ＜any modifiers＞ ＜the site or page you want to download＞

让我们在与本节有关的 Macroscope 页面示例上进行尝试。输入:

wget http://www.themacroscope.org/? page_id=330

58 如果你下载后使用浏览器打开(使用文件菜单,然后在浏览器中打开命令),你将看到该页面的副本。借此我们可以做些更高级的事情,例如对整个网站进行镜像操作或下载文档的全部数列。方便起见,前面提到的"编程历史学家"课程检验了其中一些案例。

如何成为一名编程历史学家

"编程历史学家"这一概念,虽然相比过去,现在被耻笑的概率已经大大下降,但还是会时不时地引来轻蔑的目光或嘲笑。[①] 当然,正如第一章所讨论的那样,自 20 世纪 70 年代以来,作为前两次计算浪潮的一分子,历史学家一直在积极地参与编程。第三次浪潮(以开源软件、强大的计算能力和大数据为标志)的显著特征体现在前所未有的低门槛上。这是显而易见的,开放获取的电子书《编程历史学家》及其续作《编程历史学家 2》(Programming Historian 2)(但其并不仅仅是前作的简单延续)就是最好的佐证。简而言之,《编程历史学家》目标明确:借助史学实例讲解编程的基础知识,帮助你学习实用技能并快速入门。这不是一门计算机科学课程,而是一系列实践示例,主要关注"是什么"和"怎么做",而不是用来详细介绍驱动编程语言的底层架构。它为传统的出版形式带来了挑战,成为一种"社区驱动的合作教材",在各个阶段都会征集意见、持续改进并得到评价。虽然你无法凭借对此书做出的贡献而获得官方证书,但你学到的技能可以帮助你在数字人文的计算层面快速入门。

① 可参见 http://niche-canada.org/wp-content/uploads/2013/09/programming-historian-1.pdf。

2008 年 5 月初,《编程历史学家》的初稿在线发布,由西安大略大学的两位历史学家威廉 • J. 特克尔(William J. Turkel)和艾伦 • 麦凯克恩(Alan MacEachern)合作完成。他们凭借不同程度的相关经验完成此书:特克尔一直以来都是一名程序员,而麦凯克恩在 2008 年元旦才开始从事编程工作。对于历史学家为什么需要编程这一问题,他们的观点既宽泛也简单。简单地说,就像他们所指出的那样:"如果你不编程,那么你的研究过程将会永远受制于那些从事编程的研究者……编程之于数字化历史学家的重要性相当于素描之于艺术家或建筑师的意义,这是一种创意表达方式和探索手段。"[①]此书以及合作编撰的第二版,为历史学家学习历史编程基础知识提供了最简便的途径(正如序言中提到的那样,其他方式包括 THATCamp 等非会议形式或相关人员面对面的会谈)。

《编程历史学家》一书涵盖了所有开源软件,包括 Python 编程语言、Komodo Edit 编辑环境、Omeka 数字展示平台以及 MALLET。正如书名所示,其中最重要的课程涉及 Python 编程语言。其中的讲解从最简单的编程语言程序的安装开始(无论你的系统是 Linux,OS X 还是 Windows),之后的课程内容会越来越复杂,包括自动检索数据、数据分解、词汇计数以及基本可视化的创建。简而言之,只需数小时,用户就能够从编程小白摇身一变,拥有同 Old Bailey Online 海量数据进行交互的编程能力。

根据我们作为研究人员和教师的经验,"编程"这个词有时会引起争议。除了诸如没有足够的数字流利度以实现任务这些实际的担忧,还存在一大问题,即编程与人文学科的传统似乎是相悖的。然而,《编程历史学家》书中的课程以及本书的内容都表明,本质上来说编程应被视为一项创造性工作。人文学科的假设是你做出决定的基础,同时让我们能够更好地控制产生结果的流程,随后我们再将对结果的解读整理成文。没错,我们需要格外注意细节。这里或那里一个小小的错误可能就会使你的程序失效,而你必须找到这些错误。但是大多数情况下,我们认为这是一种有价值的经历。事实上,对于一个能够为你提供即时反馈(你的程序正在正常运行或已经崩溃)的过程,我们需要进行一些说明。

①　引自《编程历史学家》第二章。

本节内容并不是对《编程历史学家》的重复，它不但可以在线免费获取而
60　且正不断更新，以此适应操作系统、插件乃至最佳实践方案发生的变化。相
反，我们会对人文学者所需的基本概念进行讲解，并提供背景来说明为什么这
些问题至关重要。我们鼓励你访问《编程历史学家》，同时开始探索后文中讨
论的基本课程。

基础性收集工作：获取你的数据

关于基础性收集工作，有很多方法可以帮助你获取现有的历史大数据。
有时，如果我们足够幸运的话，那些目标数据已经以可用格式提供给了我们。
让我们思考一个典型的实例。彼得·霍尔兹沃思（Peter Holdsworth）是一名
卡尔顿大学的硕士生，他将自己的所有原始数据以 Excel 电子表格的形式上
传到了研究数据共享网站 Figshare。① Figshare 在学术出版生态中占据着重
要的地位，尤其当历史学家开始掌握越来越大的数据集时，这些数据集很难通
过传统印刷期刊得到描述和传播。Figshare 会为研究人员分享的每个文件提
供一个特有的数字标识符，方便其他学者进行引用。例如，霍尔茨沃思
（Holdsworth）分享的数据集引用格式如下：

Holdsworth, Peter(2013)：Holdsworth 1902 Organizational Network.
figshare http://dx. doi. org/10. 6084/m9. figshare. 727770.

此外，Figshare 提供了一个"应用程序接口"（application programming
interface，API），它允许其他网站或软件访问 Figshare 中的文件（例如，可以编写
一个程序，对所有与特定地理区域有关的数据进行可视化操作）。鉴于 API 为
数据的自动共享、再利用和融合提供了正式的协议，使用 API 也被视作一种
"数据收集"。使用 API 并不难（《编程历史学家》解释了如何使用 Zotero 参考
和研究环境 API），但现阶段我们想要探索的是如何利用免费软件工具自动获
取信息。

当我们需要的信息较为规整有序地在静态网站以一系列网页的形式出现

---

① Peter Holdsworth，"Author Page，" http://figshare. com/authors/Peter Holdsworth/402385.

时，Wget 能发挥极大的作用（具体可参阅上面介绍 Wget 的文字框）。许多网站为方便信息检索以上述这种方式预先安排，以便我们可以将其用于分析过程。想象一下，如果我们正在访问一个历史协会的网站，而该网站已经将一系列报刊文章转录并集中呈现在单一网页上。该页面的布局十分合理：文本中的每一个日期都被清晰呈现，文本也以方便阅读的形式合理排版……我们可能希望将这些信息复制到电子表格文件中（逗号或制表符分隔的值）。我们可以将页面"另存为"（save as）到我们的桌面，并手动提取所有内容，进行剪切和粘贴。这样的操作费时费力。由于浏览器知道如何对信息进行可视化处理以供我们阅读，所以我们可以使用这些标签，即用于标题、表格等的 HTML（超文本置标语言），并让计算机自动将它们放入表格之中。《编程历史学家》中有许多课程介绍了如何在 Python 中完成这项工作。在这里，我们描述了配合使用三种不同软件来实现相同目的的方法。虽然我们确实认为学习 Python 来完成这项工作十分必要，但一些基于浏览器的工具更易上手。

我们有时会用到的第一个工具是"OutWit Hub"，可登录网站 http://www.outwit.com/获取。我们将在第四章主题建模时重新探讨这一工具，并展示如何使用它来获取美国主要信息源的特定数据，并对其进行可视化处理。它并非免费软件，但是提供了一个基础性免费版本，虽然某些功能受限但仍十分实用。

OutWit Hub 与许多在互联网查找信息的软件程序一样，它主要通过解析HTML 标记的标签"soup"（汤）来下载感兴趣的元素，进而查找信息。HTML是一种标记语言，规定网页应该以什么样的方式显示内容。想想你在纸上编辑（或标记）文件时的情景：当某些内容应该用斜体呈现时，也许你会将其圈出并备注"斜体"；或者如果需要强调某些内容，那么你会在相应的位置画上下划线。这就是一种标记语言。而 HTML 文档包含两方面的信息：内容以及规定内容呈现方式的指令。因此，你可能会有如下所示的文件：

```
<HTML>
    <body>
        <h1>The diary of Professor Smith. </h1>
        <h2>13 December 2013</h2>
            <em>This is the diary entry. </em>
```

```
<h2>14 December 2014</h2>
        <em>This is a second entry.</em>
    </body>
</HTML>
```

62 该文件会以如下的形式出现：

The diary of Professor Smith.

13 December 2013

This is the diary entry.

14 December 2014

This is a second entry.

因此，在这个例子中，虽然肉眼不可见，但日期都存储在了"<h2>"（或页眉，Level 2）标签中，标题位于"<h1>"标签内，且所有条目均以斜体呈现或存储在"<em>"标签内。因此，如果我们想要快速获取日期列表，我们可以使用 OutWit Hub 处理"<h2>"标签，以获取"<h2>"与"</h2>"之间的信息。

下载并安装免费版本。Outwit Hub 看上去就像一个网络浏览器。那是因为它的确内置了一个浏览器。如要使用，只需将你感兴趣的网址输入地址栏即可。OutWit 将加载网页，然后单击屏幕左侧菜单中的"source"（来源）按钮，页面的底层标记会就此呈现。向下滚动浏览该数据，留意那些包含你感兴趣的信息的标签，例如：

```
<h3>（the date of the entry）</h3>
```

以下是一些你可能会看到的示例数据：

```
<h3>15 January 1945</h3>
<p>It was a cold day in New York City today. I wish I had a coat.</p>
<h3>16 January 1945</h3>
<p>I am still cold. I really wish I had a coat.</p>
```

在以下示例中，我们将使用 Outwit Hub 来提取日期及有关信息，在本例中是 1945 年 1 月 15 日和 16 日，以及那些与那位在纽约市瑟瑟发抖的朋友有关的条目。随后，我们可以根据这些信息制作一个电子表格：一列包含日期，另一列包含条目本身。这会为一些看似非结构化的数据赋予一定的结构，从而实现计算工具与它们的交互。上面的 HTML 代码应该看起来很眼熟。虽然这与我们给出的第一个例子有些许差异，但两者的相似之处足以让我们开始分析工作。

在 OutWit Hub 中，单击屏幕左侧菜单栏中的"scrapers"（刮板）选项。在免费版本中，你可以设计的刮板数量有限，而你能够收集到的数据行数也会受到限制（不超过 100 行）。一个新的子窗口会出现在屏幕中。单击底框中的"new"（新建）选项以新建刮板。现在你已经做好了准备。 63

在屏幕的底部有一张表格，你可以在此创建刮板。双击"Marker Before"（事前标记）下的第一个空白字段。你可以将包含目标信息的标签的第一部分放在此处，如"＜h3＞"或上述示例中的日期标记。双击下一列［在"Marker After"（事后标记）下］并放入结束标签，如"＜/h3＞"。如果你随后单击了"execute"（执行），屏幕的底部将出现一个含有单列数据的表格，同时包含日期列表。在你的刮板中，你可以输入第二种标准（比如，包含"＜p＞"和"＜/p＞"的全部内容或段落），当你单击"execute"（执行）按钮时，将恰当地生成一个表格，同时包含日期以及相应日期的文本。之后，你单击屏幕底部的"export"（导出）按钮，以此将"catch"（收集内容）另存为" ＊.xls"" ＊.csv"或其他输出格式。没费什么力气，我们就将日记内容输出了。我们将在第四章对 Outwit Hub 进行更详细的介绍。它需要一些补丁因为每个网站都存在差异，但一般来说，只要网站具有一定的结构，OutWit 就可以为你抓取信息。

可能你会问，什么是 CSV 文件？ 你可能听说过 XLS 文件——这是 Microsoft Office Excel（简称"Excel"）等程序用来显示电子表格的专用格式。而 CSV 文件是一个"逗号分隔值"文件，其包含的大量信息通过不同的逗号进行组合。思考一下下面这个包含数据的电子表格：

31-Mar-14 I am looking forward to catching up with my colleagues Scott and Shawn.（我期待赶上我的同事斯科特和肖恩。）

01-Apr-14 It was April Fools' Day!（那天是愚人节！）

如果以 CSV 格式输出，结果如下：

31-Mar-14，I am looking forward to catching up with my colleagues Scott and Shawn.（2014 年 3 月 31 日，我期待赶上我的同事斯科特和

肖恩。）

1-Apr-14，It was April Fools' Day! My good colleagues fooled me good.
（2014 年 4 月 1 日，那天是愚人节！我的好同事骗了我。）

64　　　这是纯文本，以逗号分隔，计算机程序能够读取并知道如何对字段进行切分。

目前，OutWit Hub 可以完成的工作远不止简单的数据抓取，但这是该软件最本质的功能。你对软件进行"训练"，让它能够识别你感兴趣的数据，然后你设置软件来获取这些数据，这是我们将在下文中探讨的内容。通过设置你可以让它进行更复杂的工作。你可以指定一个特定的模式来查找大量网站，或在某网站一定数量的链接范围内查找，抑或查找特定类型的数据文件；你可以通过设置让其自动判断网站可能具有的数据类型；你可以加快或减慢它在数据网站的检索速度（如果你不想对他人的服务器造成过大的负荷）。通过网站上的说明性文件以及用户提供的大量教程视频，你可以详细了解该程序的功能。

可供选择的另一个软件 import. io 仍处于 beta（公测）阶段，即已经发布公开版本，希望通过用户试用发现程序中的错误或问题。到本书成文之时，import. io 软件看起来十分可靠，它是一个独立软件（为 Chrome 浏览器提供相关插件），可以实现网站和 API 中复杂的数据搜寻和抓取。它不仅能够抓取数据，还可以将来自不同来源和 API 的数据混合，通过唯一的 URI（通用资源标识符）共享这些数据，并实现实时数据流的可视化。Chrome 插件会提醒用户某个特定网站的刮板是否已经存在［例如，安装该插件并访问《卫报》（*The Guardian*）电子报刊］。import. io 可以作为独立的浏览器使用。像 OutWit Hub 一样，针对网页上特定的数据类型，你必须对软件进行训练（或者你可以让它依照混合结果自行判断）。浏览器提供了诸多语境协助和分步指导，以指导用户完成创建过程并执行抓取操作，因此这对刚刚接触数据抓取的研究者来说是个不错的选择。[①] import. io 目前是免费的，但它可能会推出付费功能。

---

　　① 迈克·克拉茨恩斯基（Mike Klaczynski）的实用教程能够从数据库抓取电影片名（https://www. tableausoftware. com/public/blog/2013/08/importio-2088）。但请记住，import. io 正式发布后（即不再处于 beta 阶段），其中一些步骤（或者全部步骤）可能会有所变更。

但软件的开发者表示他们将始终保留一个免费版本帮助用户抓取和导出数据。[①]

　　最后，Chrome 浏览器网上商店有许多插件可用于不同网站的数据获取，它们使用 xpath 查询语言，并需要不同的流利度。操作最为简便的一个插件被简单地命名为"scraper"（刮板）。[②]　一旦安装，刮板将提供一个"scrape similar"（刮取相似内容）语境菜单项（安装它，然后右击网页上的任意一段文字调出菜单）。当你单击时，会打开一个窗口显示 scraper 抓取的结果，同时会出现一个 xpath 查询窗口，显示它搜索的数据模式。xpath 是用于 HTML 和 XML 的查询语言。实质上，查询是嵌套标签的列表，用于描述你正在查找的数据。Chrome 浏览器内置了一个名为"inspect element"（检查元素）的工具，该工具也可从语境菜单中找到。单击此按钮，浏览器窗口会在浏览器底部打开，显示底层源代码。然后，你可以单击源副本中的元素并选择"copy xpath"（复制 xpath）选项。举个例子，你可以将其放在 xpath 查询窗口中。scraper 与 Google Drive（谷歌云端硬盘）集成在一起，因此你收集的任何内容都可以立即发送到谷歌电子表格，然后导出为 CSV 或 Excel 文件。

将一个 CSV 文件切分为单独的文本文件

　　有时可能需要将这些 CSV 文件切分为不同的文本文件，以便进行下一步的分析。例如，假设你已经刮取了约翰·亚当斯（John Adams）的日记，并导出为一个 CSV 文件，而你真正想了解的是他对政府管理的看法如何随着时间的推移而发生转变。哪个主题建模（见第四章）最为合适可能会成为一个问题；许多主题建模工具都要求每个文档（这里是一个日记条目）以特有的文本格式储存。

　　在 OS X 系统中，这可以利用一个命令实现。例如，我们将约翰·亚当斯

---

　　①　更多信息请登录 http://import.io/pricing 查看。

　　②　延斯·费纳斯（Jens Finnas）的教程对此给出了详细的指导，可登录 http://dataist.wordpress.com/2012/10/12/get-started-with-screenscraping-using-google-chromes-scraper-extension/查看。此外，费纳斯还保留了一系列用于"数据新闻业"的资源，如有兴趣可登录 http://datajournalistik.se/（瑞典语网站）查看。

的日记以 CSV 文件格式输出：我们的文件有 1025 行，每个条目都有一行（你可以在我们的同步网站上找到这个文件的副本，网址为 http://themacroscope.org）。我们打开一个终端窗口，并在提示符下键入：

split-a 3-l 1 johnadams-diary.csv

"split 命令"将处理我们的 CSV 文件，并以一行一个文件的方式对其进行分离（这就是"-l 1"的意思）。你会注意到所创建的文件名为"aaa""aab""aac"等。"aaa"是由命令的"-a 3"部分实现的。如果我们写了"-a 1"，那么只有 26 个文件可以从原始资源中分离出来。"-a 3"能够确保我们有足够多的不重复的文件名来覆盖 CSV 文件中全部的 1025 行数据。使用"-a 2"会造成一个错误，因为 26×26 的规格给我们提供了 676 行，有可能不够用。"split"命令也可以实现其他有趣的功能，比如按文件大小而不是行数来切分文件。在终端上，输入"man split"来阅读命令的手动条目。

还需要最后一个重要命令，因为这些新切分的文件还没有文件扩展名。再一次，使用一个命令就可以解决这个问题：

find . -type f -exec mv '{}' '{}'.csv

这个命令在文件夹内以递归的方式（这就是周期的含义）搜寻所有文件并为它们附上 CSV 文件扩展名。

遗憾的是，PC（个人计算机）用户没有办法如此简单地完成这一步骤。我们仍然面临将 CSV 文件拆分这一初始性问题，我们甚至不知道从哪里入手。

当我们不知道如何实现我们的设想时，一种常规方法是登录问答网站 StackOverflow 寻求帮助，网址为 http://stackoverflow.com/。它是一个由用户提问和解答构成的问答库，是学习编程基础知识的好地方。也许让你头疼的问题已经被其他人在这个网站上提出，且有人已经针对该问题进行了讨论。对数字化工作而言，我们不需要做无谓的重复劳动。

我们登录 StackOverflow 并在搜索框中输入我们的问题："如何将 Excel 电子表格文件拆分成为每个文件包含一行数据的多个文件？"我们发现一个名叫埃克（Eke）的用户提出过类似的问题："我如何将每个 Excel 行写入新的.TXT 文件，并使用 columnA（A 列）内容为新文件命名？"这个提问与我们的疑问类似，所以让我们来看看相应的讨论内容。

如果你在 StackOverflow 探究埃克的问题，就会发现他已经准确地描述了他的设想,他在论坛上引用了跟这个问题相关的其他线索,即使这些并不是他真正想要的答案。此外,他展示了自己的部分数据并对理想的输出进行了举例说明,可登录 http://stackoverflow.com/questions/15554099/write-each-excel-row-to-new-txt-file-with-columna-as-file-name/15665756♯15665756,如果你不喜欢太长的链接,可访问 http://bit.ly/1yweKHz。这是个很好的例子,能帮助你了解如何充分利用这个论坛,或者其他任何论坛。我们以此为例,这样你就可以明白我们是如何学着去解决复杂的问题的。

　　顺着这个线索继续探究,我们会看到来自用户的诸多建议,并且埃克也会报告他的结果。作为该网站的良心用户,埃克在找到最适合他的解决方案之后,会在网站发布完整的代码。你不需要再花力气重复工作:**代码已经在这里了!** 67

　　PC 用户们,让我们复制粘贴代码吧。要使用这个脚本,我们必须在 Excel 中创建一个新的宏,然后对其进行编辑。在 Excel 中,找到你所用版本的宏按钮[它可能隐藏在电子表格最新版本套件的"tools"(工具)菜单栏下],单击查看宏,然后单击"create"(创建)。[有时,"create"选项处于灰色不可选状态。此时,请单击"record new macro"(记录新宏),依次单击"start"(开始)和"stop"(停止)按钮,新的宏就会出现在列表中了。随后,点击"edit"(编辑)],标题中将打开一个新窗口,显示为"Microsoft Visual Basic"。这时,你就可以将埃克的代码复制并粘贴到你的窗口中了。你无须单击保存,因为你在此窗口中做的任何操作都会被自动保存。

　　目光转回那个包含你数据表格的普通 Excel 电子表格。单击"Macros"(宏),选择一个现在列为"SaveRowsas.TXT"(保存为 TXT)的宏,宏会自动复制每一行内容并粘贴到一个新的工作表中,保存为一个 TXT 文件,随后关闭新的工作表,然后迭代到下一行。如果出现超出范围的错误,请确保 Excel 中的工作表被命名为"Sheet1",保证脚本中的此行内容是正确的:

```
set wsSource = ThisWorkbook.Worksheets("Sheet1")
```

注意,此行代码读作:

```
filepath = "C:\Users\Administrator\Documents\TEST\
```

你需要改变引号后面的所有内容,以此指定你想要存储分离文件的位置。①

68　　无论你使用什么工具,或是否从头开始创建一个工具,具备通过网络获取相关研究信息的能力都对进行数字化历史研究至关重要。使用免费软件时,请务必阅读服务条款并清楚自己所从事工作可能带来的影响。

数据的标准化和形符化

设想你正在使用计算机来探究 Old Bailey Online,试图训练它找出那些原本需要自己通过阅读查找的内容。此时,需要考虑一些计算机可能会遇到的问题,即便那些是我们已经习以为常的问题。例如:

• 你是否想关注**案例**? 如果我们要对单词进行计数,应该将"hello"(你好)和"Hello"(你好)视为同一个词,还是要区别对待? 那些大写的词呢? 例如章节开头的那些词或名字。就像 Old Bailey Online 会把名字全部大写(如有时使用 BENJAMIN BOWSEY's,而在一些情况下使用 Benjamin Bowsey's)。

• **标点符号**又应该如何处理? 是否需要区别对待"Benjamin's"和"Benjamin"呢?

• 要计数**常用词**吗? 如果你计算一个文件中的所有单词,"the""it""and"等单词的出现频率很可能最高。这可能不利于你的分析,因此最好删除这些词,它们无法告诉你有关案例的任何具体情况。

一般来说,当计算单词或进行更复杂的操作(如主题建模)时,我们会经历

---

① 在后面的章节中,我们将介绍统计编程 R 语言以及如何利用该语言完成各种文本挖掘任务。使用 R 编写的代码可以在 Windows、OS X 或 Linux 上正常运行,前提是你的计算机上安装了最新版本的 R 语言程序。R 语言用途很广。一旦熟练掌握,你会发现能够利用 R 语言完成许多这类"协助型"任务,这大有裨益,因为你可以在一种环境中完成所有的分析。本·马威克为 R 语言(本质上是一系列命令的组合)编写了一个脚本(script),用于将单个 Excel 文件中的行分隔为单独的文本文件,可在 https://gist.github.com/benmarwick/9278490 获取。如果你想马上使用这个脚本,可以立即查看第四章中有关 R 语言的部分,以此了解基本知识然后按照马威克的操作说明开始工作。我们感谢马威克编写并公布了这个脚本,还要感谢 R 语言的其他代码。埃克的代码同样可以获取,登录 http://themacroscope.org/2.0code。你可以亲自拿约翰·亚当斯的日记(可以在 http://themacroscope.org/2.0/datafiles 下载)练练手。顺便提一句,可以将 CSV 分解为按时间顺序(所以,在运行宏之前需要按照书写的日期进行排序)排列的单独文件,这意味着如果把这些文件的压缩包上传到 Voyant Tools,你就可以探究趋势的演化过程,利用 Voyant Tools 的基础界面自左(旧时期)至右(新时期)读取数据。

这些困扰,最终决定标准化所有文本。比如文本全部变成小写字母(通过一个简单的 Python 命令),标点符号被删除,常用词会依据停用词表("the""it""and"等)被删除。

对于历史学家来说,从来不存在简单化的答案:我们要利用多样化的资料库,以此理解标准化的概念比了解具体的代码更加重要。此中诀窍在于了解你的文件,并准备好进行多次尝试。在某些情况下,解决方案可能就像使用 Python(《编程历史学家》当中有相关教程)甚至是你最喜欢的文字处理器进行 "find-and-replace"(查找和替换)操作一样简单。

有些情况下标准化操作必不可少,无论是简单或更加复杂的任务都是如此。简单的例子如对报纸进行研究,以加拿大报刊《环球邮报》为例。在文档中报刊名的拼写多为"Globe and Mail",但偶尔会出现"Globe & Mail",以及更少见的"G & M"拼写方式,你需要将三种拼写方式归为一类进行检索。"find-and-replace"可以帮助你将这些归于同一文档。涉及货币的情况会稍微复杂一些:"20 美元"可以由多种形式表示,如"＄20""twenty dollars""twenty bucks""＄20.00"以及其他口语用法。如果你对资金流动感兴趣,你不会希望错过这些内容,但计算机只有经过了标准化操作才能应对这些情况。最后,是更为复杂的词干化,即将单词缩减为其核心概念,如"buying""bought""buy"都归为词干"buy"(买),"sold""selling""sell"都归为词干"sell"(卖)。

形符化是另一个关键概念。它涉及将一个句子分解成最小的结构,从而可以很容易地对它们进行相互比较。让我们以《编程历史学家》中经过基础标准化处理的短句为例:"it was the best of times, it was the worst of times, it was the age of wisdom, it was the age of foolishness."(这是一个最好的时代,也是一个最坏的时代;这是一个智慧的时代,也是一个愚蠢的时代。)如果我们以单词最小单位将句子形符化,我们会得到以下形符:"it""was""the""best""of""times""it""was""the""worst"等等。

为什么将一句话分解为一系列单个单词十分重要?这是因为单词更容易计数,我们可以计算出它们出现的次数:"times"出现两次,"best"出现一次,而"was"出现了四次。基于此,可以利用常用词语列表将常用词去除。更重要的是,这个阶段对于检查标准化过程出现的错误至关重要:"can"的词频是否与

69

"t"相当？这也许是因为你错误地将"can't"分解成了"can"和"t"两个形符，这会影响分析结果。如果使用计算机对单词进行计数，那么计算机会在计数之前对文本进行形符化处理。请自行进行形符化以确保能够检查出这些琐碎的错误。你可能想对缩略词进行形符化，这样"can't"就会被视为一个整体。更重要的是，你可能希望将 URL 地址 http://macroscope.org 视为一个整体，而不是被分解为"http""macroscope"和"org"。借助一个足够大的语料库，我们可以通过计数来检索有意义的信息。但是如果数据没有经过标准化和形符化处理，会很容易错失某些内容。

"大未读"时代的未来

在本章中，我们介绍了定义数字人文的关键术语，并提出了一个论点，即随着我们更频繁地使用谷歌、报刊数据库等各类工具，我们都可以被称为数字化历史学家。同时，本章给出了提示性说明，并且展现了我们面前一些有待研究的内容。这些问题都对历史学家研究过去的方式产生了影响：如何处理更多的信息，以及我们用来探索信息的工具如何影响我们的研究。

弗朗哥·莫雷蒂于 2005 年出版了一本具有开创性的著作《图表，地图，树》(Graphs，Maps，Trees)，在书中勾勒出了该领域为英国文学研究带来的巨大潜力。学者们一般只关注 200 多部经典小说，而莫雷蒂指出这些小说仅仅是 19 世纪小说的一小部分：

> 精读在该类研究中意义不大，即使以每天一本的速度全年无休地进行阅读，读完这些小说也需要一个多世纪时间……而最主要的挑战并非来自时间，而是方法论层面的问题：如此庞大的领域无法通过独立的知识点拼接在一起进行理解，因为研究对象不是大量个案的总和，它是一个集合系统，应该视作一个整体来理解。[1]

---

① Franco Moretti（2005），*Graphs，Maps，Trees：Abstract Models for Literary History*，London：Verso.

　　玛格丽特·科恩（Margaret Cohen）曾提出过这种观点，并称之为"大未读"。[①] 这是一种重要的宏观性隐喻：在保证研究植根于人文传统的基础上，运用一种可以在数据中找到更广泛结构的方法。如前所述，这不会产生"真相"或更多的科学成果，而是提供了研究历史的新方法。"大未读"比比皆是，对数字化前的历史有着潜在的影响。

　　事实上，利用这些数据集并不是什么新鲜事。对历史学家来说，人口普查可能是最贴近"大未读"的传统范例。它是由历史印记组成的一种无与伦比的集合，包含了由人口普查记录员记录的每个个体的各类信息，包括姓名、出生日期、职业、地点等等。人们已经对这种有关历史上数百万人信息的记录开展了部分或整体性研究：最初是个别城市的案例研究，或者使用统计方法从其他维度进行费时耗力的表格研究。20 世纪 60 年代和 70 年代的计算浪潮使研究人员有能力对不断增加的数据集进行基本的计算处理。最终，在过去几年中，新的数字化方法已经能够将自然语言处理的方法应用于这些数据主体：发现那些迁移和转行的个体，开始建立有关数百万人随时间发生变化的复杂模型。面对一个名叫弗兰克·史密斯（Frank Smith）且和妻子玛丽（Marie）育有两个子女的 20 岁男子，以及 10 年后一个名叫弗兰克·史密斯且和妻子玛丽育有三个子女的 30 岁男子，判断出这是同一个人对人类来说并非难事，但对计算机来说并非如此。这是由于 OCR 的局限性，它们必须识别小问题，还需要众多推理和规则。

　　这些"大未读"的例子无处不在，为学者提供了有趣的话题。不同转录和 OCR 状态下的议会全部历史记录可以追溯到几个世纪甚至更久之前。当然，历史学家对许多"重要演讲"十分了解：那些意义重大的演讲，用以发动或终结战争，联系各个国家，或揭开政治丑闻或其他欺诈行为。然而，立法机构中发生的多为例行公事，使身处其中的人和更广泛的社会真相大白于天下。例如，在澳大利亚和加拿大，下院议员花费大量宝贵的时间陈述个人观点，涉及的内容五花八门，包括当地运动队的成就、知名公民和企业家、基础设施的缺陷、生日、结婚纪念日以及其他当地关注的问题。这些事情会经历起伏。

71

---

　　① Margaret Cohen (1999), *The Sentimental Education of the Novel*, Princeton: Princeton University Press.

大数据将加速这一进程，因为那些数据阵列正在以前所未有的规模被创造出来。随着历史学家开始将目光转向 20 世纪 90 年代和 21 世纪初，且互联网和万维网在很多时候成为了解社会和文化历史的主要来源，探究"大未读"的必要性日渐凸显。互联网评论、博客、推文，以及其他信息将结合在一起，为我们提供一个不可或缺的数据来源。如果说报纸是 20 世纪大部分史学研究的基础资料来源，那么随着在线报刊的加速涌现，这些传播网络将会在我们研究 21 世纪时发挥同等重要的作用。我们可以毫不夸张地反问，如果不借助万维网，你能对 20 世纪 90 年代及其之后年代发生的事情做出公允的评价吗？接下来的两章，我们会具体探讨人们能从大量的文本中学到什么。在本章中，我们已经学会了如何收集以及如何试着使用这些文本，接下来，让我们好好发挥它们的优势吧。

第三章 文本挖掘工具:技术与可视化

本章中,我们安装并探索一些基本的文本挖掘工具,思考这些工具可以告知我们的事项。我们继续研究更为复杂的工具(包括如何在自己的机器上安装部分工具,而不是使用网络版本)。正则表达式是一个很重要的概念,可以为你提供很多帮助,你需要花费一些时间来学习这一部分内容。

我们现在有了自己的数据,无论是通过 Wget 还是 OutWit Hub 或其他工具获得的,我们都得开始思考如何对数据进行处理。幸运的是,有很多工具可以帮助我们获取大量信息,并且帮助我们挖掘目标信息。这些工具有的十分简单,就像词云(word cloud),而有些则很复杂,如主题建模(见第四章)或网络分析(见第六章和第七章)。有些工具易于运行,只需点击计算机按键即可,有些则需要深入的调查研究。本章旨在介绍该领域的概况,提供一系列选项和工具以便你深入这一令人兴奋的研究领域。需要牢记一点,即这些分析方式没有对错之分:它们都是工具,对大多历史学家而言,只有得到结果,才能获得真正的提升。但我们确实需要认识到这些工具有时会影响到我们的研究:它们偶尔会封闭语境或对我们产生误导。这些问题是本章的中心内容。

基本文本挖掘:词云及其局限和突破

拥有大数据集并不意味着你需要立即开始编程并从中提取意义,事实上远非如此。我们有三种主要的途径,尽管每种途径都有其局限性,但它们可以快速轻松地阐明你的研究问题。在很多方面,这些都是进入数据可视化深度领域的"诱导性毒品"。

词云——诸多网站可以提供类似工具，我们选用 http://wordle.net

一般性原则

词云以图像形式呈现了文本中短语的出现频率。如果"president"（总统）一词出现了 500 次，而"choice"（选择）出现了 200 次，那么前者的图形就会比后者大。在足够大的范围里做到这一点，你也许能获得一种反复出现的概念。

描述

词语通常以不同颜色呈现（只是出于审美考虑，而非用来提供信息）。它们通常都令人赏心悦目。

评价

最大的问题是缺少语境。正如我们注意到的，"taxes"（税收）一词可能会在一篇演讲中出现 100 次。但这能否表明候选人赞成或反对税收呢？你只能了解简单词的词频。

使用方法

使用起来非常简单！访问 http://wordle.net，单击"create"（创建），粘贴文本—门户网站支持大数据集—观察显示结果。

如何分析结果

有必要对结果进行直观的分析。你可以下载图片，并将其嵌入到你的文档或网站中。

75　　在这一节内容中，我们简单地探索词云（通过 Wordle）以及综合数据分析套件 Voyant Tools。当然，其他一些软件同样可以进行许多相同类型的分析，包括 IBM 的产品 Many Eyes（http://many-eyes.com）。该软件使用起来非常简单，只需简单地将文本或数字复制粘贴到网站的文本框中，剩下的都交由智能的算法处理，这种便捷性的代价就是数据的知识产权将会被转让给 IBM，你的数据也可供其他用户使用。出于这些原因，我们不会做更深层次的讨论。

最简单的数据可视化就是词云。简而言之，它们通过以下过程生成。首先，计算机程序会接收一个文本，并计算每个词语的出现频率。在很多情况下，它会对文本进行一定程度的标准化处理，或者至少给用户提供选项：如果

"racing"(竞赛)出现 80 次,"Racing"(竞赛)出现 5 次,你可能想将该术语的出现次数记录为 85 次。当然,也有例外情况,如有一位角色名为"Dog"(道格),而"dog"(狗)泛指动物。你可能还想删除停用词,这在很多情况下对最终的可视化结果几乎没有影响。其次,在生成一个词语频率列表并整合这些修改后,程序将它们按顺序排列,按频率调整大小,并打印出来。出现频率最高的词图标最大(通常位于中心位置),词频第二的小一点,词频第三位的更小一点,以此类推。正如我们将看见的,尽管词云遭到了强烈批评,它仍然是进入基本文本挖掘世界的一条有效途径。

　　试着登录以下网站自己创建一个词云:http://wordle.net。你只需单击"create",粘贴一堆文本,然后就可以查看结果了。例如,你可以把托尔斯泰的小说《战争与和平》(*War and Peace*)(一部超过 50 万字的长篇小说)的纯文本粘贴进去,你会看见主要的人物名字[如反复出现的皮埃尔(Pierre)、普林斯(Prince)和娜塔莎(Natasha)等]、地点(莫斯科)、主题(战争和法国、俄国等国家),看一眼就大体知道小说讲的是什么了(图 3.1)。

76

图 3.1　《战争与和平》词云

注:借助 wordle.net 制作而成。

　　然而,使用这种可视化工具存在一个明显的不足之处:我们失去了语境。谁是主角? 谁是反派? 由于形容词分离于其他概念,我们失去了推知意义的能力。例如,一名政治家经常谈到"taxes",但是仅从词云很难看出其言论是正面的还是负面的。虽然历史学家了解这些缺点,但词云对历史学家而言确有实用价值。如果我们关心历史的变化,我们可以查看历史文献中词语的演变。尽管这存在很多问题,比如词语的含义会随着时间的推移产生变化,不同的术语可能被用来描述类似的概念,但我们还是可以从中获得一些信息。

75

76

以加拿大迅速发展的政党为例,新民主党(NDP)同英国工党在政治领域占据相似的地位。我们知道大部分读者都不是加拿大人,这其实有助于你们对这个例子的理解。该政党起源于土地和劳工运动,于 1933 年成为合作团体联合会(CCF)。它的定义和创始文件是在同年(即大萧条高峰期)起草的"里贾纳宣言"("Regina Manifesto")。我们将其可视化为一个词云(图 3.2)。

77

图 3.2 "里贾纳宣言"词云图示

注:借助 wordle.net 制作而成。

76 你认为这份文件是关于什么的? 当你有了一些想法时,请继续阅读我们的说明。

我们认为只需一眼你就能看出该运动政治精神的主要内容。我们看出加拿大人急需经济制度的深刻变革,其决心体现在"must"(必须)一词上,这体现了要求变革迅速到来的强烈呼声。"public"(公共)、"system"(制度)、"economic"(经济)和"power"(权力)等词语体现了对经济制度的批评,而"capitalist"(资本主义)、"socialized"(社会化)、"ownership"(所有制)和"worker"(工人)等词则在为社会主义分析框架发声。仅仅通过这一可视化结果,你就可以将该平台的关键成分拼凑起来。

然而对于历史学家而言,重要元素会随着时间发生改变。请记住,我们要

77 时刻牢记词语可能会发生变化。让我们从这个单一的政治传统中选取两份重要文件。1956 年,冷战时期,CCF 在温尼伯发布了第二份重要的政治宣言。我们再次通过词云进行分析(图 3.3)。

新词的出现代表着新兴推动力的出现,包括"opportunity"(机会)、"freedom"(自由)、"international"(国际)、"democratic"(民主)、"world"(世

界)、"resources"(资源),甚至"equality"(平等)等。前一份声明中的词语更尖
锐,更有针对性,而我们在这份声明中看到了不同的趋向。更加关注国际事
务,而加拿大较之前受到了更多关注,更重要的是,"socialized"(社会化)等词
语消失了。诚然,CCF 开始改变它的工作重心,避免公开呼吁社会主义。但是
词云的局限性也显现出来了,如词语"private"(私有)。私有好,还是不好? 机
会是好是坏? 自由是好是坏? 离开了语境,我们无法仅从图像得知这些问题
的答案。但变化中的词语十分有用。

图 3.3　1956 年 CCF 温尼伯宣言的词云图示

注:借助 wordle.net 制作而成。

针对更戏剧性的变化,我们将它与现代平台进行比较。如今的新民主党
于 1961 年脱胎于 CCF,继续作为主要的反对党(传统上是第三大党派,尽管它
在 2012 年被推为第二大官方反对党)。截至 2012 年,政党平台都提到了什
么? 图 3.4 给了我们一些线索。

图 3.4 上的词包括:"taxes"、"family"(家庭)、"Canada"(加拿大)(在该时
期内重要性持续增加)、"work"(工作)、"employment"(就业)、"funding"(资
金)、"insurance"(保险)、"home"(住家)等。从三张小图中,我们看到了一个
政党的演变,从 1933 年明确的社会党,到 1956 年冷战时期动摇的立场,再到
今天的主流政党性质。

78

图 3.4　2012 加拿大大选 NDP 平台的词云图示

注:借助 wordle. net 制作而成。

78　　因此,我们相信词云能够告知我们一些事情,尽管它需要被谨慎使用。数字化历史学家亚当·克林布尔(Adam Crymble)在他的博客上进行了一项快速研究,以探究历史学家是否能通过这些词云重建文件内容,例如他们是否可以通过查看一项试验的词云准确推测该试验的内容。他指出,尽管涉及大量

79　猜测,但"原始资料方面的专家能够十分准确地重新构建一些更为基本的细节。"[①]它也代表了传统历史进程的反转:我们并没有选择性地查看那些自认为对计划和先前论文十分重要的文件,而是更广泛地查看文档去寻找可能相关的内容。有了大数据,有时候重要的是让资源告诉你结果,而不是用自己先入为主的眼光来看待它。

　　值得注意的是,我们需要谨慎使用词云。词云无法解释语境,这是它最大的缺点,但我们始终相信词云是进入数据可视化世界的有效途径。作为更广泛阅读和其他调查形式的补充,它们为进入数据可视化世界提供了一条快速而便捷的途径。当我们使用这些工具时,我们是在将数据可视化,而这只是方法层面的问题。在随后的章节中,我们将从这一非常基础的阶段转向其他基础性技术,如 AntConc 和 Voyant 工具,然后再转向更为复杂的方式,涉及文本模式(或正则表达式),空间技术和能够探测语料库中重要模式和短语的程序等。

---

　　① 　Adam Crymble (2013-08-05),"Can We Reconstruct a Text From a Word-cloud?",http://adamcrymble. blogspot. ca/2013/08/can-we-reconstruct-text-from-wordcloud. html.

AntConc

AntConc 是一个宝贵的工具,能够对数据集进行多种形式的文本分析。虽然它无法很好地应用于规模最大的数据集,但你还是能利用 AntConc 在容量相当于 500 张,甚至 1000 张报纸字数的语料库中收集数据并得到实质性成果。AntConc 可从劳伦斯·安东尼(Laurence Anthony)博士的私人网站上下载,网址为 http://www.antlab.sci.waseda.ac.jp/software.html。安东尼是一名语料库语言学研究者而且研究兴趣十分广泛,他创建了这个软件以进行详细的文本分析。让我们快速浏览一下。

索引有多种生成方式,我们选用 AntConc(http://www.laurenceanthony. net/software.html)

一般性原则

索引行让你能在所选关键词的任意一侧看到词语,从而能够让你探索时间推移带来的改变,或者让你看见给定词语所在的语境。例如,选择"taxes",你可能会看到:

To raise taxes is good.(增税是好的。)

To lower taxes is bad.(减税是坏的。)

从而了解讲话者在讨论税收时提及的内容。

描述

词语按字符串排列,所选词语通常在中间,两侧为相关词语。

评价

索引行需要耗费大量人力进行探索,且并不适合所有研究问题。索引行对于相对限定的语料库而言是很合适的,一旦你有成千上万的信息,你甚至需要寻找另一种工具来搞清楚索引行自身的含义。

使用方法

AntConc 的使用十分简便,如这里所提到的那样,你可以通过学习《编程历史学家》上的课程来手动生成语境中的关键词。

三类操作系统的安装都很简单：OS X 或 Windows 用户可直接下载可执行文件，而 Linux 用户需要更改文件权限以允许其作为可执行文件运行。让我们来看一个简单的例子，看看我们能用 AntConc 做些什么。

80　　　　AncConc 运行期间，你可以进入文件菜单，单击"Import File(s)"（导入文件）或"Import Dir"（导入目录）来导入文件，后者可以帮助你导入相应目录中的所有文件。如下方屏幕截图显示，我们打开了一个目录，里面包含多伦多遗产铭牌的纯文本文件。第一个可视化面板是"Concordance"（索引行）。我们输入搜索词"York"（约克），这是多伦多的旧称（1834 年以前），然后将结果可视化（图 3.5）。

81

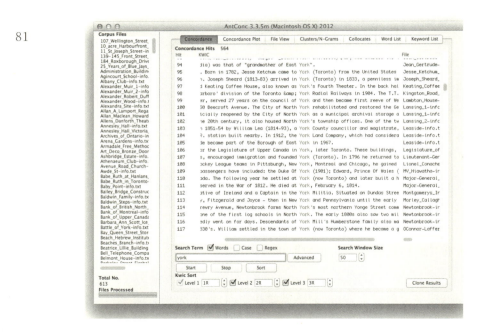

图 3.5　AntConc 界面

注：图片来源于劳伦斯·安东尼。

80　　　　由此，我们可以看见各类包含"York"的语境："North York"（北约克，1998年前的一个市）与纽约州、纽约市、各类公司和其他行政区等出现在一起。简

81 单搜索关键词"York"会显示出很多不符合特定搜索条件的结果。

还有其他一些更令人兴奋的可能性。Concordance Plot（索引定位）能够追踪各类关键词在文件中出现的位置，这对于查看某个术语的整体密度大有裨益。例如，在下面的报纸文章可视化结果中，我们能够追踪到旧式互联网网站 GeoCities 上，媒体引用词语"community"（社区）的频率从何时开始下降（图 3.6）。

　　它在 1998 年至 1999 年间呈密集状态，而到了 2000 年其词频下降明显，之后的下降趋势更加显著。经过仔细的研读，该结果得到了档案记录的证实：雅虎公司（Yahoo!）收购了 GeoCities，并终止了该档案社区标志性的社区和许多内部社区功能。

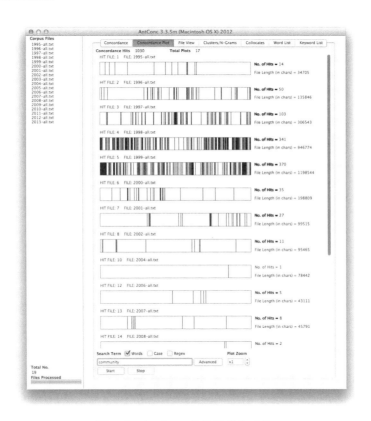

图 3.6　AntConc 的索引定位工具

注：图片来源于劳伦斯·安东尼。

　　搭配是一个卓有成效的研究领域。回看我们多伦多铭牌的例子，如果我们寻找"York"的搭配，我们会看到几个有趣的结果："Fort"（堡垒）（指约克堡的军事设施）、"Infantry"（步兵）、"Mills"（米尔斯）（约克米尔斯地区）、"radial"

81

82 （放射状）（指约克放射状铁路），甚至有俚语"Muddy（泥泞）"出现["Muddy York"（泥泞约克）是多伦多的昵称]。有了多份文件，人们就可以追踪搭配随时间变化的方式：也许早期的文件指的是约克堡，而我们在之后可以看见更多有关北约克的搭配。最后，AntConc还提供了整体词语和词组频率，以及特定的多元词组搜索等选项。

83　　作为一款免费且功能强大的程序，AntConc足以成为许多大学生在继Wordle之后的新宠。它将文本分析提升到了新的层次。最后，让我们来看本节介绍的三个搜索工具的最后一个：Voyant Tools。这套工具借鉴了Wordle的图解优点，并将其同AntConc潜在的、复杂的文本分析相结合。

Voyant Tools——http://voyant-tools.org/

一般性原则

　　Voyant Tools结合了我们迄今为止讨论过的多种工具。用户提供文本语料库，结果以词云形式呈现，而词频信息被分解为一张表格，包括随时间变化的频率图像和上下文中的关键词信息。

描述

　　用户就此拥有了一个较为直观、可定制的工作平台来完成他们的工作。如果你有较大的数据集，你可以在自己的计算机上下载并运行程序。对于大多数应用程序来说，你只需访问网站即可使用。

评价

　　每个单一的组件都有同以前一样的局限性，但可以将不同工具组合在一起来消解这些局限性带来的影响（你可以单击词云中的单词来查看它所在的语境）。网站偶尔会出错，此时保存在上面的数据不能得到可靠的保留。

使用方法

　　使用起来非常简单！访问http://voyant-tools.org/并粘贴你想分析的文本。如果你想运行自己的服务器，请继续阅读。

如何分析结果

　　虽然你通常会分析Voyant工作台中的结果，但你可以通过单击数据面板右上角的"gear"（齿轮）图标导出任意结果。你可以单击"save"（保存）按钮将程序中的面板嵌入到文件中，甚至是你自己的网站中。

Voyant Tools　　　　　　　　　　　　　　　　　　　84

你也许不满足于现状,希望能用一种更为复杂的方式来探索大量信息。Voyant 工具套件能够实现这一设想。仅仅依靠简单的输入,它就能输出复杂的信息。Voyant 从 Hermeneuti. ca 项目[①]发展而来,是一个集成式文本分析平台。该软件很容易入门,只需登录 http://voyant-tools. org/,然后将大量文本粘贴到文本框中,提供网站地址或者单击"Upload"(上传)按钮将文本或 PDF 文件上传到系统中即可。

Voyant 适用于单个文件或更大的语料库。对于前者,只需上传一份文件或粘贴文本;而对于后者,则需在初始阶段上传多份文件。上传后,工作台界面将如图 3.7 所示。工作台提供了一系列基本可视化和文本分析工具供你使用。有关自定义或更多选项,请记住对于每个较小的窗格,你可以单击"Gear"图标以获取高级图表,包括如何处理案例(你是否想使用相同的方法处理大小写内容),以及你是否想排除常见的停用词。

对于大型语料库,你可以执行以下操作:

1.在摘要框中,追踪词频上升和下降的词语。例如,你可以按照年份顺序上传多份文档,还可以观察随着时间推移,哪些词语增加而哪些词语减少了。

2.对于单个词语,你要观察它的频率在语料库长度上如何发生变化。单击文本框中的词语将在右上角生成折线图。你可以控制大小写。

3.对于单个词语,你可以在右下方的"keyword-in-context"(语境关键词)中查看。默认情况下,左侧有三个词,右侧有三个词。

4.通过单击和观察它在中心文本左侧文档中的位置可追踪该词语的分布情况。按住 Ctrl 键并单击多个词语,你可以比较多个窗口中出现的词语。

这些都是解释文件的有效途径,该类文本分析工作的门槛很低。Voyant　85 适用于小型信息语料库或教学。

----

① 　http://hermeneuti. ca.

85

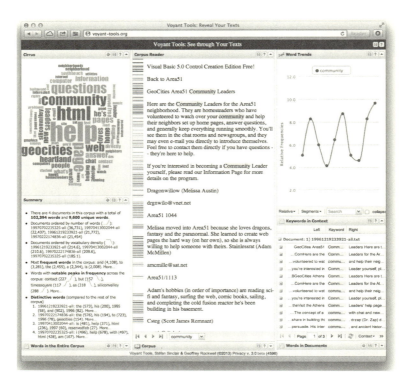

图 3.7　Voyant Tools 的标准界面

注：图片来源于斯蒂芬·辛克莱（Stéfan Sinclair）和杰弗里·罗克韦尔（Geoffrey Rockwell）。

　　Voyant 同 Wordle 一样，虽然其比后者更为复杂，但两者都属于文本分析领域的"诱导性毒品"。默认版本托管在麦吉尔大学服务器上，这限制了其处理大型数据集的能力。它们也提供家庭服务器安装，这一点之后会讨论。

　　然而，这都不是为了削弱目前最棒的科研门户 Voyant Tools 的重要性和实用性。甚至最有经验的大数据人文学者也借助 Voyant 进行快速检查，或者
86　是在处理较小（实际上仍然很大）数据库时使用 Voyant。几兆字节的文本数据对于 Voyant 来说不成问题，缺乏所需的专业编程知识也不见得是一件坏事。我们有多年的编程经验，也经常使用 Voyant 进行特定性和一般化查询，

如果语料库足够小，Voyant 是一个合适的处理工具。[①]

在你自己的机器上安装 Voyant Tools：快速浏览

你可以在自己的机器上安装 Voyant Tools。你可能希望这样做以保持对文件的控制。例如，这可能是贵机构伦理审查的一个条件，即所有口述历史访谈文件都要脱机存储在本地机器上。你可能希望对这些副本进行文本分析，但你不能将它们上传到常规 Voyant Tools 服务器。最后，你可能会拥有大量数据，大到足以导致 Voyant Tools 在线网站崩溃，但你自己的计算机却可以轻松应对。如果你在自己的机器上安装了 Voyant Tools，这将不成问题。

有关说明会随着 Voyant Tools 版本的更新而改变，但登录 http://docs. voyant-tools. org/resources/run-your-own/voyant-server/，你会找到所有你需要的信息和文件。实质上，Voyant Tools 将自己作为服务器安装在了你的机器上。

即使你并没有通过互联网获取任何信息，它也会通过你的网络浏览器向你提供文件和分析结果。安装过程十分简单。你下载服务器软件，将其解压，然后运行 VoyantServer. jar 文件，控制台将被打开，当你单击"Start Server"（启动服务器）时，你的浏览器也会开启。在控制台中，你可以更改 Voyant Tools 的可访问内存来执行其操作。默认情况下，它将使用一个千兆字节内存。对于大多数文本分析而言，这应该足够了，但是如果出现错误并提示你需要更多内存，比如你要输入海量数据，那么你就增加内存。当你完工后，可以单击"Stop Server"（停止服务器），将其关闭。 87

在浏览器中，你会在地址栏看到如下地址：http://127. 0. 0. 1:8888。这表示该页面将通过端口 8888 在本地提供给你。你无须担心这一点，除非你同时在计算机上运行了其他服务器。

---

① Voyant 有许多工具可供使用，你可以单击蓝色"Voyant Tools：Reveal Your Texts"标题栏页面右上方的"Save"图标。随后会出现一个弹出式窗口，有五个不同的导出选项。"这一工具和当前数据的 URL"将为你提供一个直接指向语料库的 URL，然后你可以与他人共享该语料库，或稍后返回。"不同工具、皮肤和当前数据的 URL"将打开另一个菜单，允许你选择要使用的工具。如果你选择了"RezoViz"（一种构建网络的工具，从你的文本中提取用于组织、个人和地点名称），你最终会得到如下所示的 URL：http://voyant-tools. orgtoolRezoViz/？corpus＝1394819798940. 8347。数字字符串是文本的语料库 ID。如果你知道另一工具的名称，则可以在"/ tool /"之后、"/？corpus"之前键入它。

使用 Overview 进行数据聚类以查找强大的模式

近来，新闻记者以大数据和数据可视化来应对维基解密或斯诺登所引发的海量数据转储问题。例如，奈特基金会一直在推动开发新工具，以帮助记者和社区应对"洪水"。"骑士新闻挑战"（Knight News Challenge）项目会为杰出的新闻和信息应用软件提供资助，过往的优胜者包括一些人群制图应用软件，如 Ushahidi（http://ushahidi. com/）以 及 DocumentCloud（http://documentcloud. org/home）。事实上，一些历史学家在他们自己的工作中使用了这些应用程序，他们可以将这些项目用于自己的研究。[①]

最近获得"骑士新闻挑战"项目资助的是一个名为"Overview"（概览）的项目。Overview 与主题建模密切相关，这一点将在下一章讨论，我们建议将其作为一种更便于用户运用数据探索主题的方法。[②] Overview 可免费安装在自己的计算机上。[③] 但是如果你能够保证数据没有隐私问题，你可以访问 http://overviewdocs. com/，将你的资料上传到它们的服务器并开始研究。

88

> **Overview 项目——https://www. overviewproject. org/**
>
> **一般性原则**
>
> Overview 旨在识别大量文档中的顺序，使用强大的搜索和自然语言处理例程将文档装入相似度逐渐增强的嵌套文件夹。
>
> **描述**
>
> 用户可以通过标准文档上传页面上传 PDF、CSV、DOC 或 HTML 文

---

① Shawn Graham, Guy Massie and Nadine Feurherm (2013)，"The HeritageCrowd Project：A Case Study in Crowdsourcing Public History，"in Jack Dougherty and Kristen Mawrotszki (eds)，*Writing History in the Digital Age*，Ann Arbor：University of Michigan Press.

② 乔纳森·斯特雷（Jonathan Stray）写出了一篇优秀作品，有关使用 Overview 作为数据新闻（data journalism）工作流的一部分，其中很多观点与历史学家的观点一致。参见 Jonathan Stray (2014-03-14)，"You Got the Documents. Now What? — Learning — Source：An OpenNews Project，"https://source. opennews. org/en-US/learning/you-got-documents-now-what/.

③ 有关 Overview 的文件或许可以在以下网站获取：http://overview. ap. org/。软件本身可以登录 https://github. com/overview/overview-serverwiki Installing-and-Running-Overview 下载。

件。Overview 会根据主题相似度对文档进行整理。然后，用户可在这个可视化文件和源文件之间来回跳转，使用这种跳转作为执行近距离（close）和远距离（distant）阅读的一种方式。

评价

一旦创建多个标签，Overview 的界面会很快变得凌乱。

使用方法

使用起来非常简单：访问 https://www.overviewproject.org/，创建一个账户，随后上传你的文档。如果你想运行你自己的服务器，请继续阅读。

如何分析结果

用户可以向文件夹添加标签，以标注语义顺序，并将标签文档导出到电子表格以供进一步分析。目录树的可视化会利用标签颜色来显示特定文件夹中包含该标签的文档数量。人们还可以快速发现异常值（outliers）或所含文档不适配更广泛语料库的子文件夹。通过对术语进行复杂搜索以及结果的标注，用户可以追踪集合文档中的主题和想法。

Overview 使用不同于主题建模的模式探索文本中的单词规律，你可以通过下一章内容了解这一点。它会查看每对文档中的词语出现情况。"如果一个词语在同一文档中出现两次，则计数两次……我们乘上相应词语的频率，然后将结果相加（相应的技术短语是'term frequency-inverse document frequency'）。"[①]然后利用基于分数相似性的聚类算法将文件组合在一起。它会将你的文档分为文件夹、子文件夹、次级子文件夹。假设我们对多伦多市历史遗迹和纪念碑的记录方式感兴趣。我们可以将这些历史铭牌的全文（614 个文本）上传到 Overview（图 3.8）。

Overview 在最广泛的层面上将历史铭牌分为以下几组：

church（教堂）、school（学校）、building（建筑）、Toronto（多伦多）、Canada（加拿大）、street（街道）、first（第一）、house（房子）、Canadian（加拿大人）、college（学院）（共 545 块铭牌）；

---

① http://overview.ap.org/blog/2013/04/how-overview-can-organize-thousands-of-documents-for-a-reporter/.

89

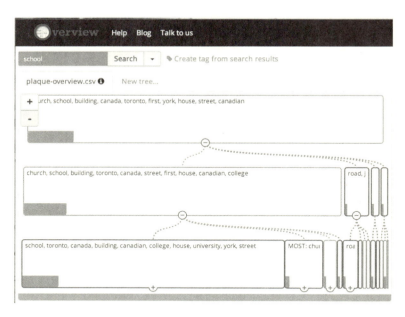

图 3.8 多伦多历史铭牌文本分类的 Overview 界面（乔那森·斯特雷等人的 Overview 项目）

90   road（道路）、John graves（约翰墓地）、Humber（汉伯）、Graves Simcoe（格雷夫斯·锡姆科）、lake（湖泊）、river（河流）、trail（路径）、plant（工厂）（共41 块铭牌）；

      community（社区）和 Italian（意大利人）、North York（北约克）、Lansing（兰辛）、store（商店）、Shepard（谢巴德）、Dempsey（登普西）、Sheppard avenue（雪柏大街）（共 13 份文档）；

      years（多年）和 years ago（多年前）、glacier（冰川）、ice（冰）、temperance（温和）、transported（运输）、found（发现）、clay（黏土）、excavation（挖掘）（共 11 份文档）。

这是很有意思的信息。所谓的"architectural history"（建筑史）涉及第一所学校、第一座教堂、第一条街道，似乎与"social history"（社会历史）泾渭分明。为什么存在这种区分？这将是一个值得我们探讨的有趣问题。

Overview 非常适合在各组文档中对类似单词的使用模式进行可视化处理。你检查了这些模式并为不同模式分配标签后，Overview 可以将这些带有描述性标签的文本以 CSV 文件的形式导出，即表格形式。因此，你可以使用电子表格程序来创建带有"achitecture"(结构)标签、"union history"(联合历史)标签,或"children"(儿童)、"women"(女性)、"agriculture"(农业)等标签文档的柱状图。我们也许想知道如何对与 children、women、agriculture、industry(工业)等话题有关的铭牌进行分组,以便我们借助 Overview 的搜索功能,通过搜索单词短语,将单词短语作为一切事物的标签进行应用,以识别相应的铭牌。然后,人们可以直观地探索各类标签与相似文档中特定文件夹对应的方式。[①]

相比 Overview 所呈现的视觉结构,这种使用标签的方式相当于近距离阅读和远距离阅读之间的对话。Overview 完成了它的本职工作,它提供了一种相当快速且相对简洁的方式来协助我们了解文档中的内容。

用正则表达式处理文本

正则表达式是查找和处理文本的强大工具。[②] 它只是一种查看文本以定位(区分大小写)特定模式的方式。

91

正则表达式——aka Regex:http://www.regexr.com/

一般性原则

毫无疑问,你已经在文字处理软件中使用了"查找-替换"功能,但在转换格式方面遇到了麻烦,如将"日-月-年"转换成"月-日-年"。如果你能够自动搜索日期并实现月份和日期的重新排列,会不会很棒? 普通的"查找—替换"做不到这一点,但正则表达式可以。正则表达式并不是通过具体的关键词进行搜索,而是依靠描述特定模式。

描述

早在 UNIX 系统占据市场主导地位之时,正则表达式就已经兴起于计算机科学的早期阶段。支持正则表达式的文本编辑器和开发环境有一个

---

① 如本例:http://overview.ap.org/blog/2013/07/comparing-text-to-data-by-importing-tags/。
② 正则表达式有时会依据你使用的程序而被不同程度地实例化。它们无法在 Word 中发挥作用。为了获得最佳效果,请尝试 TextWrangler(适用 OS X 系统)或 Notepad＋＋(适用 Windows 系统)。

内置的处理器，用于解析用户指定的模式。正则表达式有不同的 flavour（特点）；我们求助于备忘单，并依靠正在运行的系统（http://www.regular-expressions.info/）。

评价

含有正则表达式的学习曲线可能会让人心生害怕，困难之处在于它需要对用于机器查找的模式进行描述。

使用方法

正则表达式使用起来并不简单。我们建议首先借助 http://www.regexr.com/中的工具入门。你可以将一些数据粘贴到这个工具中，编写一个正则表达式，然后测试它是否能实现你想要的功能。如果测试结果理想，那么你可以回到你的文本编辑器并在实际数据上运行正则表达式。执行正则表达式文本操作时，一定要记得随时保存文档。TextWrangler（OS X）和 Notepad＋＋（Windows）可以执行正则表达式搜索。

正则表达式可以帮助你找到以数字或电子邮件地址开头的每一行信息，或确认一个词语是否被使用，即使拼写方式略有差异。只要你能对正在寻找的模式进行描述，正则表达式就可以帮助你找到它。一旦你找到了想要的模式，它就可以帮助你处理文本，满足你的需求。正则表达式很难操作，但它值得尝试。

92　　本节内容将解释如何在互联网档案馆"Diplomatic correspondence of the Republic of Texas"（德克萨斯共和国的外交信函）上扫描和获取图书，并将原始文本转换为可用于 Gephi 网络可视化包中的格式。本章内容将以通信网络为结尾。在本节中，我们将从一个简单的非结构化字母索引展开，然后使用正则表达式将文本转换为可在 Excel 等程序中编辑的电子表格。

正则表达式看起来很复杂，但一旦你了解了基本的语法和词语，使用简单的正则表达式并非难事。正则表达式通常可以在许多文本和文档编辑器的"查找和替换"框中使用，如 Window 系统的记事本（Notepad＋＋）或 OS X 系统的 Text Wrangler（文本编辑器），然而你不能在 Word 上使用正则表达式。你可以在 http://notepad-plus-plus.org/上找到 Notepad＋＋，或在 http://www.barebones.com/products/textwrangler/上找到 TextWrangler。两者都可以免费下载,而且物超所值,这主要取决于你使用的平台。本书旨在指导你运用这些编辑器进行工作,结果可能与其他编辑器有所不同。

在搜索栏中输入正则表达式,单击"find(查找)",任何符合查找模式的单词都会显示在屏幕上。在 TextWrangler 上,选择"grep"(查找)框以启用正则表达式。在 Notepad++上,选择"regular expression"(正则表达式)选项卡。在你阅读本节时,你可能还想要查找其他内容。除了提供的基础资料外,你还可以在线搜索正则表达式库。例如,如果你想查找所有邮政编码,则可以搜索"regular expression Canadian postal code"(加拿大邮政编码正则表达式)并了解用什么公式(formula)进行搜索。

让我们从基础内容开始,假设你正在查找文档中"cat"(猫)或"dog"(狗)的所有实例。当你在键盘上输入竖线(看上去像"|",在 Windows 键盘上按 Shift+Backslash 键),这在正则表达式里表示"or"(或)。因此,如果你要查找"dog""cat",按下"find"(查找)键,它会显示"dog"或"cat"首次出现在文本中的位置。在你的编辑器中打开一份新文件,输入一些包括"dog"和"cat"的词进行试验(还包括"Dog"和"Cat",但你查询不到这些词语,因为正则表达式分得清 D 和 d 之间的差异)。

如果你想要将文档中"dog"或"cat"的所有表达替换为"animal",你可以打开"find-and-replace"框,在搜索栏里输入"dog|cat","replace"(替换)框中输入"animal",单击"replace all"(全部替换),然后就会看到整个文档中的"dog"或"cat"都被"animal"一词所替换。

细心的读者会注意到上述说明存在一个问题:简单地用"animal"代替 93 "dog"或"cat"的所有实例势必会出现问题。简单搜索不会区分字母和空格,所以词语只要含有"cat"或"dog",就会被替换为"animal"。如"catch"会被替换为"animalch";"dogma"会被替换为"animalma";"certificate"会被替换为"certifianimale"。对于这种情况,解决方案也很简单:在搜索查询前后都放置一个空格,此时显示结果为"dog | cat"。

有了这些空格,只有当"dog"和"cat"作为独立词语出现时才会被"animal"替换;换句话讲,它们被空格分隔开了。

更加细心的读者还会注意到,这仍然不能解决替换所有"dog"或"cat"实例的问题。如果这一词语并不出现在空间的前面,而是在一行的开头呢？如果这一词语出现在了句子的结尾，后面跟着标点符号呢？幸运的是，在正则表达式的语言中，你可以使用特殊字符来表示一个词语的开头或结尾。

"\b"表示词语开头。因此，你如果搜索"\bcat"，会找到"cat""catch"和"catsup"，但不会是"copycat"，因为你在查询搜索以"cat"开头的词语。对于每一行结尾部分，你应该使用"\b"表示词语结尾。

如果你搜索"cat\b"，它会显示"cat"和"copycat"，但不会显示"catch"，因为你是在搜索以"cat"结尾的词语。

正则表达式可以混合使用，因此，如果你想寻找只匹配"cat"的词语，在句子的每个部位你都可以通过搜索"\bcat\b"找到每一个实例。

而且，因为所有正则表达式都可以混合使用，你可以搜索"\bcat\b|\bdog\b"，将其全部用"animal"替换，你会得到一个把所有"dog"和"cat"都替换为"animal"的文件，无论它们位于句子的哪个位置。

你还可以使用括号在单个词语中搜索相应的变体。例如，你在搜索"gray"（灰色）和"grey"（灰色）的实例，你除了可以搜索"gray|grey"，还可以输入"gr(a|e)y"，其中圆括号代表组别，并且与算术中的操作顺序一致，正则表达式在操作前都会先读取括号中的信息。同样，如果你想找到"that dog"（那只狗）或"that cat"（那只猫）的实例，你可以搜索"(that dog)|(that cat)"。

注意：竖线"|"可以出现在括号的内部或外部，这取决于你要搜索的内容。

句号（period character）在正则表达式中会指导搜索过程以找到所有符合要求的字符。例如，如果我们搜索"d.g"，搜索结果会包括"dig""dog""dug"等。

我们备忘录中的另一个特殊字符，"＋"会指导程序查找任意数量的前一位字符。如果我们搜索"do＋g"，搜索反馈会是那些类似于"dog""doog""dooog"的所有词语。在加号前添加括号可以搜索括号内的任何重复内容，例如查询"(do)＋g"，搜索反馈为"dog""dodog""dododog"等。

如果正则表达式将加号"＋"和句点"."相结合，可以展现尤为强大的功能，指示程序在搜索中找到任意数量的字符。例如，搜索"d.＋g"，搜索反馈可能会是"dried fruits are g"，因为以"d"开头，"g"结尾的字符串中间可能含有各

种字符。搜索".＋"的结果是显示整行文本,因为你正在搜索任意字符及任意 95
数量。

正则表达式中的括号在替换文本时也非常实用。正则表达式中的文本形成所谓的组,并且用于搜索的软件会按照其外观顺序记住你查询的那些组。例如,搜索"(dogs)(and)(cats)",你会找到文件中所有有关"dogs and cats"(狗和猫)的实例,程序会将"dogs"列为第 1 组,"and"列为第 2 组,"cats"列为第 3 组。你的文本编辑器会将它们分别记为"1""2"和"3"。

如果你想每次在文档中出现"dogs and cats"这个短语时切换"dogs"和"cats"的顺序,你可以在"find box"(查找)框中输入"(dogs)(and)(cats)",在"replace box"(替换)框中输入"\3\2\1",这将替换整个字符串,在第一位置处放置第 3 组"cats",第二位置处放置第 2 组"and",在最后位置处放置第 1 组"dogs",从而将结果调整为"cats and dogs"。

正则表达式的词汇十分庞大,而在线正则表达式有大量备忘单(我们经常使用的是 http://regexlib. com/CheatSheet. aspx,另一个不错的版本是 http://docs. activestate. com/komodo/4. 4/regex-intro. html)。

我们在这里将列举一个示例,就是使用这些备忘单包含的正则表达式进行搜索,以此说明你将如何使用它来构建自己的正则表达式。这个示例基于 19 世纪德克萨斯斯的外交函件语料库。通过使用正则表达式,我们将把一个从书中抽取的未格式化的函件索引转换成一份结构化文件,该文件可以在 Excel 或任何网络分析工具中读取。原始文件的一部分来自 Internet Archive,如下所示:

Sam Houston to A. B. Roman, September 12, 1842 101 Sam Houston to A. B. Roman, October 29, 1842 101 Correspondence for 1843-1846—
Isaac Van Zandt to Anson Jones, January 11, 1843 103

在整个工作流程结束时,它将如下所示: 96
Sam Houston, A. B. Roman, September 12 1842 Sam Houston, A. B. Roman, October 29 1842 Isaac Van Zandt, Anson Jones, January 11 1843

这些变化尽管微不足道,但使我们能够将此索引变成网络分析程序(举例而言)可以读取并可视化的内容。事实上,它将 OCR 的文本页面转换为了

CSV 文件。

首先用浏览器打开下面列出的文档。① 打开网页，访问 https：//archive．org/stream/diplomaticcorre33statgoog/diplomaticcorre33statgoog djvu．txt。随后请将文本复制并粘贴到文本编辑器，Notepad＋＋（Windows）或 Text Wrangler（OS X）。② 你可以按"Ctrl＋A"（Windows）或"Cmd＋A"（OS X）。此时，该文件看上去会有点乱，但这是进入下一步的关键。

请记住在开始前保存文件的副本，这一步非常重要，因为可能会出现错误且不清楚该如何修复。

除含有通信清单的索引外，把其余的都删除掉。 如图 3.9 所示，在文本中进行查找，并删除在它之前的所有内容（你要查找的内容大约从第 260 行开始，一直到第 2670 行，这取决于你在复制并粘贴时，选择文本时的谨慎程度）。这会有些耗时，你也可以跳过这一步，下载我们的在线版本（http：//themacroscope．org/2.0/datafiles/raw-correspondence．txt）。如果遇到问题，请尝试使用下面脚注中的"raw-correspondence．txt"文件，而不是从浏览器中复制粘贴。

如果你希望自己进行操作，那么你需要通信表，从"Sam Houston to J. Pinckney Henderson，December 31，1836 51"到"Wm. Henry Daingerfield to Ebenezer Allen，February 2，1846 1582"对数据进行清理。在清理之前，这张表中大约有 2400 行条目索引。

请注意，目前有很多我们不感兴趣的文本：页码、页眉、页脚或类别。我们将使用正则表达式将它们处理掉。我们的最终目标是获得一个 CSV 文件，文件在电子表格中打开时会包含三列内容：sender（发件人）、recipient（收件人）、date（日期）。

---

① 我们在 http：//themacroscope．org/2.0/datafiles/source-texas-correspondence．txt 提交了文件副本。

② 下载 Notepad＋＋（Windows）请登录 http：//notepad-plus-plus．org/；下载 Text Wrangler（OS X）请登录 http：//www．barebones．com/products/textwrangler/。

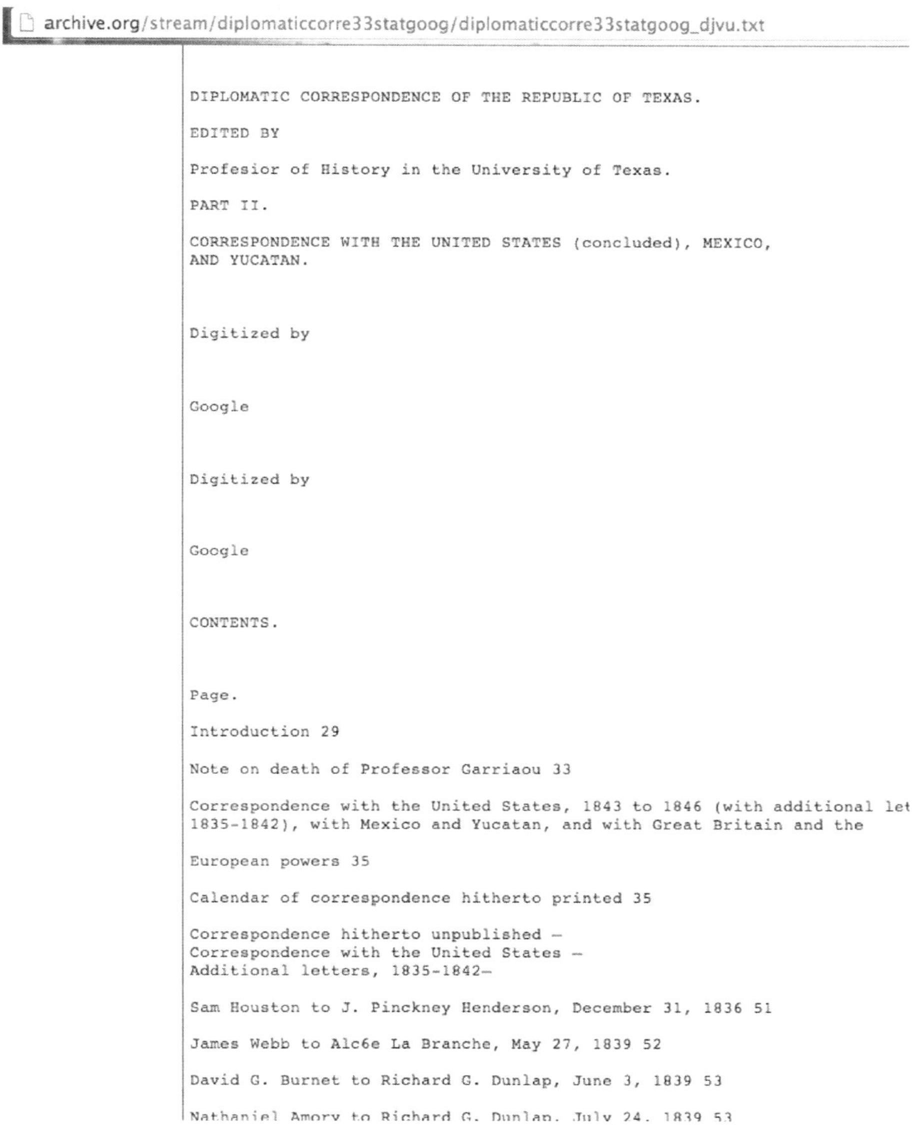

archive.org/stream/diplomaticcorre33statgoog/diplomaticcorre33statgoog_djvu.txt

```
DIPLOMATIC CORRESPONDENCE OF THE REPUBLIC OF TEXAS.

EDITED BY

Profesior of History in the University of Texas.

PART II.

CORRESPONDENCE WITH THE UNITED STATES (concluded), MEXICO,
AND YUCATAN.



Digitized by


Google


Digitized by


Google


CONTENTS.


Page.

Introduction 29

Note on death of Professor Garriaou 33

Correspondence with the United States, 1843 to 1846 (with additional let
1835-1842), with Mexico and Yucatan, and with Great Britain and the

European powers 35

Calendar of correspondence hitherto printed 35

Correspondence hitherto unpublished —
Correspondence with the United States —
Additional letters, 1835-1842—

Sam Houston to J. Pinckney Henderson, December 31, 1836 51

James Webb to Alc6e La Branche, May 27, 1839 52

David G. Burnet to Richard G. Dunlap, June 3, 1839 53

Nathaniel Amory to Richard G. Dunlap, July 24, 1839 53
```

图 3.9　德克萨斯共和国外交函件 archive.org 文件中删除元数据的屏幕截图

　　我们并没有太过关注这个示例中的日期，但日期在某些时候可能会十分   98
重要，所以我们仍然将其包含在内。我们最终将使用另一个名为 OpenRefine
的程序做进一步完善。向下滑动文本。请注意，有许多行不包含信件内容，因为它们是标题信息、空白部分或其他无关文本。我们要去掉这些行。我们想要让每一行看起来如下所示：

Sender to Recipient, Month, Date, Year, Page

这是一个复杂的过程，因此我们会首先概述一下要做的事情，然后指导你进行操作。我们将指导你在文本编辑器中，使用正则表达式来查找看起来包含信件内容的每一行，并添加一个波浪符号"～"在开头处备用。接下来，我们去掉所有不以波浪符号开头的行，只留下相关文本。完成之后，我们将逗号放在适当的位置以格式化剩余的文本，以便我们可以将它导入电子表格并在那里做进一步的编辑。

有很多方法可以做到这一步，但为了清晰起见，我们将删除不包含词语"to"的所有行（如发件人 to 收件人）。我们将指导你完成处理这些文档的七步计划。在每个部分的末尾处，会总结正则表达式和命令。首先阅读该步骤以了解正在发生的事情的逻辑，在最后阶段尝试那些经过汇总的命令。记得随时保存！

步骤一：识别其中包含对应发送者和接收者的行

将光标移至文件开头处。在 Notepad＋＋中，按下"Ctrl＋F"或通过搜索打开对话框。在该框中，转到"Replace"选项卡，并在搜索框底部的"Regular expression"中选中单选框。在 TextWrangler 中，单击"command＋F"打开"find-and-replace"对话框。勾选"grep"单选按钮（它会告知 TextWrangler 我们想要进行正则表达式搜索）和"wraparound"（环绕）按钮（它会告知 TextWrangler 去搜索文档各个位置）。

从前述可知，有一种方法可以查看单词"to"是否得到了完整显示。在搜索框输入"\bto\b"，它会找到词语"to"的所有实例（而不是"potato"或"tomorrow"）。[1]

我们不只是想找到"to"，还要找到包含它的整行内容。我们假定每一个包含词语"to"的行都是有相关信件信息的行，而没有的都是我们不需要的。

99

---

[1] 请记住，这些是"词语边界"的标记，参见 http://www. regular-expressions. info/wordboundaries. html。

你之前就知道,无论它说什么,查询".＋"都会返回任意数量的文本。如果你查询的是".＋\bto\b.＋",那么页面将全部返回包含单词"to"的行,而不管它之前或之后的字符是什么(很好的一点是它不会找到以"to"开头的行。如果你之后确实想这样做,你可以删除第一个".＋\b")。

如前所述,我们希望在每个看起来像信件内容的行之前添加波形符号"～",以便随后进行保存。这涉及查找和替换功能,这与前面的查询完全一致,但是在其周围有括号,所以看起来是"(.＋\bto\b.＋)"。

在替换框中输入"～ \1",这意味着用自身取代了行(第1组),并在它之前加上波浪号。确保你使用的是数字"1"而不是字母"l"。总结如下:

命令一

找到:(.＋\bto\b.＋)

替换:～\1

单击"Replace All"。

步骤二:删除不相关的行　　　　　　　　　　　　　　　　　　100

在运行"查找和替换"后,你应该会注意到目前你的文档大部分行前面都有波浪符号,而有些则没有。下一步是删除所有不含波浪符号的行。用来找到所有不以波浪符号开头的行的搜索字符串为"\n[˄～].＋"。

开头处的"\n"会搜索新行,这意味着它将在每一行的第一个字符处开始搜索。

然而,考虑到计算机信息技术的发展,这有可能无法在你的系统中运行。基于 Linux 的系统使用"\n"表示新的一行(指"换行"符号),Windows 通常使用"\r\n"("\r."表示"回车"),而旧版本的 OS X 使用"\r",这都是数字历史学家需要牢记的。由于过程中可能会遇到很多难题,最保险的方法是保存正在从事工作的副本,然后通过试验看看如何操作能给你最好的结果。大多数情况下,查询"\r\n[˄～].＋"是你最好的选择。

在方括号"[ ]"中,脱字符号"˄"表示搜索不在这些括号内的内容,在这里是波浪符号"～"。".＋"和之前一样意味着搜索行中的所有其他字符。总而言之,查询会返回任何不以波浪符号开头的完整行,也就是那些我们没有标记类似信件内容的行。

通过查找"\r\n[^~].+"并将其替换为空白,你可以有效删除所有不含信件内容的行。你留下的是一系列书信和一系列空白行。

命令二(运行这个命令前请保存,这样可以在必要时撤销操作)

查找:\r\n[^~].+

(请记住,你可能需要搜索"\n[^~].+",这取决于你的系统)

替换:

单击"Replace All"。

101　　步骤三:删除空白行

我们需要删除这些多余的空白行。"查找和替换"查询形式如下:

命令三

查找:\n\r

(在 OS X 的 TextWrangler 上查找" ^\r")

替换:

单击"Replace All"。

步骤四:开始转换为电子表格

既然所有多余的行都被删除了,接着就是格式化文本文档,这样你可导入和操作 *.csv 的 Excel 或逗点分隔值文件。*.csv 是一份文本文件,可以用电子表格程序如 Excel 读取,其中每个逗号表示新的一列,每一行都表示新的一行。

为了将这份文本文件转换成电子表格,我们会将它分为发件人、收件人和日期这三列,每列用逗号分隔。请注意,大多数行都附加了无关的页码,我们可以利用正则表达式去掉那些。通常还会用逗号分隔月份、日期和年份,我们也将其去除。最终,第一行应该看起来像从

~Sam Houston to J. Pinckney Henderson,December 31,1836 51

变为

Sam Houston，J．Pinckney Henderson，December 31 1836

每个数据点都位于自己的列中。

首先删除年份后的页码以及年份与日期之间的逗号。为此,首先使用正则表达式定位每一行的年份:[0−9]{4}。

在正则表达式中,"[0−9]"能找到 0−9 之间的任意数字,{4}会找到一共 4 个数字。现在通过在查询末尾附加".＋"扩展搜索,如前所述,它将捕捉整行的其余部分。查询"[0−9]{4}.＋",页面将从文本的前三行返回,如"1836 51""1839 52"和"1839 53"。我们还希望获取年份前的逗号,因此在查询之前添加一个逗号和一个空格,输入"，[0−9]{4}.＋",结果会返回 ，"'用 1836 51""' 1839 52"等。 102

下一步是创建括号组,用"查找和替换"来删除部分文本。在这种情况下,我们想要删除逗号和年份后的所有内容,但不包括年份和前面的空格部分。因此,我们查询"(,)（[0−9]{4})(.＋)",用逗号作为第一组"\1",空格和年份作为第二组"\2",其余部分为第三组"\3"。鉴于我们要保留的是第二组(我们希望保留年份,而不是逗号或页码),"查找和替换"将如下所示:

命令四

查找:(,)（[0−9]{4})(.＋)

替换:\2

单击"Replace All"。

步骤五:删除波浪符号

下一步很简单:删除我们在每行开始处添加的波浪符号,并将其替换为无须删除的内容。

命令五

查找:～

替换:

单击"Replace All"。

103　　　步骤六：分隔开发件人和收件人

最后，用逗号分隔开发件人和收件人，我们找到所有含词语"to"的实例，将其用逗号替换掉。我们虽然之前使用"\b"来表示词语开头和结尾，但在这里并不这样做。我们在正则表达式中包含"to"之前的空格，以及"\b"来表示词语结尾处。一旦我们找到该词语的实例以及词语之前的空格" to b"，我们就用逗号"，"进行替换。

命令六

查找：to\b

（请记住，"to\b"之前有空格，用"，"进行替换）

替换：，

单击"Replace All"。

步骤七：清理杂乱数据

你可能会注意到有些行仍然不符合我们的标准。例如，第 22 行的内容为"Abner S. Lipscomb，James Hamilton and A. T. Bumley，AugUHt 15"。它的日期不完整，但我们无须担心。更应该担心的是第 61 行"Copy and summary of instructions United States Department of State，"，这其中包含了我们并不想要的信息。我们可以随后在 Excel 中去除这些行。

正则表达式中，我们唯一需要担心的非标准行是含有两个以上逗号的行，如第 178 行"A. J. Donelson，Secretary of State［Allen，. arf interim］，December 10 1844"。请注意，我们的第二列，即收件人的姓名中有一个逗号。如果你将此直接导入到 Excel 中，你会得到四列：一个用于发件人，两个用于收件人，另一个用于日期。这会破坏你希望运行的任何分析。遗憾的是，这些行需要手工修复，但庆幸的是正则表达式能很容易地定位这些行。查找"．＋，

104　．＋，．＋"，页面显示含有两个以上逗号的行，因为它找出了所有包含任意字符集的行，然后是逗号，然后是任何其他集，然后是另一个逗号，如此等等。

命令七

查找:．＋,．＋,．＋,

手动修复,然后单击"Find Next"。

使用此查询后,只需找到每个匹配项(将会有 13 个匹配项),并用另一个表示它所在位置的符号(如分号)替换相应的逗号。当你查询时,你可能会发现其他行仍然不够完美,如第 387 行"Barnard E. Bee,James Treat,April 28,1＞＞40 665"。如果你注意到了,请继续手工修复,以便其符合正确的格式,并删除不相关的行。有些行显然不是字母,删除这些行。最后,可能会在文件底部留下一些文本片段,标注后将其删除。

在文件顶部,添加一个简单读取"发件人、收件人、日期"的新行,充当列标题。转到文件,文件保存为"cleaned-correspondence.csv"。

恭喜你! 你已经借助正则表达式提取和清理了数据。这一方法为你节省了宝贵的时间。已清理信件的副本在 http://themacroscope.org/2.0/datafiles/ cleaned-correspondence.csv。请注意,这一在线文件已被手动固定,而且格式完整。你在本攻略中使用的文件仍需要进行额外清理,如删除第 61 行"Copy and summary of instructions United States Department of State,"。

使用 OpenRefine 清理数据

OpenRefine 是一款起源于 Google 的强大工具。自 2012 年以来,它已成为社区连续发展背景下的免费开源工具。它允许用户快速浏览其数据,查找那些杂乱信息,并开始将数据转换为可用格式,以供进一步分析。OpenRefine 的网页上有很多教程、背景信息和手册,我们建议历史学家去进行探索。在这里,我们继续之前的例子,并使用 OpenRefine 来清理我们通过正则表达式提取的数据(同前章提到的本地安装的 Voyant Tools 一样,OpenRefine 将作为服务器在你自己的计算机上运行)。

登录 http://openrefine.org/download.html,下载 OpenRefine 并遵循安装说明进行操作。双击图标启动 OpenRefine。打开新的浏览器窗口,指向

http://127.0.0.1:3333，这个位置是你自己的电脑，所以虽然它看起来像是在互联网上运行，但其实并非如此。"3333"是一个端口（port），这意味着OpenRefine的运行类似于服务器，即通过该端口向浏览器提供网页。

通过单击屏幕左侧的"create project"（创建项目）选项卡来创建一个新项目。单击"choose files"（选择文件）并选择上一节创建的 CSV 文件。你可以就此预览一下数据。在右上角的对话框中对项目进行命名，然后单击"create project"。这可能需要几分钟的时间。

你的项目开始后，数据中应该可见的一列是"Sender"。单击 OpenRefine 中"Sender"左侧的箭头，然后依次选择"Facet""Text""Facet"。对"Recipient"旁边的箭头执行相同操作。浏览器左侧会出现一个对话框，显示电子表格中被列为发件人的所有 189 个名字（图 3.10）。

106

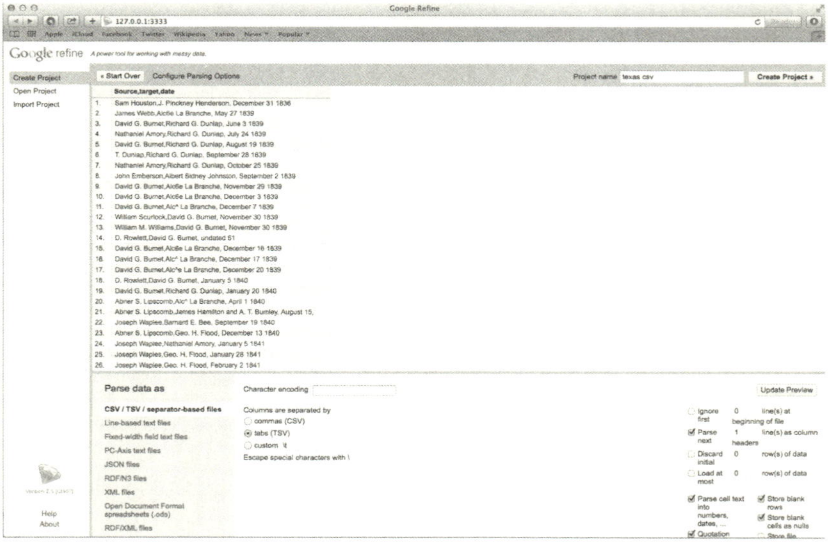

图 3.10　将正则表达式搜索结果导入 OpenRefine

105　　　电子表格本身有近千行数据，所以我们可以看到，在这个通信集合中，一些名字被多次使用。你也许已经注意到，许多名字因为文本扫描而出现错误（属于 OCR 类错误），在电子表格中将书中一些相同的名称呈现为相似但不相同的名称。例如，收件人"Juan de Dios Ca fi edo"偶尔被列为"Juan de Dios CaAedo"。任何后续分析都需要清除这些错误，而 OpenRefine 会协助你完成这项任务。

　　在左侧的"Sender"方框中，单击标有"Cluster"（群集）的按钮。此功能提供了多种方式，会自动合并那些看起来相同的数值。① 使用下拉框中的值进行操作，并留意群集数量的变化是如何根据使用的方法发生变化的。例如，它会为你首先推荐的方法是"Key Collision"（关键性冲突），其提供了两个方案。然后你可能想要尝试"Nearest Neighbor"（最近相邻者）方法，这也会提供很多方案。尝试两种不同的距离函数。持续进行操作。由于这些方法略有不同，每种方法都会出现不同的匹配结果，这些匹配可能有用，也可能用处不大。如果你看到应合并的两个值，如 "Ashbel Smith" 和 ". Ashbel Smith"，单击"合并"列右侧的框，然后单击下方的**"Merge Selected & Re-Cluster"（合并、选择和再集群）**按钮。

　　依次查看各种聚合方法，包括更改数字值，并合并看起来相同的值。"Juan de Dios CaAedo"显然应该与"Juan de Dios Cafiedo"合并，但"Correspondent in Tampico"或许不该与"Correspondent at Vera Cruz"合并。即使你不是这个时期的专家，也请你做出最佳判断。最后，你应该将独立发件人的数量从 189 人减少到 150 人左右。对收件人重复这些步骤，将独立收件人的数量从 192 人减少到约 160 人。要完成数据的自动清理，请单击"Sender"旁边的箭头，并依次单击"Edit Cells"（编辑单元格）、"Common transforms"（标准转换）、"Trim leading and trailing whitespace"（主要修剪与拖尾空白）。对"Recipient"进行相同操作。由此生成的电子表格并不完美，但使用此步骤比之前的手动清理更加简便（图 3.11）。单击窗口右上方的"export"，将数据输出为 CSV 文件返回。

　　我们将在后面的章节中更深入地讨论网络分析和可视化工具 Gephi，但此处你就会看到使用 Gephi 对网络进行可视化是多么容易。在我们讨论如何为 Gephi 导入数据前，还需要在 OpenReine 进行一步操作。

　　为了将这些数据导入 Gephi，我们必须将"Sender"列重命名为"source"（源），将"Recipient"列重命名为"target"（目标）。在 OpenRefine 主窗口发件

106

107

108

---

　　① 更多细节可参见 https://github.com/OpenRefine/OpenRefinewikiClustering-In-Depth。

人左侧的箭头中,选择编辑列,重命名该列为"source"。现在,在窗口的右上角,依次选择"导出""自定义列表输出"。注意在内容选项卡中检查"source"、"target"和"Date"。取消选择"Date",因为它不会在 Gephi 中被使用。转到下载选项卡并将下载选项由 TSV(制表符分隔值)更改为 CSV(逗号分隔值),并单击下载。[①]文件可能会下载至你的自动下载目录。

107

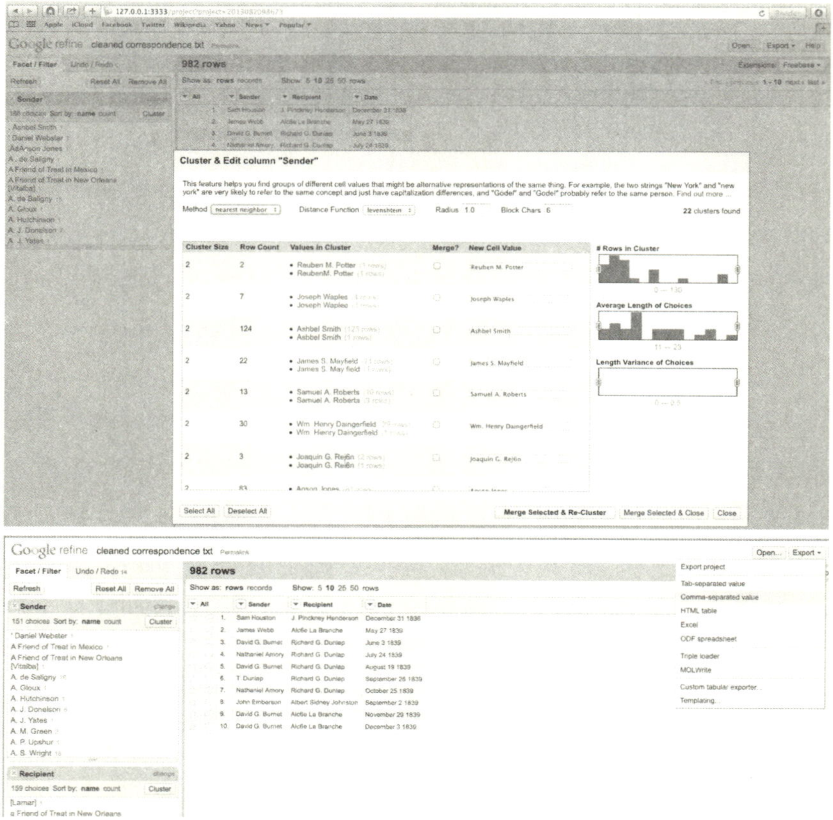

图 3.11　使用 OpenRefine 清理输出数据

108　　　在数据实验室中,选择"Import Spreadsheet"(导入电子表格)。输入省略

---

① 值得注意的是,一旦你清除了 CSV 或 TSV 格式的数据,你的数据可以导入到其他各类工具或准备用于其他分析。很多在线可视化工具如 Raw(http://app. raw. densitydesign. org/)和 Palladio(http://palladio. designhumanities. org/)可以兼容这些格式的数据。

号"…"并找到你刚刚保存在下载目录中的 CSV 文件。确保分隔符被列为
"，"，并且"As table"（作为表格）被列为"Edges table"（边缘表格）。点击
"Next"（下一步），然后是"Finish"（完成）。

　　不出意外，你的数据加载完成。单击"overview"标签，你将看到一个复杂
的网络图。你可以在这里先保存你的工作，并在阅读第五章后回到这里。不
用担心，我们之后会解释如何处理它。

　　恭喜你！你已经下载了一系列历史资料，并使用正则表达式解析整理了
这些材料，也删除了对你来说没有用的信息，使用 OpenRefine 做了进一步清
理，并将其加载到软件包中以供进一步分析和可视化处理。学会这些技能，你　109
将能够处理海量历史数据。在本书的网站上还有一些进阶的练习和教程，探
讨如何运用这些数据，比如解析地名文本（"命名实体识别"）或可视化那些作
为动态网络的通信模式。

从 PDF 中快速提取表格

　　我们在网上找到的大部分历史数据都是烦琐的 PDF 格式，即便携式文档
格式。政府部门特别喜欢使用 PDF 格式，因为它们可以根据任意信息请求快
速生成，还因为它们保留了原始纸质文档的外观和布局。有时，PDF 只不过是
一个图像，所显示的文字只是暗点和光点的组合。其他时候，有一个隐藏的机
器可读文本层，你可通过点击、拖动和复制来进行选择。当我们处理成百上千
页的 PDF 时，这不是一个可行的工作流程。记者也面临同样的问题，并且开
发了许多工具，历史学家可能希望将其纳入自己的工作流程中。最近，数据记
者（data journalist）乔纳森·斯特雷（Jonathan Stray）撰写了有关各类免费和
付费工具的文章，这些工具可以用来从数以万计的 PDF 中一次性提取有用的
数据。① 斯特雷特意提到了 Tabula，这个工具可用于从 PDF 中提取信息表格，
例如可在人口普查文件中找到的表格。

---

　　① Jonathan Stray (2014-03-14)，"You Got the Documents. Now What? —Learning —Source：
An OpenNews Project," https://source. opennews. org/en-US/learning/you-got-documents-now-
what/.

  Tabula 是开源的，可在所有主流平台上运行。你只需在 http://tabula. nerdpower.org/上下载并安装，然后双击图标，它会在浏览器内加载，其地址为 http://127.0.0.1:8080。[①]如果由于某种原因没有出现，请尝试直接在地址栏中输入该地址。Tabula 开始运行后，你就可以将 PDF 导入。PDF 出现后，工具会在你有意抓取的表格周围绘制文字框。然后 Tabula 会提取该表格，允许你将其下载为 CSV 或制表符分隔的文件，或者直接将其粘贴到其他位置。

  例如，你对 Gill 和 Chippindale 编辑的关于新石器时代、基迪拉克雕像和艺术市场的数据感兴趣。[②] 如果你有权访问数据库 JSTOR，你可以登录 http://www.jstor.org/stable/506716 找到它。这里有很多图表，所以是一个很好的例子。你希望获取这些数据表，用其他来源的数据进行汇编，以对古董市场进行某种元研究。

  下载该论文，在 PDF 阅读器中打开它，然后将其导入 Tabula。让我们看看 PDF 阅读器文章中的表 2。你可以在 PDF 阅读器中标注此表，然后按"Ctrl＋C"复制，但是当你将其粘贴到电子表格中时，你要将所有内容都放在同一列中。对于小表格而言，这也许不是一个大问题。让我们看看你在 Tabula 中能得到什么。Tabula 运行期间，你可以转到你感兴趣的 PDF 文件并在表格周围绘制边界框。释放鼠标，你得以进行预览，之后可以将其下载为 CSV 文件。你可以快速拖动文档中每个表格的选择框，并一次性地点击下载。

  由于你可以直接复制到剪贴板，因此能够直接将其粘贴到 Google Drive 电子表格中（从而充分利用谷歌提供的所有可视化选项），或直接粘贴到 Density Design 的 Raw 软件中，通过一系列快速生成的可视化来探索数据及其规律。[③]

---

  ① 由于它是开源软件，你可以制作和维护自己的副本，以防原始的"Tabula"网站下线。事实上，这是你应该养成的习惯。（这在 GitHub 上被称为"forking"。具体来说，你在 GitHub 上创建一个账户，登录该账户，然后转到你想要复制的仓库，单击"Fork"，你就拥有了自己的副本。）

  ② David W. Gill and Christopher Chippindale（1993-10），"Material and Intellectual Consequences of Esteem for Cycladic Figures," *American Journal of Archaeology*，97(4)，601.

  ③ 另一个开源项目"Raw"允许你将数据粘贴到网页的一个框中，然后使用各种不同的可视化工具呈现该数据。你可以在 http://app.raw.densitydesign.org/上下载。Raw 不会通过 Internet 发送任何数据；它会在你的浏览器中执行所有计算和可视化操作，以确保你的数据安全。如果你愿意，可以（但并不容易）在你自己的机器上安装 Raw，找到 Raw 网站上的 GitHub 代码库链接。

总结

　　本章内容十分丰富：我们已经从相对简单的词云领域进阶到更复杂的 Overview、正则表达式的世界，并提到了一些潜在的更先进的技术。然而，它 111 们的目标是一致的：获取大量信息并以人工无法做到的方式对其进行探索。计算机功能强大，它们就在我们的办公桌上或实验室中，我们该如何使用、挖掘它们的计算潜力，而不仅仅用它来进行简单的文字处理？然而，正如我们在下一章中将要提到的那样，这样做的一个潜在缺陷是在大多数情况下，我们仍然需要知道自己在寻找什么。数据不会为自己"发声"，它们需要解释。正如我们将在后续章节中进行的深入探讨一样，它们需要可视化。

　　学者经常通过阅读和筛选来进行学习：浏览档案盒，阅读文献，不仅关注特定的研究成果，而且从整体上理解该领域，从特定的角度来审视该领域的理论。我们可以对大数据库做同样的事情，尝试通过主题建模和网络分析等方法以宏观视角审视历史研究。在接下来的章节中，我们会在本章内容的基础之上，全面开展更有针对性的宏观历史调查。

第四章　主题建模：在大数据中亲自探索

在本章中，我们将讨论在源文档中建立话语模式主题模型的不同方法。我们探讨"主题模型"的定义、如何进行主题建模，以及为什么某些工具在一些情况下比其他工具效果更佳。

关键词有其局限性，因为它们需要我们明白自己要搜索的究竟是什么。而主题建模使我们拥有一个更开放的心态。借助这种方法，文档会"告诉"我们其包含了哪些主题。主题模型中的 model（模型）指的是编写文本的方式：作者从描述各种主题的单词分布，bag of words（词袋）或 bucket of words（词桶）中选择单词进行文本的撰写。开头处就有这一主题。整个写作领域就是一个巨大的仓库，其过道摆放的是词语箱：有加拿大历史的箱子，也有大联盟运动的箱子（确实是一个非常狭小的过道）。所有文件（你的论文、我的论文以及这本书）都是从各个主题箱中摘取单词，再组合成型。如果描述了作者实际写作的方式，那么整个过程就会成为可逆的：可以从词语集合中分解 bags 和 buckets 中的原始分布。

在本章中，我们探讨创建主题模型的各种方式、它们可能的含义以及如何实现可视化。我们举出了大量实例，以便读者找到适应自己工作的方法。主题模型的本质在于它的输入和输出：输入文本语料库（一个集合），再输出包含文本的主题列表。它的机制只是一个有关如何编写作品的假设，而这种机制的结果往往非常可信且有用。总之，什么是主题？

　如果你是一个文学学者，你会明白一个 topic（主题）可能意味着什么，而这往往与图书管理员的理解大不相同：topic 是话题，而不是主题的标题。那么，数学家和计算机科学家又是如何理解 topic 的呢？对于这些算法的开发者来说，document（文档）仅仅是一些词语的集合，这些词语以不同的比例出现

（因此在现实世界中，可能组合成博客文章、段落、章节、分类账记录、整本书）。为了将文档分解为构成其整体的 topic，我们必须设想一个较为理想的世界，其中每个可以想到的讨论主题都真实存在并且得到了恰当的定义。不仅如此，特定词语的分布还能完美地表征每个主题。每个词语分布都是独一无二的，因此可以通过仔细比较单词的分布和已知的理想状态下的主题集合来推断文档的主题。

手工主题建模

让我们将目光聚焦于"葛底斯堡演讲"（Gettysburg Address）：

Four score and seven years ago our fathers brought forth on this continent a new nation, conceived in liberty, and dedicated to the proposition that all men are created equal.

Now we are engaged in a great civil war, testing whether that nation, or any nation so conceived and so dedicated, can long endure. We are met on a great battlefield of that war. We have come to dedicate a portion of that field, as a final resting place for those who here gave their lives that that nation might live. It is altogether fitting and proper that we should do this.

But, in a larger sense, we can not dedicate, we can not consecrate, we can not hallow this ground. The brave men, living and dead, who struggled here, have consecrated it, far above our poor power to add or detract. The world will little note, nor long remember what we say here, but it can never forget what they did here. It is for us the living, rather, to be dedicated here to the unfinished work which they who fought here have thus far so nobly advanced. It is rather for us to be here dedicated to the great task remaining before us — that from these honored dead we take increased devotion to that cause for which they gave the last full measure of devotion — that we here highly resolve that these dead shall not have died in vain — that this nation, under God, shall have a new birth of freedom — and that government of the people, by the people, for the people, shall not perish from the earth.

（八十七年前，我们的先辈们在这个大陆给我们带来了一个新的共和国，她孕育于自由的理念，并献身于人人生来平等的理想。

如今我们卷入了一场巨大的内战，以考验这个国家或任何一个孕育于自由并献身上述理想的共和国是否能够长久生存下去。我们聚集在这场战争的一个重要战场。我们来到这里，是要把这个战场土地的一部分奉献给那些为使这个共和国能够生存下去而献出了生命的烈士们，以此作为他们的安息之所。他们值得我们这样做。

但是，从更广泛的意义上来说，我们无法奉献、圣化或神化这块土地。而是那些活着的或者已经死去的、曾经在这里战斗过的英雄们使得这块土地成为神圣之土，其神圣远非我们的渺小之力可以增减的。世人不会注意，也不会记住我们在这里说了什么，但是他们永远无法忘记那些英雄们的壮举。这更要求我们这些活着的人将那些英雄们为之战斗的未竟事业继续下去。我们应该在这里把自己奉献于仍然留在我们面前的伟大任务——要从这些光荣的死者身上汲取更多的献身精神，来完成他们彻底为之献身的事业；我们要在这里下定最大的决心，不让这些死者白白牺牲——要使这个国家在上帝保佑下得到新生——要使这个民有、民治、民享的政府永世长存。）

115   这是一份独立的文档。有多少主题出现，其中最重要的词语又是哪些？让我们来手动生成主题模型。我们在课堂上通过这个练习来介绍文本分析，但它也可以凸显计算机"知晓"事物的方式与历史学家知晓方式之间的差异。

拿出荧光笔，标记这段文字（如果你不想弄脏这本书，可以在网上打印一份副本）。使用一种颜色标记与 war（战争）相关的词语，再用另一种颜色标记与 governance（治理）相关的词语。你可能会发现有些词语被双重标记，而自己正在做一些相当复杂的推论。与 war（战争）相关的词语是什么？同时再找些人做一下这个练习。依据你们对 19 世纪修辞、政治或历史的不同理解，你们标记的词语也将略有不同。有人会认为 field（战场）应该是 war（战争）主题的一部分，而另一位则会有不同的想法。是什么造成了差异？从根本上讲，考虑到个人背景的不同，这被归结为一个概率问题。然后，列出页面一侧的词语"war"（战争）和另一侧的词语"governance"（治理）。在列表旁有一个 count（计数）列，显示词语出现的次数。你可能希望使用电子表格进行此类操作，以便你可以对列表进行排序，让最常出现的词语位于最上方。"葛底斯堡演讲"共有 271 个词。最频繁出现的词"that"共出现 13 次，约占词语总数的 5％。将每一个词语的出现次数相加，然后除以 271 来计算这些词语主题占总文本的比例（顺便提一句，如果你将结果可视化为直方图，用词语置换图表中的长条，相当于你创建了一个词云）。

卡尔顿大学的本科学生霍利斯·皮尔斯（Hollis Peirce）创建了电子表格（表 4.1）。

表 4.1 战争词语计数

词语	计数	词语	计数
Dead	3	Brave	1
War	2	Struggled	1
Gave	2	Remember	1
Living	2	Never	1
Have	2	Forget	1
Engaged	1	Fought	1
Field	1	Nobly	1
Final	1	Advanced	1
Resting	1	Honoured	1
Place	1	Take	1
Lives	1	Cause	1
Live	1	Died	1
Hallow	1	Vain	1
Ground	1	Perish	1

注：总计 35 次，比例为 $35 \div 211 \approx 13\%$

116

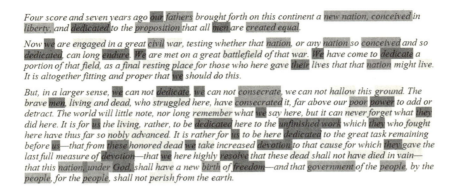

图 4.1　经过霍利斯·皮尔斯标记的"葛底斯堡演讲"

注:浅灰色底纹代表与"war(战争)"相关的词语,灰色底纹代表与"governance(治理)"相关的词语,深灰色底纹代表双重标记词语。

116　　这是霍利斯的手工主题模型结果,但决定主题构成成分的计算部分是在他的脑海中完成的。我们之前确定了本文件中有两个主题,即 war(战争)和 governance(治理)。我们找出这些词,通过概率方式将它们归为其中一个或另一个主题(有时同时归入两个主题)。完成后的词语列表和相应计数能够描述

117　一个主题的词语分布;这些词语在整个文件中占的比例凸显了文件的主题构成。如果有更多的文档,我们可以使用生成的列表作为指南用色彩代码来标记其他文档。用主题建模的术语来讲,这将是一个"成熟"的主题模型(我们利用有关"葛底斯堡演讲"的直觉来发现其他文件中的模式)。我们可以重新对每个新文档运行相同的过程,然后迭代我们的列表,以便了解整个语料库潜在或隐藏的结构。应该指出,虽然日常使用中的"document"(文档)指的是日记、演讲或图书等完整的文本,但为了数据挖掘,文档还可以是该书中的每一个段落或者每 1000 个词。

　　当计算机为我们完成这项工作时,它会密切关注那些可能出现在多个文档中的词语。泰德·安德伍德(Ted Underwood)要求我们考虑"lead"("带领"或"铅")这个词,它可能是一个动词,与领导力相关(如:He took the **lead** in the charge,他冲锋在前);它也可能是一个名词,与环境污染的主题有关(如:**Lead** in the pipes was responsible for the poisoning,管道里的铅导致中毒)。我们如何区分这两者? 也就是说,我们如何在计算机执行的一系列步骤中将

我们对语义差异和词语用法的理解进行编码?我们要求计算机计算出"lead"属于某个特定主题的概率,而不是另一个主题。此外,我们首先将词语随机分配给主题。霍利斯知道,有些词语更可能与战争有关,而不是治理,但计算机无从知晓。

我们指示计算机为我们挑选主题,此过程从一系列的盲目猜测开始,将词语随机分配到词语箱。计算机知道存在一个装满词语箱的仓库,但它不知道里面都有些什么。主题模型就是指计算机试图通过查看每个文档,再回溯到文档可能被提取的主题箱来推测每个箱子包含的内容。计算机是从这样的假设开始的,即如果几个文档包含相同的词组,那么这些词就可能形成一个主题(topic)。随着计算机一遍又一遍地扫描文本,它会将最初随机分配的箱子重新组织,成为更接近于所猜测的实际主题箱的样子。在内部,计算机正在针对这个问题进行优化:给定文档在整个文档集合上的分布,文档中词语分布属于特定主题的概率是多少?

这是贝叶斯概率方法。托马斯·贝叶斯(Thomas Bayes)是一位 18 世纪的牧师,对数学很感兴趣。[①] 他对基于先验知识的条件概率问题尤为着迷。现在带有贝叶斯名字的公式会分配先验概率,然后根据其发现的结果重新评估该概率。随着计算机对该集合中每个词语反复进行这一操作,有关分配的假设会发生改变。在他的著作《信号与噪声》(*The Signal and the Noise*)中,统计学家纳特·西尔弗(Nate Silver)的例子检测了当你在家里发现一套不属于你伴侣的内衣时,伴侣对你不忠的概率是多少。[②] 为了估算你被欺骗的概率,你必须考虑(或估计)三种情况:

1. 由于伴侣对你不忠,而导致内衣出现在那里的概率(称之为"*y*")是多少?

2. 你没有被欺骗而导致内衣出现在那里的概率是多少(称之为"*z*")?

3. 在发现内衣之前,你估计伴侣对你不忠的概率(称之为"*x*",即先验概率)又是多少?

118

---

① Thomas Bayes and Mr. Price (1763),"An Essay Towards Solving a Problem in the Doctrine of Chances," *Philosophical Transactions of the Royal Society of London*,53,370-418.

② Nate Silver (2012),*The Signal and the Noise:Why so Many Predictions Fail — but Some Don't*,New York:Penguin Press,243-247.

计算公式如下：

$$xy \;/\; xy + z(1-x).$$

你可以自行计算，也可以将结果反馈到方程式中，在发现新信息时更改先前的概率。这就是主题建模在做的事吗？本质上是这样的，虽然数学计算比这还要更复杂一点。安德伍德写道：

> 当我们迭代我们的估计，调整我们的概率，将词语嵌入主题，对文档中的主题进行拟合时，词语在它们已经很常见的主题中将逐渐变得普遍。此外，主题在已经很常见的文件中会变得更为常见。因此，随着主题聚焦于特定的文字和文档，我们的模型将逐渐变得统一。但它不可能永远保持一致，因为词语和文件不是以一对一的方式排列的。……主题集中于特定词语和文档上的趋势最终将受限于文档间词语真实而杂乱的分布。

> 这就是主题建模在实践中的工作原理。你随机将词语分配给主题，然后继续改进模型，使你的猜测与实际情况更加统一，直到模型达到平衡状态，与集合所允许的情况保持一致。①

然而，存在一个根本性的难题。当我们阅读"葛底斯堡演讲"时，霍利斯意在寻找两个我们已经分别命名为"war"（战争）和"governance"（治理）的主题。当计算机在寻找这两个主题时，它不会事先知道两个主题的存在，更不会知道它们在人类语言中的含义。事实上，我们作为调查人员必须告诉计算机在这个材料语料库中寻找两个主题，这样机器才能准确地找到这两个主题。截至撰写本书之时，我们还没有简单的实例化方法来实现语料库中最佳主题数量的自动确认。目前，调查人员必须尝试很多不同的情景来找出最好的方法。这不是一件坏事，因为它要求调查人员不断关注（甚至仔细阅读）数据、模型和可能出现的模式。

已故的统计学家乔治·博克斯（George Box）曾写道："本质上，所有模型都是错误的，但一些模型是有用的。"②主题模型是一种针对大量文本拟合语义

①　Ted Underwood（2012-04-07），"Topic Modeling Made Just Simple Enough," http://tedunderwood.com/2012/04/07/topic-modeling-made-just-simple-enough/.

②　George E. P. Box and Norman R. Draper（1987），*Empirical Model-Building and Response Surfaces*，New York：Wiley.

的方法。研究人员必须针对相同的语料库生成大量模型，直到找到一种能达到博克斯效用的模型。[①] 我们创建主题模型并不是为了证明我们关于 x 现象的设想是正确的，而是为了创造出观察材料的新方式，从而对其进行重构。事实上，将主题模型用作历史证据存在一定风险；这些模型是可配置且意义模糊的，所以无论你寻找的是什么，你都可能会找到一个适配模型。请记住，主题模型本质上是用来描述主题形成方式的统计模型。**它可能并不适用于你的语料库**。而它也只是一个起点，它发现（或未能找到）的主题应该成为你观察材料的镜头，仔细阅读以理解这种生产性失败。理想情况下，你要重新运行该模型，对其进行调整，以便更好地描述你认为存在的结构类型。你生成了一个模型来呈现你的直觉和信念，这与正在处理的材料的形成方式有关。你的模型可以代表适用于模型的有关语法和"标记"（token）级别的想法（例如特定长度的多元词组）。然后，你使用该算法来发现真实集合中的结构。之后重复这个过程。[②]

　　例如，如果历史学家在一系列政治演讲中使用了某种结构，主题建模工具会返回主题列表和组成这些主题的关键词语。依据算法，每一个列表都代表一个主题。以政治演讲为例，该列表可能会呈现如下所示的样子：

1. Job Jobs Loss Unemployment Growth

2. Economy Sector Economics Stock Banks

3. Afghanistan War Troops Middle-East Taliban Terror

4. Election Opponent Upcoming President

5. . . . etc.

---

　　① 当在这里描述主题建模时，我们想到了最常用的方法，即潜在狄利克雷分配（Latent Dirichlet Allocation，LDA）。还有许多其他可行的算法和方法，但大多数数字人文学家和历史学家都将 LDA 视为主题建模的代名词。值得注意的是，你拥有多种选择来解决手头的问题。《数字人文学报》（*Journal of Digital Humanities*）的一期特刊关注各个领域的主题建模，对于深入探索可能性来说是一个良好的开端（http://journalofdigitalhumanities.org/2-1/）。LDA 技术目前并不被视作主题建模的第一技术，但却是迄今为止最受欢迎的技术。主题建模的无数变体带来了一系列相关技术和程序，这可能会引起混乱或者压垮资历尚浅的人；对于初学者而言，了解它们的存在就足够了。MALLET 主要使用 LDA。

　　② David Blei（2012），"Topic Modeling and the Digital Humanities," *Journal of Digital Humanities*，2(1)。

在尚未充分了解的情况下，使用主题建模的人会面临一些困难。[①] 例如，我们可能会对使用词语作为政治频谱位置的代理感兴趣。主题建模当然会对此有所帮助，但我们必须记住，代理本身并不是我们想要了解的东西。正如安德鲁·格尔曼（Andrew Gelman）在使用 Google Trends（谷歌趋势）对僵尸论文进行模拟研究中所表明的那样。[②]

121　　我们接下来要讨论的工具将按照难易程度排序，trade-off 这类工具显然最容易，但其功能有限（在某些方面）。当我们在课程中引入主题建模时，我们首先使用 GUI 主题建模工具来引起学生的兴趣，然后根据我们正在使用的材料性质，通过命令行转至 MALLET，或斯坦福主题建模工具箱。最后，在我们自己的研究中，我们越来越多地使用 R 语言编程环境中的各种主题建模工具（通过 RStudio 访问），因为 R 可以帮助我们轻松地操纵和转换结果。使用哪种工具以及如何使用总是取决于你想达成的目标。

使用 GUI 主题建模工具进行主题建模

GUI 主题建模工具（GTMT）效果极佳，能够将主题建模引入课堂环境和技术专业知识有限的其他领域（我们认为这是进入简单主题建模领域的绝佳方式），或者帮助你快速探索一系列材料。因为它是基于 Java 的程序，所以它也具有本地跨平台的优势：它已经通过测试，可以在 Windows、OS X 甚至 Linux 系统上运行。

GTMT 可以在 Google 代码库中获取，网址为 https://code.google.com/p/ topic-modeling-tool/，它提供了快速简单的主题模型生成和导航。有了任意平台上的工作 Java 实例，只需下载 GTMT 程序并双击其图标即可运行。Java 将打开该程序，显示一个菜单界面（图 4.2）。然后你单击"Select Input File or Dir"（选择输入文件或目录）选择你想要填入主题模型的材料，选择输

①　Scott Weingart（2012-05-06），"The Myth of Text Analytics and Unobtrusive Measurement，" http://www. scottbot. netHIAL？ p＝16713.

②　Andrew Gelman（2010-03-31），"'How Many Zombies Do You Know?' Using Indirect Survey Methods to Measure Alien Attacks and Outbreaks of the Undead，" http://arxiv. org/abs/1003. 6087/.

出位置,确定要查找的主题数量,然后单击"Learn Topics"(学习主题)。实际的主题建模是使用从 MALLET 工具包(参见下文)合并的主题建模例程来完成的,但你不需要单独安装 MALLET,因为它已经被包括在内。

122

图 4.2　GUI 主题建模工具

让我们来看一个例子。设想我们有兴趣了解有关遗产地纪念活动的话题是如何在城市内消退的(我们不仅要知道主题或话题是什么,还要知道是否有空间或时间上的联系)。针对这样的项目,第一步是对历史铭牌的文本进行主题建模。你可以下载多伦多市 612 块遗产铭牌的全文,网址如下:Toronto as a zip file from http://themacroscope.org/2.0/datafiles/toronto-plaques.zip,解压该文件夹,然后启动 GTMT。

121

122

单击"Select Input File or Dir"(选择输入文件或目录),选择要导入的数据，此按钮允许你选择单个文件或整个文档目录。你告诉系统希望生成输出的位置［默认情况下，是你安装 GTMT 的位置，因此请注意是否让它在"Applications"（应用程序）文件夹中运行，因为它可能会变得有点混乱］，注意主题数量，然后单击"Learn Topics"以生成主题模型。高级设置也很重要，因为可以借助高级设置删除停用词，通过标准化大小写来对文本进行标准化处理，并调整迭代次数、主题描述符号的大小以及要切断主题的阈值（图 4.3）。

123

图 4.3　GUI 主题建模工具设置

123　　当你单击"Learn Topics"时，你会在程序的控制台输出中看到一串文本。请注意发生的情况。例如，你可能会注意到它很快就结束了。在这种情况下，你可能需要调整迭代次数或其他参数。

在你选择的输出目录中，此时会有两个文件夹：output csv 和 output html。花一点时间好好研究它们。在前者中，你会看到三个文件：DocsInTopics.csv、Topics Words.csv 和 TopicsInDocs.csv。第一个是一份大文件，你可以在电子表格程序中打开这份文件。它按主题排列，之后会按每个主题内每份文件的相对等级排列。例如，在使用我们的样本数据时，你可能会发现表 4.2。

123

表 4.2　样本数据文件的相对等级排列

主题序号	排序	文档序号	文件名
1	1	5	184 Roxborough Drive-info. txt
1	2	490	St Josephs College School-info. txt
1	3	328	Moulton College-info. txt
1	4	428	Ryerson Polytechnical Institute-info. txt

　　我们看到在第一个主题中,相关文件可能与教育有关:其中三块铭牌显然　124
与教育机构相关。第一个(184 Roxborough)是前女性主义活动家南希·露丝
(Nancy Ruth)的故乡,她为加拿大妇女法律教育基金的创立做出了贡献。打
开 Topics Words. csv 文件,可以发现我们的推测得到了证实:主题♯1 是
school(学校)、college(学院)、university(大学)、women(女性)、Toronto(多伦
多)、public(公共)、institute(研究所)、opened(开放)、association(协会)、
residence(住所)。

　　但是,当你探究 HTML 输出结果时,GTMT 达到了最佳效果。这使你可
以在易于使用的界面中浏览所有信息。在 output html(输出 html)的文件夹
中,打开文件中的所有主题的 HTML 文件。它会在你的默认浏览器中打开。
我们模型的结果如图 4.4 所示。

124

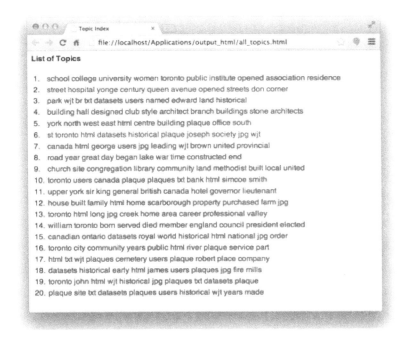

图 4.4　来自 GUI 主题建模工具的 HTML 输出示例

　　这与 Topics Words. csv 文件类似,但不同之处在于可以进一步探索每一　125
个主题。如果我们点击第一个主题,即与学校相关的主题,我们会看到之前排

名最高的文档(图 4.5)。

125

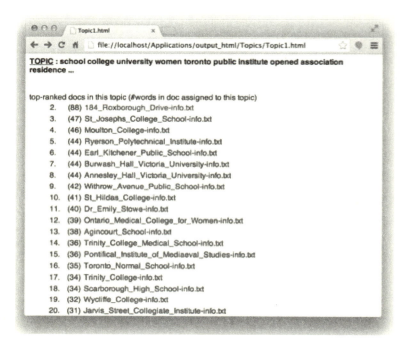

图 4.5　主题中排名靠前的文档通过 GUI 主题建模工具生成 HTML 输出

125　　　然后我们可以点击每个单独文档,我们会得到一段文字以及每个文件附带的各类主题(图 4.6)。每个文档都带有超链接,使你可以探究组成模型的各种主题和文档。如果你有自己的服务器空间,建议使用 Dropbox 等服务,就可以轻松地以在线的方式移动这些文件,以便其他人可以浏览你的结果。

　　　从头到尾,我们快速浏览了主题模型的所有阶段,并拥有一个实用的图形用户界面对此进行处理。虽然该工具可能会受到限制,且我们更偏爱命令行的多功能性,但这是我们主题建模工具包中一个重要而有用的组件。

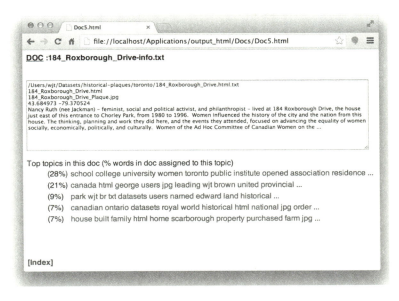

图 4.6 使用 GUI 主题建模工具中的 HTML 输出查看文档内部

使用 MALLET 建立主题模型

GTMT 尽管可以让我们快速构建主题模型,但是能做的调整十分有限。要进行更深入的分析和建模,目前可用的标准解决方案是直接使用 MALLET NLP 工具包的主题建模惯例。鉴于安装完毕后所有的警告看起来像钉子一样,因此将主要的主题建模工具包命名为"hammer"(锤子)带有一定的讽刺意味。[①] 为了方便参考,我们在这里介绍一下安装 MALLET 的方法,但我们认为对你而言投入大量时间去学习通过命令行进行操作并不一定特别有用。如果你非常希望学习,请参阅我们的《编程历史学家》。尽管如此,我们仍然会在

---

① 本·施密特最先在他的博客(SappingAttention. com)中提到:"当你拥有 MALLET 时,所有东西都看起来如钉子一样。"参见 http:// sappingattention. blogspot. ca/2012/11/when-you-have-mallet-everything-looks. html。

127　这里描述最基本的用法以及入门的方法。[①]　在任意平台上安装 MALLET，请遵从以下步骤：

　　1. 转到 MALLET 项目页面 http://mallet. cs. umass. edu/index. php，然后下载 MALLET。（撰写本书时，我们使用的是 2.0.7 版本。）将其解压缩到你的主目录即 Windows 中的 C 盘或 OS X 中带用户名的目录（其应该带有房子的图标）。

　　2. 你还需要 Java 开发工具包或 JDK——不是每个计算机上都能找到的常规 Java，而是可以让你编程的那个版本。你可在 http://www. oracle. com/technetwork/java/javase/downloads/-index. html 找到。把它安装到你的计算机上。

　　如果你是 OS X 或 Linux 用户，就可以开始工作了。作为 Windows 用户，你还需要完成以下几个步骤：

　　3. 解压 MALLET 到你的 C 盘根目录中。这一点很重要：不能解压到其他地方。然后你将有一个名为"C:\mallet-2.0.7"或类似的目录。为了方便，将这个目录重命名为"mallet"。

　　4. MALLET 使用一个环境变量来告诉计算机运行时在哪里可以找到它所有进程的各个组件。这就像是该项目的一条捷径。程序员无法确切知道每个用户安装程序的位置，因此程序员在代码中创建了一个变量，该变量始终代表这个位置。我们通过设置环境变量告诉计算机相应的位置。如果你将程序移至新位置，则必须更改变量。

　　要在 Windows 7 中创建环境变量，请依次单击"开始"菜单、"控制面板"及"系统高级设置"。单击"new"（新项目）并在变量名称框中输入"MALLET_HOME"。它必须全部大写，并带有下划线，因为这是程序员在程序及其所有子程序中建立的捷径。然后在变量值中输入你解压 MALLET 的确切路径（位置），例如"C:\mallet"。

_____

① 我们之前已经在网站 programhistorian. org 发布了一个在线教程，帮助新手安装和使用目前最流行的各类主题建模程序（如 MALLET）。本节重新发布了该教程，但我们建议你检查在线版本，确认是否有升级或版本更改等情况。

　　MALLET 通过命令行运行,也被称为命令提示符。如果你还记得 128
MS-DOS,或者曾经使用过 UNIX 计算机终端,或者看过电影或电视版《黑客》
(*hackers*),那就会对命令行十分熟悉。命令行是你可以直接输入命令的位置,
通过单击图标和菜单进行操作。

　　在 Windows 中,依次单击"开始"菜单所有程序附件命令提示符:"Start
Menu""All Programs""Accessories""Command""Prompt"。在 OS X 中,打
开你的应用程序实用程序终端,会获得命令提示符窗口,有一个光标位于 C:\
user\user＞(Windows)或～ username＄(OS X)。

　　在 Windows 系统,输入"cd-space-period-period"来改变目录,继续操作直
到处于 C 盘。在 OS X 上输入 cd-,然后你会被带回主目录。

　　接着,输入"cd mallet"。你将进入 MALLET 目录。你在命令提示符窗口
中键入的任何内容都是一个命令。有类似 cd(用来更改目录)的命令,然后你
可以键入 dir(Windows)或 ls(OS X)查看目录中的所有字段。当你想使用
MALLET 时,你必须明确告诉计算机,这是一个 MALLET 命令。你可以通
过告诉计算机从 MALLET bin 中获取其指令来完成这一操作,MALLET bin
是 MALLET 中包含核心操作惯例的子文件夹。在提示符处输入"bin\
mallet"(Windows)或者"./bin/mallet"(OS X)。

　　如果一切顺利,你会看到一个 MALLET 命令列表。如果你收到错误提示,
请检查你的输入是否使用了错误的斜线,是否设置了正确的环境变量,MALLET
是否位于 Window 中的 C:\mallet,或在 OS X 上位于主目录。

　　在数据上创建主题模型要分两步走。首先,把数据读入一个供 MALLET
处理的文件;接着,你可以指定 MALLET 如何根据该数据生成模型。你键入
的命令会运行指定命令(在 MALLET 的"bin"目录中找到),然后告诉计算机
对命令应用何种功能。要读取你的数据,可以在命令提示符(command
prompt)下输入:

bin\mallet import-dir －－input

pathway\to\the\directory\with\the\files －output mydata. mallet

－－keep-sequence －－remove-stopwords

(OS X 用户的命令开头处会有所不同,如:./bin/mallet)

该命令告诉 MALLET 使用"import-dir"命令；下一个标志"-input"告诉 MALLET 在哪可以找到你的文本文件；随后的一个标志"-output"告诉 MALLET 该文件的调用方式；最后两个标志告诉 MALLET 将所有内容保存在原始文件夹中，并删除停用词。生成主题模型，你可以输入以下内容：

bin\mallet train-topics －－input mydata. mallet －－num-topics 20
－－output-state topic-state. gz －－output-topic-keys
mydata keys. txt －－output-doc-topics mydata composition. txt

这会指示 MALLET 运行"训练主题"（train-topics）命令，以此提供你在上方序列中创建的数据；它指示其适配 20 个主题；整个输出被压缩成. gz 格式的压缩文件；主题模型中的关键词被写入 mydata keys. txt，并且主题在文档上的分布被写入 mydata composition. txt 文件。你可以在电子表格中打开这些文件以进行检查或进一步转换。有关通过命令行以及 OS X 系统使用 MALLET 的更多说明，请参阅我们的《编程历史学家》（http://programminghistorian. org/lessons/topic-modeling-and-mallet）。现在，有很多方法可以对结果进行微调，还可以建立一系列命令，例如移除停用词，过滤掉数字或将其留下。①

使用斯坦福主题建模工具箱进行主题建模

即使它们都属于"topic modelling"（主题建模），不同的工具还是会给出不同的结果。这有助于我们进一步了解这些算法如何对我们的研究产生影响，并且是一个有用的提示，来提前向你介绍研究中使用的工具。历史学家应该对斯坦福主题建模工具箱（STMT）较为熟悉，因为通过它的输出可以很容易地看出，主题如何随着时间的推移发挥作用［它会按照每个文档相关的日期切分（slices）输出］。事实上，虽然这个工具的操作并不容易，但这一特殊功能使

---

① 需要注意的是，由于我们要讨论的许多工具都基于 Java，因此对 Java 运行时的环境和 Java 开发工具包的更改（例如，Oracle 定期更新 Java）可能会中断其他工具的运行。我们已经进行了全面测试，发现这些工具兼容 Java 7。如果你发现这些工具无法运行，你需要检查已安装的 Java 版本。在终端窗口中，于提示符处输入"java-version"。然后你应该会看到"java version 1. 7. 0_05"。如果没有看到这个，可能是因为你需要安装不同版本的 Java。

其成为我们工具箱中的一个重要补充,这就是我们要深入了解这个工具的原因。STMT 使我们能够在每一个单独条目的层面上更好地跟踪语料库中主题的演变。STMT 是基于 Java 编写的,需要在你的机器上安装最新版本的 Java(登录网站 https://www.java.com/en/download/可免费下载)。你也可以在如下网站上找到它:http://nlp.stanford.edu/software/tmt/tmt-0.4/。

简要回顾:出于 STMT 的目的从网站抓取数据

鉴于当文件包含日期时 STMT 对历史学家具有重大价值,让我们来考虑一下从网站获取数字化日记并将其录入 STMT 的工作流程。你可以从我们的网站获得提取的数据 CSV。访问一个包含 Adams 日记条目的在线页面(如 http://www.masshist.org/digitaladams/archive/doc?id=D0),右键单击 Web 浏览器中的页面,在弹出菜单中选择"view source"(查看源代码),然后检查用于标记 HTML 的标签。每隔一段时间,你都会看到如下所示的内容:

```
<a id="D0.17530608"></a><div class="entry"><div
class="head">HARVARD <span title="College">
COLLEDGE</span> JUNE 8TH, 1753.</div><div
class="dateline"><span title="1753-06-08">8
FRIDAY.</span></div><div class="p">At <span
title="College">Colledge>/span>.
```

131

斯坦福主题建模工具箱(STMT)

一般性原则

STMT 让我们能够看到模型中的主题以及关键词随时间分布的方式,提供了一个不同的视角来观察我们的主题模型。它是由丹尼尔·拉梅奇(Daniel Ramage)和埃文·罗斯(Evan Rosen)为斯坦福自然语言处理组 www-nlp.stanford.edu 开发的工具包。

描述

STMT 要求用户在单份文件(脚本)中编写一系列命令以指向用户数据,以此对数据("这里是日期,那里是文件的实际文本")以及处理数据的方式进行描述。

评价

从可用性的角度来看，修改脚本会很困难。该工具不再进行维护。

使用方法

在文本编辑器中从网站打开示例脚本，更改脚本中的某些行以指向你自己的数据并对其进行描述。保存脚本。打开 STMT；增加内存选项框中的可用内存。加载你的脚本，然后单击"run"（运行）。结果将被写入相同的文件夹中。

如何分析结果

可以在 Excel 或其他电子表格程序中打开 CSV 文件来显示结果。人们可以使用电子表格的工具来探索词语使用如何在各种用户定义的分组中发挥作用，特别是如何随着时间的推移发挥作用。

使用 OutWit Hub 中的 scraper 工具，我们可以获取入门课程中的全部内容。我们首先要确保得到日期。在这种情况下，我们希望计算机找到"1753-06-08"并将其抓取至单独的一列。我们发现，每次出现日期时，前面会有"<div class="dateline"><span title="",后面紧跟"">"。

为此，让我们熟悉一下使用 OutWit Hub 的方式。加载程序并输入 URL 地址 http://www.masshist.org/digitaladams/a，点击进入页面。现在，单击左侧栏中的"scrapers"（数据抓取器），然后单击下方的"new"（新建）。我们的目标是建立一个可生成两列内容的 scrapers：一列包含日期，另一列包含条目。我们想要在数据抓取部分做到这一点。我们首先双击下表中的空白字段，输入信息（图4.7）。我们在"Description"（描述）下键入一个描述性标签（这样我们就可以记住应该在哪里抓取什么内容），可能是"Date"（日期）或"entry"（条目）。然后，我们仔细阅读 HTML，以此识别目标信息之前的相关标签或标记，随后以同样的方式识别目标信息之后的标记。因此，我们需要记住出现在目标日期，即"1753-06-08"之前以及之后的内容。参照下表填写表格：

图 4.7 使用 OutWit Hub 的数据抓取器

Description	marker before	marker after
Date	<div class="dateline"><span title="	">

现在是时候抓取日记条目里的实际文本了。这会有些杂乱，当我们查看条目的 HTML 时，我们看到以下内容：

<a id="D0.17530608"></a><div class="entry"><div

class="head"> HARVARD <span title="College">

COLLEDGE</span> JUNE 8TH. 1753. </div> <div

class＝"dateline"＞＜span title＝"1753-06-08"＞ 8
FRIDAY.＜/span＞＜/div＞＜div class＝"p"＞ At ＜span
title＝"College"＞College＜/span＞ . ...＜/div＞　　＜/div＞

（我们在那里添加了省略号！）这里有很多文本，但总的来说，条目以代码
＜div class＝"entry"＞开头，然后以两个＜/div＞标签结尾（它们之间有两个
空格）。在 OutWit 中，我们把以下内容作为数据抓取操作的新行：

entry	class＝"entry"＞	＜/div＞　＜/div＞

由此可知，我们要获取以该段落标记开头、以链接前部作结的所有内容。
别担心，你会通过下文明白我们的意思。

最后输出将如下所示，当我们单击"execute"（执行）然后单击"catch"（抓
取）按钮时，屏幕底部会出现新面板（重要的是，确保数据已经完成抓取，否则
你无法将其保存）：

1753-06-08	At College. A Clowdy Dull morning and so continued till about 5 a Clock when it began to rain moderately But continued not long But remained Clowdy all night in which night I watched with Powers.
1753-06-09	At College the weather still remaining Clowdy all Day till 6 o'Clock when the Clowds were Dissipated and the sun brake forth in all his glory.
1753-06-10	At College a clear morning. Heard Mr. Appleton expound those words in I. Cor. 12 Chapt. 7 first verses and in the afternoon heard him preach from those words in 26 of Mathew 41 verse watch and pray that ye enter not into temptation

借助 OutWit Hub，我们拥有了约翰·亚当斯（John Adams）日记第一个
在线页面的电子表格。付费版本的 OutWit 可以自动抓取整个网站，浏览所有
的子页面，将它们与每个发现的页面进行匹配，并将数据保存到一个单独的电
子表格文件中。

免费版本的 OutWit Hub 可手动翻阅网站，从而将新数据添加到电子表
格中。在"catch"（抓取）按钮旁边有一个下拉箭头。将其设置为"auto-catch"
（自动抓取）。然后，在以"/doc? id＝D0"结尾的屏幕顶部的 URL 中，为了浏
览网站，你可以将 0 更改为 1，然后更改为 2，再更改为 3，以此类推。作为一个
有趣的练习，这些页面中的某一个（以 id＝D1 结尾的页面）会稍微打乱且不起
作用，比如你将无法获得日期信息。单击"scrapers"（抓取），查看代码，你会发

现仅在这一页上，"<div class＝"dateline"＞"和"<span title＝""＞之间有一个空格。虽然我们在争论中忽略了这一点，但这是你在实地(in the wild)研究中将会遇到的。因此对于该页面，需要改变你的数据抓取操作以获得空间，随后执行并恢复原来的样子以备后用。

　　每次加载后续页面时，OutWit 将自动应用数据抓取器并将数据粘贴到电子表格中。然后，你可以单击屏幕底部的"export"(导出)按钮(导出按钮旁边的下拉箭头可以选择所需格式)。免费版本最多可处理 100 行数据。当你遇到障碍时，可按空格(Space)键(当然是在导出之后)，然后继续，并使用一个新的文件名。

　　导出后，在你选择的电子表格程序中打开你的文件(当你有多份文件时，你可以复制一份再粘贴到另一份文件中)。删除第 1 行(读取 URL、日期和条目的行)。然后，我们需要在这些数据的开头插入一列[在大多数电子表格程序中，单击"Insert"(插入)菜单中的"add column"(添加列)]，以便每个日记条目都有自己唯一的记录编号(你可以通过手动输入数字，或者在第一个单元格中创建一个快速公式，并将其粘贴到其余单元格中)：[1]

1	1753-06-08	At Colledge. A Clowdy Dull morning and so continued till about 5 a Clock when it began to rain moderately But continued not long But remained Clowdy all night in which night I watched with Powers.
2	1753-06-09	At Colledge the weather still remaining Clowdy all Day till 6 o'Clock when the Clowds were Dissipated and the sun brake forth in all his glory.
3	1753-06-10	At Colledge a clear morning. Heard Mr. Appleton expound those words in I. Cor. 12 Chapt. 7 first verses and in the afternoon heard him preach from those words in 26 of Mathew 41 verse watch and pray that ye enter not into temptation

　　你可能需要重新排列某些列，但数据就在那里，并会被整理成你所见到的格式。我们将其保存为"johnadams-for-stmt. csv"[2]。STMT 总是认为数据是

---

　　[1]　假设你使用的是 Excel，并且希望放置唯一 ID 号的第一个单元格是单元格 A1，那么把"1"放在单元格中。在单元格 A2 中，键入"＝a1＋1"并返回。然后，复制该单元格，选择你希望用数字填充的剩余单元格，按 Enter 键。其他电子表格程序也将拥有相似的函数。

　　[2]　我们的文件版本可登录 http://themacroscope.org/2.0/datafiles/，查找 johnadams-for-stmt. csv。

136　以三(或更多)列构造的——记录标识、日期和文本本身(当然,构造可能会有所不同,但就我们的目的而言,这已经足够了)。确保将文件保存在你将解压的"tmt-040.0"文件的目录中。

安装STMT并输入数据

数据抓取完成后,我们将目光转向工具箱。安装STMT需要下载及解压,然后双击名为"tmt-0.40.0"的文件,打开后其界面如图4.8所示。

136

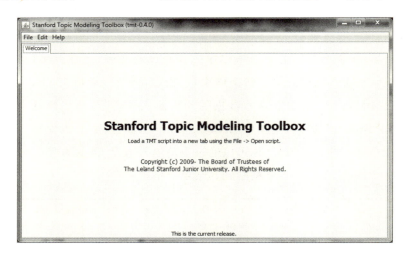

图4.8　斯坦福主题建模工具箱

注:图片来源于丹尼尔·拉梅奇。

136　STMT通过运行用户创建的各种脚本来完成操作。这可以提供极大的灵活性,但对于初次使用的用户来说,这看上去非常艰难。然而,它并没有看上去那么可怕。STMT使用基于Scala语言编写的脚本。出于我们的目的,我们可以简单地修改STMT团队提供的示例脚本。[①] 从下载页面(http://nlp.stanford.edu/software/tmt/tmt-0.4/)向下滚动来查看下面列出的内容。

137　文档中提供的四个脚本显示了如何将多个不同操作的工作流构建到单个脚本中。我们感兴趣的脚本是示例2和示例4。示例2创建了一个主题模型;

①　如果斯坦福大学网站上的脚本与本段中介绍的脚本不同,请使用 http://themacroscope.org/2.0/code-stmt/网站上相应的脚本。

示例 4 对它进行了切分,以便通过各种分组(如年表)在电子表格中实现可视化。

下载这两个脚本(example-2-lda-learn. scala 和 example-4-lda-slice. scala),并确保以".scala"文件扩展名保存。将它们保存在与数据 CSV 文件相同的文件夹中。我们将使用这些示例脚本作为构建模块来处理我们自己的数据。

来自 STMT 网站的示例 2 与主题模型的训练有关(http://nlp. stanford. edu/software/tmt/tmt-0. 3/examples/example-2-lda-learn. scala)。如需查看它如何工作,请使用文本编辑器(Notepad++或 TextWrangler)打开此脚本,该编辑器将自动提供行号,在检查代码时非常方便。我们早些时候在正则表达式部分使用了这些程序。

关键行是第 15 行:

```
15 val source = CSVFile("pubmed-oa-subset. csv") ～>
IDColumn(1);
```

这一行告诉 STMT 在哪里能找到你的数据,而第 1 列是唯一的 ID 号码。将示例文件名称更改为你对数据的称呼(在我们的例子中为"johnadamsscrape. csv")。它现在应该是:

```
15 val source = CSVFile("johnadamsscrape. csv") ～>
IDColumn(1);
```

第 28 行是下一个需要检查的行,在这个模块中,各行显示为(在这种语言中,注释是由两个斜杠"//"来标注的,它解释了每一行正在做什么):

```
26 val text = {
27 source ～> // read from the source file
28 Column(4) ～> // select column containing text
29 TokenizeWith(tokenizer) ～> // tokenize with tokenizer above
30 TermCounter() ～> // collect counts (needed below)
31 TermMinimumDocumentCountFilter(4) ～> // filter terms in
// filter out 60 most common terms
32 DocumentMinimumLengthFilter(5)//take only docs with >=//5 terms
33 }
```

138　　　　如果该脚本运行正常,它会在第 4 列查找文本。由于其中没有数据,你将收到错误提示"java. lang. IndexOutOfBoundsException"。你需要更改第 28 行,使其如下所示:

28 Column(3) ～＞ // select column containing text

这指示 STMT 在第 3 列中查找我们希望对其进行主题模型的实际文本(例如,如果你有第 2 列中的文本和第 3 列中的日期,你需要更改某些行)。它同时提取和筛选了可能产生干扰的常见词。对于这个语料库,我们应该尝试一下 60 是否是一个合适的数字。

最后,你可能希望检查第 38 行和第 39 行:

val params = LDAModelParams(numTopics = 30, dataset = dataset,
　　topicSmoothing = 0.01, termSmoothing = 0.01);

更改 numTopics 可以使你更改主题模型中的主题数量。保存你的脚本(我们使用的名称为"johnadams-topicmodel. scala")。在 STMT 界面中,选择文件打开脚本。选择脚本。现在你的 STMT 接口如图 4.9 所示。

138

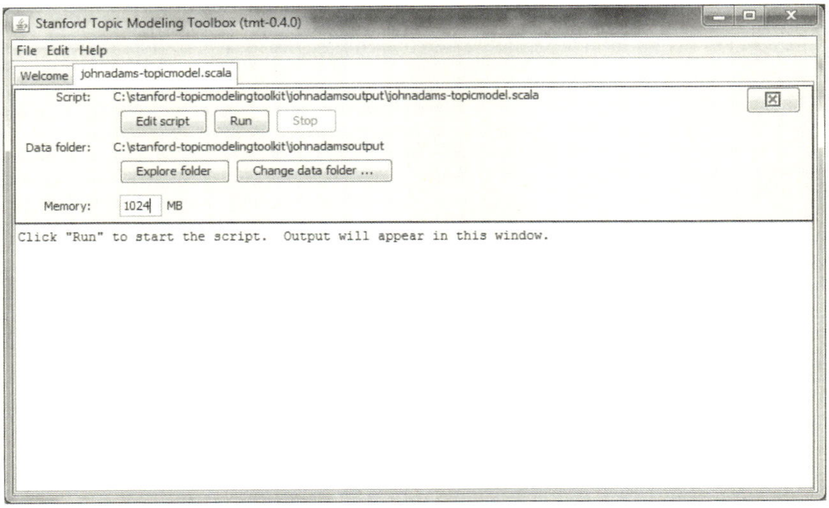

图 4.9　配置斯坦福主题模型工具箱

注:图片来源于丹尼尔·拉梅奇。

139　　　　我们发现,通过更改界面内存盒的数量来增加可用于 STMT 的内存以进行计算是有效的（默认值为 256MB，输入 1024，或输入 256 的其他倍数，以适配你机器的有效内存）。这是因为有时候，如果我们在系统中放置太多文本，系统内存空间可能会被耗尽。

　　现在单击"Run"，你应该很快会在你的目录中新建一个名为"lda-afbfe5c4-30-4f47b13a"的文件夹。请注意，生成主题的算法是我们熟悉的 LDA，如文件夹名称（该长字符串的 lda 部分）所示。

　　打开这个文件夹。里边有许多子文件夹，每个文件夹对应主题模型的一次渐进迭代。打开最后一个标记为"01000"的文件夹，里面有各种各样的 TXT 文件，你需要检查一个名为"summary.txt"的文件。该文件中的信息按主题和词语重要性排列：

Topic 00	454.55948070466843
company	24.665848270843448
came	21.932877059649453
judge	14.170879738912884
who	13.427171229569737
sir	10.826043463533079

　　如果你返回到该文件夹，还会有一个 CSV 文件显示每个日记条目上的主题分布，这些文件可以通过多种方式进一步进行可视化或探索。特别值得一提的是：STMT 能够按时间"切分"主题。

切分主题模型

　　STMT 允许我们"切分"主题模型以展示它的演变以及其对整个语料库的贡献。也就是说，我们可以在特定的时间点观察一个主题的比例。为了比较两个主题（假设有两个主题）在约翰·亚当斯日记条目整个过程的可视化结果，必须创建一个"pivot table report"（数据透视表报告）（这是在 Excel 中或类似电子表格中存在于聚合类别的数据摘要）。根据你安装的电子表格的不同类型，确切的步骤将会有所不同。 140

　　在切分脚本的代码中（http://nlp.stanford.edu/software/tmt/ tmt-0.3/examples/example-4-lda-slice.scala），留意第 16 行：

16 val modelPath = file("lda-59ea15c7-30-75faccf7");

还记得自己是否看过一堆像这样的字母和数字吗？确保报价单中的文件名称与你之前创建的输出文件夹一致。在第 24 行中，确保已插入原始 CSV 文件名称，使其如下所示：

val source = CSVFile("johnadamscrape.csv") ～＞
IDColumn(1);

在第 28 行中，确保指定的列是包含文本的列，如第 3 列（默认情况下，你将其从 4 更改为 3）。第 36 行是按日期"切分"主题模型的关键行：

36 val slice = source ～＞ Column(2);
37 // could be multiple columns with: source ～＞
Columns(2,7,8)

因此，在我们的数据中，第 2 列包含日记条目的时间信息（而第 3 列是条目本身，请检查以确保你的数据以相同的方式排列）。默认情况下，脚本要开始运行了。脚本可以包含三个独立的列，分别显示年、月、日信息，或者其他切分标准下的信息。完成编辑后，将脚本另存为"johnadams-slicing. scala"。

加载并运行这个脚本后（与先前的过程相同），你最终会得到一个类似的 CSV 文件。它的位置将会在 STMT 窗口中注明，例如对于我们来说，它是 lda-8bbb972c-30-28de11e5/johnadamsscrape-sliced-usage. csv，显示如下：

Topic	Group ID	Documents	Words
Topic 00	1753-06-08	0.047680088	0.667521
Topic 00	1753-06-09	2.79E-05	2.23E-04
Topic 00	1753-06-10	0.999618435	12.99504
Topic 00	1753-06-11	1.62E-04	0.001781
Topic 00	1753-06-12	0.001597659	0.007988

141　　　　以此类推到语料库里的每个主题、每个文档（"Group ID"）。出现在"Documents"（文档）和"Words"（词语）两列的数字并非整数，这是因为在当前版本的主题建模工具箱中，语料库中的每个词语都没有指派给单个主题，相应的数字体现的是主题分布［如"cow"（牛）在主题 4 的占比是 0.001 或 0.1%，同时在主题 11 的占比是 0.23 或 23%］。同样，Documents（文档）编号表示与该

主题相关的文档总数(再次作为一个分布)。创建数据透视表报告将帮助我们以有趣的方式将这些独立切片聚合起来,以查看我们语料库中随时间推移产生的模式演变。

创建一个数据透视表(图 4.10—图 4.15):

1. 突出显示页面上的所有数据,包括列标题(图 4.10)。

142

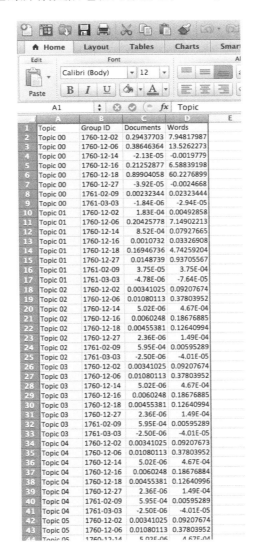

图 4.10 在 Excel 里选择所有数据

注:图片使用已获微软许可。

141   2.选择"pivot table"(数据透视表)[位于"data"(数据)菜单选项下面]。数据透视表向导将被打开。你可以将方框顶部的各种选项拖放到其他位置。在"column labels"(列标签)下面排列"topic"(主题)，在行标签下的"Group ID"(组 ID)下和"values"(值)下面选择文档或词语。在"values"下，选择"i"，并确保所表示的值是总和而非 count(计数)(见图 4.11)。

143

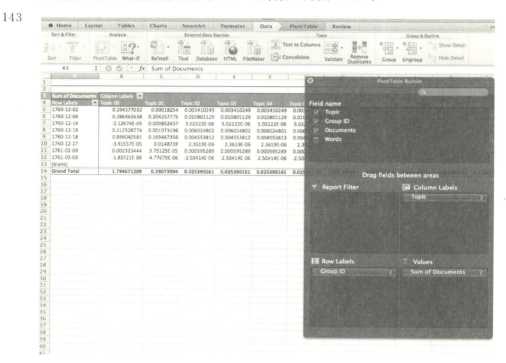

图 4.11　在 Excel 中配置数据透视表向导

注:图片使用已获微软许可。

141   如图 4.12 所示，现在你已经有了一个表格，它总结了各个主题对每份文档的贡献。现在让我们用简单的折线图来对趋势进行可视化处理。

        3.突出显示"Row Labels"(行标签)和"Topic 00"(主题 00)这两列。单击"图表"，然后是"折线图"。你现在拥有了主题 00 随时间演变的可视化结果(图 4.13)。

Sum of Documents	Column Labels										
Row Labels	Topic 00	Topic 01	Topic 02	Topic 03	Topic 04	Topic 05	Topic 06	Topic 07	Topic 08	Topic 09	Topic 10
1760-12-02	0.294377032	0.00018254	0.003410249	0.003410249	0.003410249	0.003410249	0.003410249	0.012909833	0.003410249	0.003410249	0.000121431
1760-12-06	0.386463638	0.204257775	0.010801129	0.010801129	0.010801129	0.010801129	0.010801129	0.105276728	0.010801129	0.010801129	0.000522923
1760-12-14	-2.12674E-05	0.000852437	5.02222E-06	5.02222E-06	5.02222E-06	5.02222E-06	5.02222E-06	-2.99556E-05	5.02222E-06	5.02222E-06	8.12316E-05
1760-12-16	0.212528774	0.001073196	0.006024802	0.006024802	0.006024801	0.006024802	0.006024802	0.006024251	0.006024802	0.006024802	0.000759817
1760-12-18	0.899040581	0.169467356	0.004553812	0.004553813	0.004553813	0.004553812	0.004553812	6.34014E-05	0.004553812	0.004553812	0.411937545
1760-12-27	-3.91557E-05	0.0148739	2.3619E-06	2.3619E-06	2.3619E-06	2.3619E-06	2.3619E-06	-2.66842E-05	2.3619E-06	2.3619E-06	-1.11205E-05
1761-02-09	0.002323444	3.75125E-05	0.000595289	0.000595289	0.000595289	0.000595289	0.000595289	0.580778198	0.000595289	0.000595289	0.000214639
1761-03-03	-1.83721E-06	-4.77679E-06	-2.50414E-06	-2.50414E-06	-2.50414E-06	-2.50414E-06	-2.50414E-06	-2.00765E-07	-2.50414E-06	-2.50414E-06	-6.5647E-06
(blank)											
Grand Total	1.794671209	0.39073994	0.025390161	0.025390161	0.025390161	0.025390161	0.025390161	0.699665571	0.025390161	0.025390161	0.413619901

图 4.12　在 Excel 中将数据排列为数据透视表

注:图片使用已获微软许可。

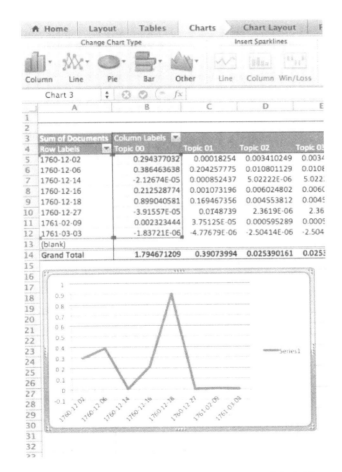

图 4.13　在 Excel 中,可视化时间推移下的单个主题

注:图片使用已获微软许可。

141　　　4.要比较时间推移下的各种主题，请单击列标签旁边的下拉箭头，然后选择你想要可视化的主题。你可能需要先取消选中"Select All"（全选），然后再单击选择。如图4.14所示的 Topic 04，Topic 07 和 Topic 11。

145

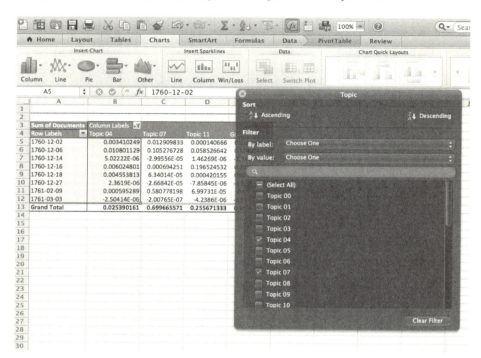

图 4.14　在 Excel 中比较时间推移下的主题

注：图片使用已获微软许可。

141　　　5.你的表格将重新填充显示的主题。突出显示行标签和列[不要突出显示"Grand Total"（总计）]。选择折线图——现在你可以看到文档中各个主题详细的演变（图4.15）。

145　　　再来看看示例的主题模型。在我们的数据中，"congress"（国会）一词出现在三个不同的主题中：

Topic 10

　　　498.75611573955666

　　　town　　　　　　16.69292048824643

　　　miles　　　　　　13.89718543152377

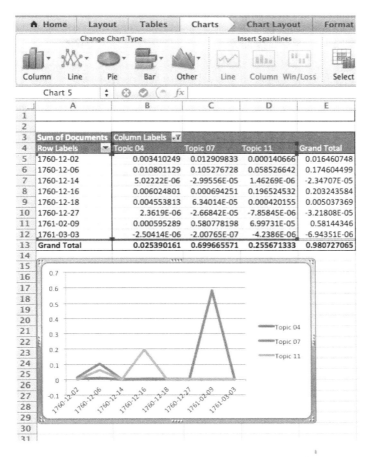

图 4.15 在 Excel 中可视化时间推移下的主题

注:图片使用已获微软许可。

| tavern | 12.93903988493706 | 145 |

[...]

congress **6.1549912410407135**

Topic 15

377.279139869195

should 14.714242395918141

may 11.427645785723927

being	11.309756818192291
[...]	
congress	**10.652337301569547**

146   Topic 18（Continued）

385.6024287288036

french	18.243384948219443
written	15.919785193963612
minister	12.110373497509345
[...]	
congress	**8.043713670428902**

147   这些数字体现了这些词语对整个主题和整个语料库整体上的重要性。主题 10 似乎围绕地方治理的话题，主题 15 似乎涉及治理在全国范围内的理想状态，而主题 18 主要围绕国家治理实际发生的事情。因此，我们可能想要探索这三个主题如何随着时间的推移相互影响，以此了解亚当斯的治理语言如何随着时间的推移发挥不同程度的作用。相应地，我们从下拉菜单中选择主题 10、15 和 18。图表会自动更新，绘制包含时间推移下这三个主题的语料库构成（图 4.16）。

    然而，解读图表会有些困难。我们可以看到 1774 年亚当斯在治理方面的"theoretical"（理论）思考峰值，以及他之后的"真实政治"写作峰值。在某个特定时段能够快速上升，这是非常不错的。在日期栏下的下拉箭头中，我们可以选择相关的时段。我们还可以将整个数据透视表（针对我们的三个主题过滤后）复制并粘贴到新的谷歌电子表格中，实现动态时间的可视化。在网站

148 http://j.mp/ja-3-topics 上就有一份类似的公开电子表格（图 4.17 是一张屏幕截图）。我们将过滤后的数据透视表复制并粘贴到空白表单中。然后我们单击工具栏上的"insert chart"（插入图表）按钮。谷歌识别出的数据将包含日期列，随后会自动选择可滚动、可缩放时间序列图表。在该图表底部，我们可以轻松地拖动时间滑块来选取我们感兴趣的时段。

147

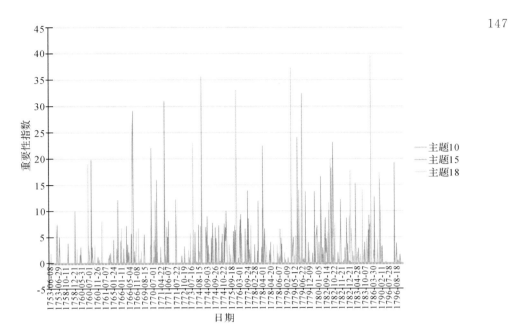

图 4.16　在 Excel 中时间推移下的约翰·亚当斯日记中的主题 10、15 和 18

注:图片使用已获微软许可。

148

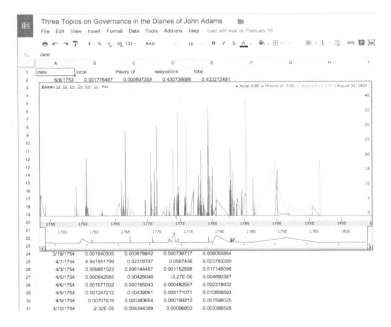

图 4.17　使用谷歌表格可视化约翰·亚当斯日记中文档和主题的时间切片

148　　　将我们的主题模型切分为时间块的能力对于历史学家来说或许是斯坦福工具最具吸引力的一点。它还接受来自 CSV 文件的输入，我们可以通过在线来源获取这些文件，这是该工具的另一个重要功能。

　　　第一次运用脚本工作可能会让人有些畏难情绪，但学习曲线表明这的确值得一学！我们建议读者将来自 STMT 网站的示例脚本完整拷贝一份保留在自己的文件夹中。然后，将其复制并粘贴到每个数据集的唯一文件夹中。

149　在 Notepad＋＋（或类似的软件）中对它们进行编辑，以选择你希望使用的特定数据集。将数据和脚本保存在一起，最好放在 Dropbox 文件夹中以作备份。在你的工作流程中，可折叠式 Google spreadsheets（谷歌电子表格）也是一个方便的工具，特别是在线共享计划或记录工作事务时。

用 R 进行高级主题建模

　　　你需要一段时间来适应在命令行使用 MALLET。它的输出文件较难处理，因为用户必须将其加载到 Excel 或其他电子表格中才能对它进行编辑。STMT 允许我们在一定程度上对主题模型进行编辑，以获得更好的可视化效果，但程序本身操作起来会有一定难度。

　　　对于输出，我们可能会做的一件事情是创建一个表格，将文档放在下边，再将我们的主题按顺序排列在顶部，用组成百分比来填充单元格。我们以这种方式排列数据后，就可以使用 Excel 中的功能来确定哪些文档与其他文档密切相关，或哪些主题之间关系密切（例如，更好地创建网络可视化效果）。这样的矩阵并不是由 MALLET 或我们讨论过的其他工具自然输出的，对于较大的数据集，创建这样的矩阵会非常耗时。可以（但并不容易）在 Excel 中创建一个帮助你完成工作的宏或脚本。在这种情况下，我们建议你尝试在 R 统计编程环境中创建主题模型。其主要优势在于，R 是一款被用来处理、编辑、重新排列大型矩阵数据，并将其可视化的工具。许多常见任务指令已经打包在一起，因此，你可以将其作为自己的命令来调用该程序包，而不是从头开始编写。R 还使其他人能够**重现**你做过的事，一个新的想法随之产生：另一位历史学家可以处理你的数据并根据这些来扩展或批评你的观点。

R 的入门指南

首先，我们需要下载 R 和 RStudio：R 是一种编程语言；RStudio 是一个用户界面，能够使 R 的运行更加便捷。你可以登录以下网址下载 R：http://cran.rstudio.com（为你的操作系统选择合适的版本）。然后你可以在后面网址中下载 RStudio，并请确保选择的是免费的开源版本：http://www.rstudio.com/products/rstudio/download/。两者都有标准的安装过程，就像你运行其他软件一样。

RStudio 使用图形界面，允许你为项目创建"工作区"。你可以将数据加载到工作区中，以此执行命令，并将输出保存在此工作区中（所有这些都不会改变你的原始数据）。保存和重新加载工作区的功能可以让你从上次退出的位置继续操作。

我们不打算在本节全面介绍 R，或是如何使用 R 环境。有许多优秀的在线教程能帮助你入门。保罗·托夫斯（Paul Torfs）和克劳蒂娅·布劳尔（Claudia Braur）对 R 进行了很好的整体性介绍。[①] 强烈推荐你学习弗莱德·吉布斯（Fred Gibbs）介绍使用 R 计算文档相似度的教程。[②] 本·马威克（Ben Marwick）也有一个很棒的教程，内容包括使用 R 的方方面面，以及如何在 R 中编程。[③]

有一点需要注意，像马威克一样，许多人通过 GitHub 分享他们完成不同任务所使用的脚本。要看到这一操作，参见马威克的教程（https://gist.github.com/benmarwick/5403048）并单击"download gist"（下载要点）键（此要点中包含三份文件）。你将收到一个压缩文件夹，其中包含一份名为"short-intro-R.R"的文件。将该文件解压缩到桌面。然后，在 R 环境中选择

150

---

① Paul Torfs and Claudia Brauer（2014-03-03），"A（Very）Short Introduction to R," http://cran.r-project.org/doc/contrib/Torfs+Brauer-Short-R-Intro.pdf. 另外一个非常好的 R 交互式教程可以在 codeschool.com 上获得，codeschool.com 可在后面的网址中打开：http://tryr.codeschool.com/。

② Fred Gibbs（2013-06-04），"Document Similarity With R," http://fredgibbs.net/tutorials/tutorial/document-similarity-with-r/.

③ 可从后面的网址下载：https://gist.github.com/benmarwick/5403048。另一个版本可在后面的网址中找到：http://themacroscope.org/2.0/datafiles/gist5403048。此文件夹中的其他文件，包含马威克提供给班级成员的笔记，里面提供了更多的信息，并且可以在 RStudio 中打开。

"file"(文件)、"openscript"(打开脚本),浏览至"short-intro-R. R"并选中它。我们这里主要是向你介绍如何运行其他人的程序,并按照自己的研究需求稍加改动。

打开一个包含该脚本的新窗口。在该脚本中,任何以"♯"开头的行都是注释行。R 在运行代码时会忽略所有的注释行。你现在可以在脚本中运行每个命令,也可以每次运行一行来检查是否有错误。如果要每次运行一行脚本,请将光标放在行的开头,然后在 Windows 上按"Ctrl+R"或在 OS X 上按"Command+Enter"。你将看到显示在主控制窗口中的行。由于马威克脚本中的第 1 行以"♯"开始(表明该行是注释行),因此复制这一行不会发生其他情况。按"Ctrl+R"或"Command+Enter","2+2"被复制到控制窗口中。R 将直接在下面给出结果"4"。

当你继续阅读马威克的脚本时,你会看到一些其他的方法被用于数据处理。在第 35 行中,你创建了一个名为"a"的变量并将其赋值为 2;在第 36 行中,你创建一个名为"b"的变量并将其值设为 3。你在第 24 行输入"a+b"之后,R 将输出"5"。我们推荐你看一个优秀的在线互动教程,其中介绍了 R 的基本思想(http://tryr. codeschool. com/)。

借助他人的软件包扩展 R

有时候,你会看到类似这样的一行代码:

library(igraph)

这一行将指示 R 使用一个特定的包,这个包将为 R 提供更多的工具和算法来处理你的数据。如果该软件包未安装,你将收到一条错误提示。如果发生这种情况,你可以通过下列命令轻松指示 R 安装该软件包:

install. packages("igraph")

R 会询问你想使用哪个下载站点(称之为"镜像"),你可以选择一个地理位置接近你的站点以获得最快的下载速度。这些镜像是包含所有最新版本软件包的存储库。

在 R 中使用明诺的 MALLET 包

大卫·明诺(David Mimno)在 R 中为 MALLET 编写了一个包。明诺的包直接在 R 内部安装了 MALLET 的主题建模工具，从而获得了更高的使用效率，并将 R 的全部优势用于对结果数据的分析和可视化处理上。你不必在你的机器上安装 MALLET 的命令行版本来使用明诺包：包是 MALLET，或者至少是做主题的部分建模。[①] 由于 MALLET 是用 Java 编写的，因此包装器将安装 rJava 软件包以使其可以在 R 中运行。

要在 R 中使用 MALLET 包装器，只需键入（请记住，在 R 中，任何带"＃"的行都是注释行，不会被执行）：

＃第一次使用它时，你必须进行安装：install.packages("mallet")

＃随后，R 会向你询问想从哪个"镜像"（存储库）安装。选择一个靠近你的站点。

＃在你安装它之后运行以下命令：require(mallet)

如果你发现无法启用，或者出现错误提示，请参阅本书网站上有关"Working with R"（R 的使用）的章节 http://themacroscope.org/2.0/extra-help-with-r。

现在，你可以使用整套命令和参数了。可以在网址 http://themacroscope.org/2.0/code-r 的代码部分找到用 MALLET 附带的示例数据的简短演示脚本（你已经在本章前面的介绍中下载过这些数据，包的完整手册可以登录 http://cran.rproject.org/web/packages/mallet/mallet.pdf 查找；我们的示例是在明诺例子的基础上编写的）。打开它。我们不会提供每一行代码，所以我们鼓励你在这份介绍性手册的指导下，自己尝试利用网上找到的脚本。不过我们会对重要的代码进行解释。

让我们更详细地看看如何利用这个脚本来构建主题模型。

documents<-

[①]　这个包有一个十分有趣的使用实例，请打开后面网址，参阅本·马威克 2013 年对于考古学日的分析(https://github.com/benmarwick/dayofarchaeology)。他在 GitHub 上发布了他在该平台上用于分析以及用于执行分析的脚本，使其成为公开数据、数字方法和讨论的有趣实验。

152

```
mallet. read. dir("mallet-2. 0. 7/sample-data/web/en/")
```

这一行创建了一个名为"documents"的变量,它包含你希望分析的文档的路径。在 Windows 系统中,你需要包含完整路径,即"C:\\mallet-2. 0. 7\\sampled-data\\web\\"。这是你解压 MALLET 时样本数据的默认位置;如果你更改了文件夹名称,则需要更改路径。在该目录中,每份文档都是唯一的文本文件。现在我们需要将这些文档导入到 MALLET 中。我们通过运行以下命令来实现这一点:

```
mallet. instances <- mallet. import(documents $ id,
documents $ text,"mallet-2. 0. 7/stoplists/en. txt",token. regexp
= "\\p{L}[\\p{L}\\p{P}] + \\p{L}")
```

153

这很复杂,但简单来说是将你的文档作为一个名为"mallet. instances"的新对象引入 R。也就是说,一个包含所有文档的列表连同其相关文档一起由其 id 列出,其中停用词表被用来过滤常用的停用词,并使用正则表达式来保留所有的 Unicode 字符序列。你有必要问问自己:MALLET 提供的默认停用词列表是否适合自己的文本? 是否需要添加或删除一些词? 你可以在任何文本编辑器中创建停用词列表,方法是打开默认列表,根据需要添加或删除,然后使用新名称和扩展名". txt"保存。下一步是为我们的主题模型创建一个新文件夹:

```
n. topics <- 30
topic. model <- MalletLDA(n. topics)
```

我们创建了一个名为"n. topics"的变量。如果你重新运行相应分析以探索更多或更少的主题,你只需将这一行更改为你需要的数字即可。现在我们可以将我们的文档加载到文件夹中:

```
topic. model $ loadDocuments(mallet. instances)
```

此时,你可以借助文档的词语和词频信息来探索文档中词语的使用模式,包括:

```
vocabulary <- topic. model $ getVocabulary()
word. freqs <- mallet. word. freqs(topic. model)
```

如果你现在输入:

```
length(vocabulary)
```

你会得到一个数字——这是文档中词频为 1 的词的数量。你可以检查前 100 个单词:

vocabulary[1 : 100]

正如明诺在他代码注释中记录的那样,这些信息可能对你制定停用词列表大有帮助。乔克斯(Jockers)还向我们展示了如何使用"head"命令(返回数据矩阵或数据帧的前几行)来探索这些单词的一些分布:

head(word. freqs)

你将看到一张带有词语以及"term. freq"和"doc. freq"两列信息的表格。 154
这显示了相应词语出现在语料库中的次数以及包含它们的文档的数量。

该脚本会为主题模型设置优化参数。其实,你可以调整模型。[①] 在这一行设置"hyperparameters"(超参数):

topic. model $ setAlphaOptimization (20,50)

你可以运行这些代码以查看会发生什么情况,或者选择忽略这一行并接受 MALLET 的默认设置。接下来的两行会生成主题模型:

topic. model $ train(200)

topic. model $ maximize(10)

第 1 行告诉 MALLET 需要处理多少轮或迭代多少次。更多的尝试有时可以引出更好的主题和集群。乔克斯发现在达到稳定水平之前,建模的质量会随着迭代次数的增加而提高。[②] 当你运行这些命令时,输出将在算法迭代时滚动。每次迭代时,它也会为你提供该主题可能出现的概率。

现在我们要检查主题模型的结果。这些行采用原始输出并将其转换为概率:

doc. topics <- mallet. doc. topics(topic. model,smoothed = T, normalized = T)

topic. words<- mallet. topic. words(topic. model,smoothed = T,

---

①　Hanna Wallach, David Mimno and Andrew McCallum (2009), "Rethinking LDA: Why Priors Matter," in *Proceedings of Advances in Neural Information Processing Systems* (NIPS), 22, 1973-1981, Vancouver: Curran Associates.

②　Matthew Jockers(2014), *Text Analysis with R for Students of Literature*, New York: Springer.

```
normalized = T)
```

最后一步的转换将为我们提供一个电子表格,其中主题在下方,文档在上方[将它与命令行中的 native(局部)MALLET 输出进行比较]。

```
topic. docs <- t(doc. topics)
topic. docs <- topic. docs/rowSums(topic. docs)
write. csv(topic. docs,"topics-docs. csv")
```

这个脚本在你第一次使用时不能"开箱即用",因为你的文件和我们的存储路径可能不同。要成功使用,你需要更改特定行,在你的电脑上指定适当的存储位置(无论是 Windows、OS X 或是 Linux 系统)。请认真学习这个范例。你是否能看到需要更改哪些行以访问自己的数据?

这对于你将来使用 R 进行工作来说是一个很好的开始。如果你想用自己的数据来测试,你可以通过第 21 行的文件来更改目录。你也可以尝试几种方法在 R 中可视化这些结果。首先,使用以下代码创建一些主题标签:

```
＃获取包含主题短名称的矢量
topics. labels <- rep("",n. topics)for(topicin1:n. topics)
topics. labels[topic] <- paste(mallet. top. words(topic. model,
topic. words[topic,],num. top. words = 5) $ words,collapse = "")
＃查看每个主题 topic. labels 的关键字
＃将这些写入文件 write. csv(topics. labels,"topics-labels. csv")
```

创建主题模型后,我们现在可以创建主题的聚类图。以下代码将发挥作用:

```
＃以文档为列,主题为行创建 data. frame
topic_docs <- data. Frame(topic. docs)
names(topic_docs) <- documents $ id
＃基于共享词进行聚类
plot(hclust(dist(topic. words)),labels = topics. labels)
```

这些行根据主题中使用词语的相似性创建了一个文档聚类图。想象一下试图在 Excel 中执行类似可视化的情景。R 是一个非常强大的编程环境,可用于分析历史学家遇到的各类数据。有关将 R 用于主题模型和跨文本可视化模式的有趣示例,请参阅本・马威克的《考古学日的远距离阅读》(*A Distant*

Reading of the Day of Archaeology），网址为 https://github. com/benmarwick/dayofarchaeology。

　　网上有许多关于可视化和处理数据的在线教程，建议你去查看马修·约克斯的《适用文学学生的 R 语言文本分析》（*Text Analysis with R for Students of Literature*）（http://link. springer. combook10. 1007/978-3-319-03164-4）。如果你　156希望进一步探索 R 的潜力，可以将其作为下一个努力的方向。

关于使用他人工具的附带条件

　　工具和平台一直在变化，所以开发人员要进行很多工作以确保它们能持续运作。我们非常喜欢的一个工具叫作 PaperMachines（http://papermachines. org），它极具前景，因为它允许用户将采集到的材料保存在 Zotero 参考文献管理器中。它由乔·高尔迪（Jo Guldi）和克里斯·约翰逊-罗伯森（Chris Johnson-Roberson）开发创建。[①] 它是一个在 Zotero 中安装的插件，一旦启用，右键单击 Zotero 库中的一个集合，即可使用包括主题建模在内的一系列上下文命令。在撰写本文时，它的使用要求还比较高，而且很大程度上取决于你的系统如何配置。但是，它仅存于 0.4 版本中，这意味着它实际上仅仅是原型。这将是一件值得注意的事情。在 http://themacroscope. org/2.0/paper-machines 中你可以看到 Paper Machines 渴望做的很多事情。

　　我们在这里提到这一点，还为了强调数字设计工具更新换代的速度。当我们最初撰写关于 Paper Machines 的文章时，我们能够对约翰·亚当斯的日记进行主题建模和可视化处理，并使用 Zotero 来抓取页面内容。当我们在几个月后重新审视这些工作流程时，考虑到我们对自己的机器所做的更改（更新软件、移动文件夹等，以及更改约翰·亚当斯日记网站的 HTML），我们的工作流程已经不再有效了。使用数字工具有时没有必要更新软件。相反，要记住相应的工具适用于哪些其他版本的支撑块。将那些适用于研究和相关设置的工具副本进行归档，并在软件运行过程中保存笔记。只需单击一下，开源软

---

　　① 这个插件的代码是开源的，可以在后面网址中找到：https://github. com/chrisjr/papermachines。Paper Machines 的网址为 http://papermachines. org。

件就可以在 GitHub 上被"分散"（复制）开来。这是一个我们都应该养成的习惯（不仅会给我们提供存档软件，还会提供一种引证网络，展示该软件一直以来的影响）。在数字化工作中，仔细记录有效的工具以及运行的条件，对确保研究的可重复性至关重要。历史学家不习惯考虑研究的可重复性，这会成为一个问题。

结论

在本章中，我们介绍了一些有助于主题模型适配文本的工具：从一个文档到整个日志，再到多个文档。不同的工具拥有不同的算法，以特定的方式实现主题建模，从而产生独特的输出。这是需要强调的一点！事实上，这种用于人类历史学的数学方法在我们每次运行时产生的并非相同的模式，而是概率结果的分布。对于我们来说，这可能会有些令人费解，但我们不能在运行主题模型时接收表面的结果数值并将其视作语料库的"正确"答案，我们一定要抵御这种诱惑。

主题建模会产生假设、新观点和新问题：不是简单的答案，更不是某种神话般的"真相"。结果的可视化是科学也是艺术，它引入了新层次的解释和参与。在我们的配套网站上，我们撰写了一篇文章，使用主题建模理解《加拿大传记词典》（*Dictionary of Canadian Biography*）中的史学话语，这是一本多作者的多卷著作，探讨了超过 8000 名加拿大历史人物的生活（http://themacroscope.org/2.0/8000-canadians）。在阅读这篇文章时，请你也考虑一下对其进行主题建模以及将结果可视化的选项。在这些选择中，我们的方法合理吗？不同的工具如何改变我们的观点，从而改变我们的结论？可视化是否有助于证明我们的论点，或者是否与我们的论点相悖？当你看到别人的主题建模时，不要不假思索地接受它。相反，要了解其隐藏的信息和陷阱，你必须了解这些工具的工作方式和局限性。安德鲁·戈德斯通（Andrew Goldstone）和泰德·安德伍德（Ted Underwood）发表了一篇文章，名为"安静的文学改革：一万三千名学者可以告诉我们什么"（The Quiet Transformations of Literary Studies：What Thirteen Thousand Scholars Could Tell Us）。这其实是一个主题建模,与学者写过哪些关于文学史的文章有关。^① 戈德斯通为了支持上文的结论建立了一个"主题浏览器",并发表了一篇博文详细介绍浏 158 览器的结构以及带来的启示。^② 戈德斯通写道:

> 当社会科学家和自然科学家咬紧牙关,学会在需要的时候编程和制作可视化图表以支持他们的分析时,我们人文学者也必须这样做。在解决专家研究的问题方面,现成的解决方案不尽如人意。现有的应该只是一些部件,而研究人员知道如何将它们整合起来。

在下一章中,我们会花一部分时间考虑如何对所有这些数据进行可视化。我们不应该低估优秀可视化的影响力。伴随着可视化和优秀设计原则的讨论,我们注意到了一种越来越受欢迎的、特殊的可视化类型:社会网络图。社会网络分析及其可视化得以在很大程度上结合在一起;但完全有可能只能保证完成两者之一。我们将在最后两章中论证,历史学家需要了解社会网络分析,以此作为表达和探究过去历史人物之间社会关系的一种方式。只有到了那个时候我们才能考虑如何表征网络。正如你所见,网络图往往不是最好的选择。

---

① Andrew Goldstone and Ted Underwood (2014-05-28),"The Quiet Transformations of Literary Studies:What Thirteen Thousand Scholars Could Tell Us,"https://www.ideals.illinois.edu/handle/2142/49323.

② 参见 Andrew Goldstone (2014-04-29),"The Quiet Transformations of Literary Studies,"*AndrewGoldstone.com*,http://andrewgoldstone.com/blog/2014/05/29/quiet/。

第五章　让你的数据变得条理清晰：可视化的基本介绍

本书介绍到这里，你已经了解了如何收集数据，接下来我们要开始探索将数据可视化的各种方法。虽然历史学家经常利用图表，但历史学家接受的训练几乎没有涉及信息可视化的原理。在这里，当历史学家关注数据可视化时，我们提供各种问题的指导。

现在应该清楚一点，通过宏观视角探索历史将涉及可视化。可视化是对数据进行转化、压缩或其他处理的方法，以便数据使用者以新颖的、有启发性的方式审视数据。效果良好的可视化可以快速呈现数小时的详细研究结果，或者可以在极短的时间内表达一个复杂的概念。如果使用不当，可视化也可能会欺骗、迷惑你或是让你进行歪曲的报道。可视化有哪些类型？为什么你会选择某种可视化类型而不是另外一种？我们应该如何使用可视化技术才最高效？我们还将探索历史学家曾用于增强修饰和分析效果的几种可视化类型。

为什么进行可视化？

13 世纪的佛教经典韩文版有 16.6 万页，超过 5200 万字。刘易斯·兰开斯特(Lewis Lancaster)将这样的语料库传统分析描述为：

以前研究佛经的方法是传统的分析方法，仔细阅读具体的文本例子，然后再通过明确的语料库搜索其他例子。当面对 16.6 万页的语料时，这种方法就暴露出了局限性。结果是，分析是在没有完全搞清楚整个文本中目标词使用的情况下进行的。也就是说，我们的研究成果通常是由外部因素决定并受外部因素限制的，例如可操作性、文本可得性和文字材料

　　的篇幅。为了克服这些问题,学者们倾向于减少样本容量,这被认为是重要的学术先例。[1]

　　随着技术的进步,旧的限制不再存在。兰开斯特和他的团队努力开发了一个搜索界面(图 5.1),使历史学家能够看到字形随着时间演变的过程和使用情况,从而可以立刻有效地研究整个文本。历史学家不再需要选择文本的某些部分进行研究,他们可以很快看到语料库中查询最常出现的地方,并从那里着手。

161

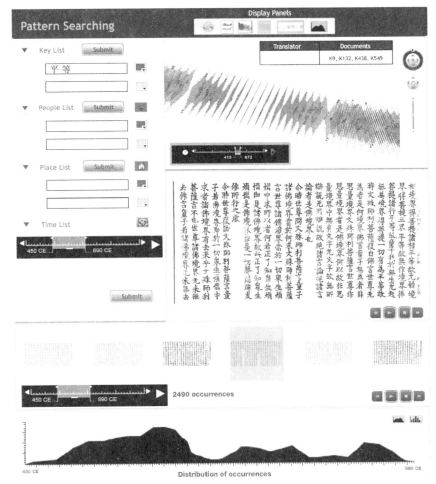

图 5.1　兰开斯特用于研究字形随时间演变的界面的屏幕截图

---

① Lewis Lancaster, "From Text to Image to Analysis: Visualization of Chinese Buddhist Canon," http://dh2010.cch.kcl.ac.uk/academic-programme/abstracts/papershtmlab-670.html.

160 　　这种远距离阅读的方法，即寻找文本中查询对象最密集的地方，已经变成了一种常规手段，因而看起来不再像是一种可视化方法。亚马逊的 Kindle 具有一个名为 X-Ray 的搜索功能，它允许读者搜索一系列词语，并查看这些词语出现在文本中的频率。在谷歌的网络浏览器 Chrome 中，在网页中搜索一个词，右侧的滚动条会将搜索词突出显示，这样就可以很容易地看到该词在整个页面的分布情况（图 5.2）。

162

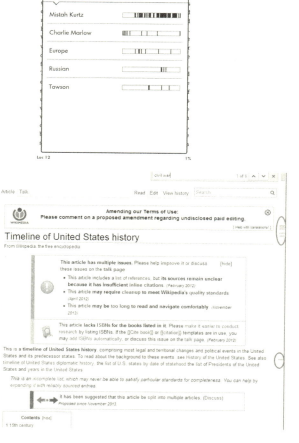

图 5.2　亚马逊的 X-Ray 搜索与 Google Chrome 的滚动条搜索并置术语指标

注：图片由阿斯拉克·拉内斯（Aslak Raanes）提供。

使用可视化显示文档中词语或主题的分布是一种有效的方式,可以从语料库中获取要查询词语的位置和频率,而这仅是信息可视化处理的众多方式的一种。信息可视化的用途一般分为两类:探索和交流。

探索

在一开始得到或创建数据集时,可视化对于准确了解哪些数据可用以及它们如何相互关联有很大帮助。事实上,即使在数据集完成之前,可视化也可用于识别数据收集过程中的错误。想象一下,你正在从图书馆的几百本藏书中收集元数据,记录发布者、发布日期、作者姓名等信息。通过 Excel 等软件轻松实现的简单可视化操作,可在识别错误信息方面提供极大的帮助。从图 5.3 中可以很容易地发现,输入图书出版日期数据的人无意中把其中一本书的出版时间输成了"1909",而不是"1990"。当数据以图表的形式展现时,数据输入中的错误很快就会被识别。 161

163

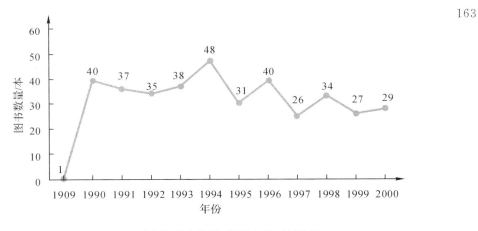

图 5.3　图书馆藏书数量(根据出版时间统计)

同样,可视化可用于在电子表格中快速了解所输入数据的结构。在图 5.4 中,大学工资水平的可视化图表帮助我们轻松找出哪个部门的教师工资最高以及展现工资的分布情况。它利用了最新版本 Excel 中的基本功能。 163

164

Name	Department	Salary
Anon 13	Chemistry	$248,045
Anon 7	Economics	$213,467
Anon 17	Economics	$172,500
Anon 6	Chemistry	$154,487
Anon 15	Chemistry	$145,723
Anon 4	Economics	$133,541
Anon 12	Chemistry	$128,953
Anon 16	English	$122,885
Anon 19	English	$117,203
Anon 14	Economics	$115,341
Anon 20	English	$110,136
Anon 21	Chemistry	$107,000
Anon 8	English	$105,038
Anon 18	English	$104,916
Anon 2	English	$74,206

图 5.4 大学工资水平的可视化图表

163　　　　更复杂的数据集可以用更高级的可视化方式进行探索，而且这种探索可以用于掌握手头数据，理解一个数据点相对于另一个数据点的细节等。可视化工具 ORBIS 允许用户研究古罗马世界的交通网络，它详细地展示在一定条件下从罗马到康斯坦丁的最有可能的路线，而系统会邀请用户调整这些条件，比如起始和终点城市，以寻找适合自身研究问题的最佳路线。

　　　　在分析大型数据集时，像这样的探索性可视化操作成为研究过程的关键组成部分。它们在假说形成的解释过程中提供了额外的佐证，具有良好的效果。你可以用数据集开始你的研究，也可以从它的含义以及含义的一些预先假设开始你的研究，但不存在一个用于讨论的、结构良好的论点。探索性可视化使你能够注意到那些可能被忽略的趋势或异常值，而这些趋势或异常值可能需要进一步的详细解释或讨论。对这些观点进行仔细的历史研究可能会揭示出更有趣的值得探究的方向，之后可将它们融入未来的可视化探究之中。

164　　　交　流

　　　　研究阶段告一段落之后，可视化仍然发挥着重要的作用，它有助于将复杂的数据关系转化为易于理解的成分。正确的可视化可以用单个图形代替数个

165　文本页面，并且保证传递的信息量的一致性。例如，由本·施密特创建的可视

化(图5.5)展示了历史论文中提及某些年份的频率。① 此图清晰地表明绝大多数论文讨论的是1750年以后的年份，并在美国内战和世界大战这两个时间点达到峰值。图表虽然确实准确描述了趋势，但并没有体现出论文提及年份的早期和晚期之间的巨大差异，也没有提到1970年以后论文数量的突然下降。

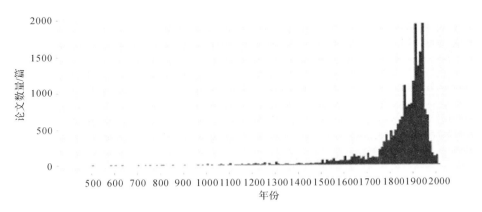

165

图5.5　毕业论文题目中提及的年份

注：图片来源于本·施密特。

出版物中的可视化通常(但并非总是)用于增进读者对所描述内容的理解。使用可视化技术可以吸引读者或同行评审的眼球，使研究更加引人注意，令人难忘或更值得发布，这同样十分常见。在一个高度重视量化的公众世界中，可视化可能会为一项研究提供一份合法性的依据，这种合法性可能存在，也可能不存在。我们不会评论可视化带来的道德影响，但我们确实注意到，这种可视化越来越普遍，看起来在成功分析数据，在同行评审中佐证案例，或帮助你向普通大众进行科普等方面发挥了重要作用。但至于是否可以为了达到目的而不择手段，我们就留给读者来评判了。

165

① Ben Schmidt (2013-05-09), "What Years Do Historians Write About?," http://sappingattention. blogspot. ca/2013/05/what-years-do-historians-write-about. html.

166   可视化的类型

到目前为止，我们使用了**信息可视化**这个术语，却没有对其进行解释说明，也没有将其与其他相关术语进行辨析。我们特此补充：信息可视化是将抽象数据绘制为图形变量，以通过视觉效果呈现信息的方法。我们使用这些呈现方式来增强我们读取数据的能力。我们不能仅通过记忆和仔细思考来感知数据中的所有关系，可视化可以使这些关系更加明朗。

信息可视化不同于**科学可视化**，它所要呈现的数据不同，呈现数据的方式也不同。科学可视化保持了一个特定的空间参考系统，而信息可视化则没有。分子、天气、发动机和大脑的可视化都属于科学可视化，因为它们都有物理实例，并且它们的视觉形式已经被保存在可视化中了。另一方面，柱状图、散点图和网络图都是信息可视化图，因为它们在没有固有空间性的空间数据中进行布局。一张**信息图**通常是信息和科学图像的结合体，嵌入在一个非常明确的叙述中，并标有大量的文字。

这些类型的边界是不固定的，一些可视化具有多种类别的特征。例如，大多数信息可视化包含一些文本，我们创建的任何可视化都被赋予描述和目的，无论我们是否意识到我们已经这样做了。一个真正"客观"的可视化，即让数据为自己发声的可视化是不存在的。我们决定如何对数据进行编码，以及呈现哪些数据，会极大地影响读者对我们的可视化图表的理解。

可视化在静态、动态和交互上也有所不同。该领域的专家认为，最强大的可视化是静态图像，其具有清晰的图例和明确的观点，但这一观点可能会随着越来越强大的交互式呈现手段而发生变化，交互显示可以加强用户对数据的控制。最好的现代实例出自《纽约时报》可视化团队。[①] **静态可视化**指的是那些不能移动且不能被操纵的可视化；**动态可视化**是短时动画，可以显示随着时间推移或跨越其他变量的变化；**交互式可视化**允许用户实时操纵图形变量本身。通常，由于变化的盲目性，动态可视化可能会比有序的静态可视化更容易

---

① 参见 *New York Times* 的数据分析与可视化博客（http://www.nytimes.com/upshot/）。

造成混淆，信息也更有限。交互式可视化有可能使接收者信息过载，特别是在控制条件较多且不直观的时候。可视化的关键是在清晰度和灵活性之间取得平衡。

除了柱状图和散点图，还有更多可视化选项。学者们正在不断创造新的变体和可视化组合，这一研究已经有数百年的历史。尽管我们将尝试解释许多更常见的可视化种类，但是要列一个信息已经被或是可以被可视化的详细清单列表是不现实的。我们的分类标准受到 visualizing.org 的影响，该网站致力于对有趣的可视化类型进行分类，但我们也从其他许多来源获取示例。

统计图表和时间序列

统计图表可能是所有读者最熟悉的图表。当为了交流目的而进行可视化时，请务必牢记你的读者觉得哪些可视化类型更加清晰易懂。有时候，最适合工作的可视化是那些最易于理解的可视化类型，而不是那些描绘手头数据准确性最高的可视化类型。尤其当你需要一次表示多个抽象变量时，你可以创建一个可视化图，其颜色、大小、角度、位置和形状都代表数据的不同方面，但可能会因为太过复杂而难以辨认。

图 5.6 是一个基本的**柱状图**，它是按照流派分类的一个小集合中保存的非小说类图书的数量。数据的一个维度是类型，属于定性变量，并且每个维度都在第二个类别即图书数量上进行比较，后者是定量的。具有两个维度的数据，一个是定性的，另一个是定量的，通常最好用这样的柱状图表示。

有时你希望将数据可视化为整体的一部分，而不是以绝对值的形式显示。在这些情况下，如果数据中存在相同的定性或定量区间，大多数将直接依靠图 5.7所示的**圆饼图**来表示。这往往是一个糟糕的选择：圆饼图容易混淆，而且人们难以理解圆饼图的每一区域，随着类别数量的增加，这一问题将愈加凸显。

相同的数据可以呈现为**堆积式柱状图**（图 5.8），从而产生更清晰的可视化图。此图也显著减少了读者的认知负荷，因为他们只需要比较数据柱的长度，168 而不是尝试计算圆饼图里面每一个区域的面积。

168

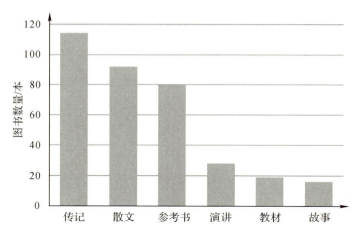

图 5.6　基本的柱状图

168

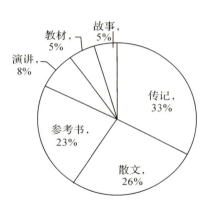

图 5.7　圆饼图

169

所有藏书

图 5.8　堆积式柱状图

168　　　　当两个变量都是定量变量,而不是由一个定量和一个定性变量组成时,最常用的可视化手段是**折线图**或**散点图**。例如,在表示按出版年份排列的馆藏

图书的数量时，横轴（x 轴）表示年份，而纵轴（y 轴）表示图书的数量。每个（x， 169
y）点之间画出的线表示我们假设这两个数据点在某种程度上彼此相关，并且
向上或向下的趋势具有某种含义（图 5.9）。

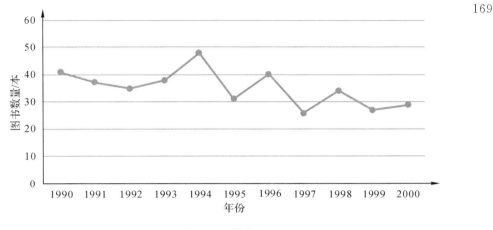

图 5.9　折线图

我们可以用趋势线代替年份之间的线，这个趋势线表明随着时间的推移， 169
数据点的总体向上或向下趋势（图 5.10）。这反映了我们的假设，即不仅每年
的变化都有意义，而且还有一些潜在因素导致总体数量在整个时间段内向上
或向下移动。在这种情况下，似乎平均而言，收集的图书数量随着出版日期的
接近日益减少，这可以很容易地解释为图书馆做出购买图书的决定需要花费
一定的时间。

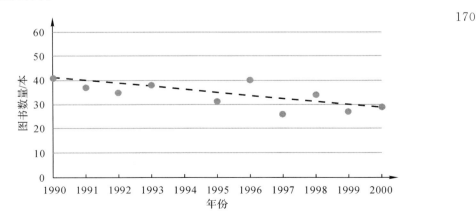

图 5.10　用点上的趋势线代替年份间连线后的折线图

170 散点图具有额外的优势，即可以适应更多的数据维度。图 5.11 中的散点图比较了数据的三个维度：流派（定性）、集合中每个流派的图书数量（定量），以及每个流派图书的平均页数（定量）。例如，它向我们展示了这些藏品中包

171 含了不少传记，但传记的平均页数比参考书少得多。散点图在任何变量之间都没有显示出可辨别的趋势或相关性，并且在可视化过程中没有出现新的见解。

170
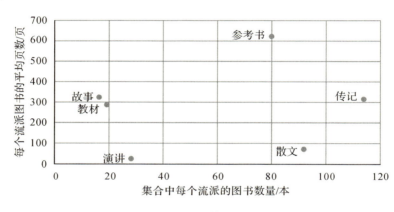

图 5.11 散点图

171 **直方图**是一种对于陌生人来说特别有用且极具欺骗性的可视化图表。它似乎是一个垂直柱状图，但是除了代表分类数据之外，直方图的水平轴通常也表示定量数据，以特定方式进行细分。换言之，在柱状图中，类别可以在不改变可视化含义的情况下重新排列，而在直方图中，数据柱的类别有一个明确的顺序。例如，图 5.12 为大学课程成绩分布的直方图。字母等级除了按照图中所示的顺序排列之外，其他的排列顺序都毫无意义。另外，直方图会表示某些值的分布；也就是说，数据柱的高度永远不能代表像温度或年龄那样的变量，而是代表某种值出现的频率。在图 5.12 中，数据柱的高度表示大学课程中学生获得特定成绩的频率。

  图 5.12 表明学生成绩的分布不符合真正的钟形曲线。成绩分布符合钟形曲线表示在这个班级中获得 A 成绩的学生数量同获得 F 成绩的一样多，而这条曲线表现出对 A 的倾斜。对于教过课的人来说，这并不令人惊讶，但它是一种有用的可视化，可用于显示与预期分布存在的差异。

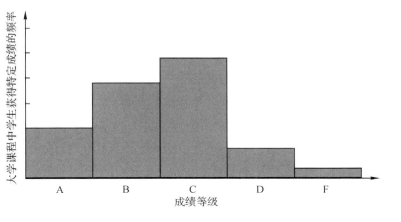

图 5.12 直方图

　　尽管它们看起来很简单,但这些非常基本的可视化统计图表可以成为非
常有用的分析基础。图 5.13 中的可视化图表显示 1580—1700 年英文印刷文
本中词语"aboue"(关于)和"above"(以上)(同一词语的拼写变化)使用频率的
变化。山姆·凯斯兰尼米(Sam Kaislaniemi)在一篇博客中写道,在二十年的
时间里拼写差异似乎发生了巨大的变化,这实在令人惊讶。这引发了进一步
的研究,也才有了后来长篇博客的发表和对同一时期的其他数据集的研究。

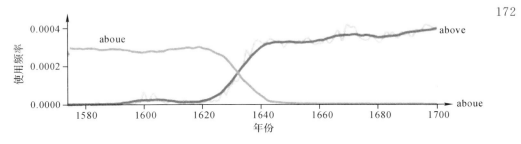

图 5.13 "aboue"(关于)和"above"(以上)的词频变化

注:由阿努潘·巴苏(Anupam Basu)提供。

地 图

　　基础性地图也应该被视为一种可视化图表,通常(但并非总是)会将纬度和经度坐标(地图,当然还有早前的坐标系统)可视化。即使是这些看起来很直接的表征也面临诸多重大的选择,因为将二维坐标放置到三维世界中意味着要对地图投影的类型做出复杂的选择。例如,墨卡托投影,它的一个变体版本被用于标准 GIS 地图坐标系统 WGS84 中,而网络版墨卡托投影被用作谷歌地图的基础(它本身是许多数字化历史项目的核心),使得靠近两极的图形变得更大。这种可视化方法意味着格陵兰岛看起来可能会像非洲一样大,比实际上大 14 倍。正如地理历史学家吉姆·克利福德(Jim Clifford)在阅读我们开放的在线版本时对我们说的那样,"制图既是一门艺术,也是一门科学"。虽然很多选择都不在本书讨论的范围内,但它们非常重要。

173 内容添加到地图后,它可能会获得一层或多层信息可视化。最常见的一种地理可视化工具是**等值线图**,其中有界区域用颜色和阴影表示一些统计变量。等值线图的常见用途包括代表人口密度或选举结果。等值线地图应该用于相对值而不是绝对值,否则更大的区域的颜色仅仅因为人们有更多的居住空间,而可能会不成比例地变得更深。

出于某些目的,等值线表示密度时的间隔尺度较小。在 19 世纪 50 年代,伦敦爆发的霍乱疫情让许多人感到担忧,他们对疫情的起源感到困惑。约翰·斯诺(John Snow)博士创建了一张显示霍乱病例在城市中位置的**点密度图**(图 5.14)。可视化结果显示,绝大多数病例都围绕着某一个水泵爆发,表明霍乱的爆发是由于水源被污染。

为了在地图上表示绝对值,你应该考虑使用**比例符号地图**。当地理区域大小与所研究问题不是特别相关时,这些可视化可以直接用于和其他图表比较绝对值。请记住,即使你计划表示地理信息,最佳可视化效果也可能不在地图上体现。在这种情况下,除非你试图表明人口密度在美国东部较高,否则更恰当的选择可能是使用柱状图,其中数据柱的高度代表人口数量。也就是说,城市的经纬度在传达我们想要传递的信息方面并不是特别重要。

174

175 整个地理空间不断变化的数据(如温度或海拔)需要用更复杂的可视化图表进行表征。在这种情况下最常见的是等**浓度线、等值线和等高线地图**,它们表示使用相邻曲线的逐渐变化。请注意,这些地图最适合逐渐变化的数据。地形图使用相邻的线来显示高度的逐渐变化,线靠得越近,海拔变化越急剧。

174

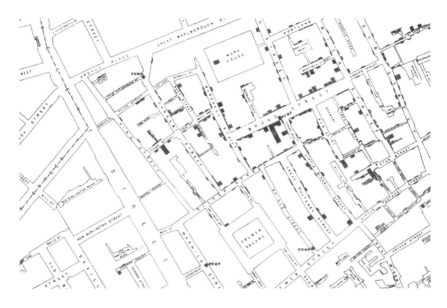

图 5.14 约翰·斯诺的点密度图

地理地图有一个区别于其他大多数可视化图表的特点,我们对此非常了 175
解。虽然很少有人能够准确地在地图上标注美国的每一个州或欧洲的所有国
家,但我们足够了解世界的形状,因此我们在地理可视化上拥有一些自由度,
这是我们无法在其他可视化上得到的。**统计地图**是扭曲纬度和经度的基本空
间参考系统以便表示一些统计值的地图。它们之所以有效是因为我们知道参
考系统原本应该的样子,所以我们可以立即了解图表结果与我们熟悉的"基本
图"之间的差异。

绘制地图不一定是最合适的可视化手段,但是如果使用得当,它们将会提 176
供非常有用的信息。

在人文科学中,地图可视化通常需要具有历史或想象的空间。虽然有许
多方便的渠道可以创建地图的自定义数据叠加层,但使用少量的工具创建全
新的地图将会是一个艰苦的过程。它不会像拍摄旧地图的照片,并将其扫描
到计算机中那样简单。有抱负的制图师需要将老旧的地图扫描件上的点精确
地与现代经纬度相匹配,或者彻底创建新的地图图块。

177　　　　分层和树状可视化

　　虽然过往的可视化工作处理的是分类、定量和地理组合的数据，但某些数据本质上是相关的，并不适用于这些可视化方法。分层数据和嵌套数据也属于网络数据，但它们是一种常见的变体，许多可视化设计都特别考虑到了它们。这类
178　数据的例子包括家族谱系、组织层次、计算机子目录和物种进化分支。

　　这类数据最常见的可视化形式是**垂直树状图**和**水平树状图**。图 5.15 中的水平树状图显示了约西亚·韦奇伍德（Josiah Wedgwood）的后代。这样的可视化图表对于大多数人来说非常易读，并且可以用于描述许多层次数据的变化。树形图比其他大多数网络可视化更清晰，但缺点是它们的可视化受到了诸多限制。

179

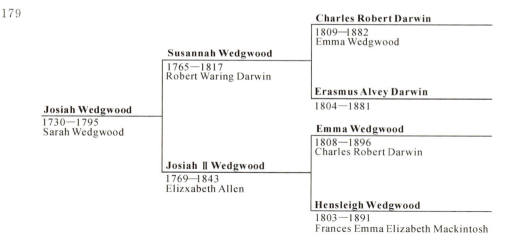

图 5.15　显示约西亚·韦奇伍德后代的水平树状图

178　　　　另一种层次可视化形式，被称为**放射树状图**，通常用于显示类似于组织中分支结构的关系。图 5.16 中的放射树状图，是一本关于管理的书中的 1924 年的组织图，统计工作由 W. H. 史密斯（W. H. Smith）完成①，这幅图表现了组织中的权力是如何集中在一个主要机构中的。重要的是要牢记，可视化方

　　① W. H. Smith（1924），*Graphic Statistics in Management*，New York：McGraw-Hill Book Company.

式的选择可以深深影响读者从图中获取的信息。水平树状图和放射树状图可以表示相同的信息，但前者强调随时间的变化，而后者强调层次结构中最高级别的中心性。两者同样有效，但它们向读者传达的信息的侧重不同。

179

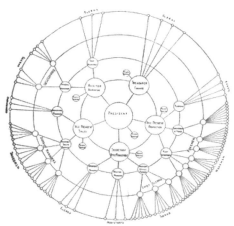

图 5.16　显示公司组织的放射树状图

最近流行的一种分层可视化手段是由本·施耐德曼（Ben Shneiderman）设计的**树状地图**。树状地图使用嵌套的矩形来显示层次结构，其中的区域代表一些定量值。矩形通常被着色以表示数据的第三维信息，无论是分类还是定量变量。图 5.17 中的树状地图表示的是华盛顿特区 2013 年的预算，被划

179

180

180

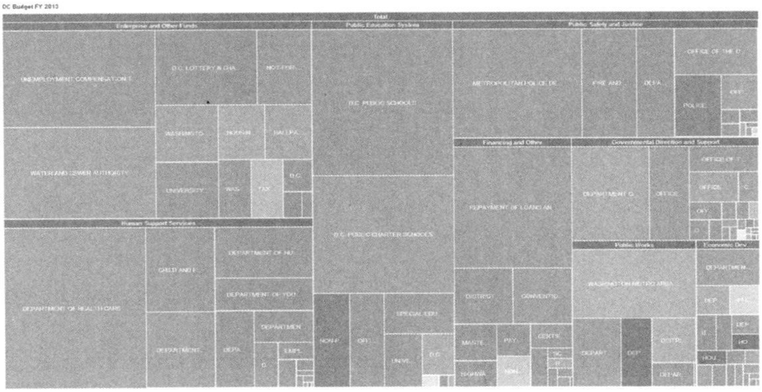

图 5.17　2013 年华盛顿特区的预算树状地图

注：图片来源于贾斯汀·格林姆斯（Justin Grimes）。

180　分为诸多类别。整个特区按照 2013 年每种类别政府收到的金额比例分割成
大小不一的矩形,并按照自上一财政年度以来金额发生变化的百分比着色。

网络和矩阵

网络可视化可能很复杂,难以读取。节点和边并不总是以点和线表示。
网络越大,解读它们的难度就越大。进行网络可视化的原因可能有很多种,但
总的来说,小网络的可视化能让读者更好地了解局部连接,而大型网络的可视
化对于揭示全局结构有着很好的效果。

网络可视化与网络分析非常相似,根据具体情境可以加深了解。一个很
好的经验法则是让一位有网络知识的朋友阅读最终产品,看看网络可视化与
纯文本相比是否能帮助他们更好地理解数据或进行叙述。但这通常无法成
功。我们建议不要仅仅为了揭示手头数据的复杂性而将数据可视化,因为它
传达的信息很少,并且作为一种空洞的方法论加剧了大众对网络科学的负面
刻板印象。我们将在第六章深入探究网络可视化。

181　　　事实上,我们建议尽可能避免进行复杂的网络可视化。对于历史叙述来
说,只提供连接好的节点列表,或提供显示连通性和职业之间关系的散点图,
通常更容易,也更有意义。如果某一个问题可以用历史学家知道的传统可视
化手段解决,那这个问题就应该使用传统的可视化方法解决。

小型图和迷你图

小型图和迷你图并非完全异于已经讨论过的可视化类型,但它们代表了
一种极具说服力和有效性的呈现可视化的独特方式。它们为"简单的可视化
可以比复杂的可视化更强大"这一观点提供了佐证,并且多个单独的可视化通
常比一个极为密集的可视化更易于理解。

小型图正是这样的图:为了比较而使用彼此相邻的多个较小的可视化图
表。它们被用来代替动画或一个试图呈现所有极其复杂的数据。

迷你图是一个由爱德华·塔夫特(Edward Tufte)创造的术语,是一种没
有轴线或图例的小型图。它们可以在句子中间使用,例如显示上周股价变化
(⌒),这将向我们显示总体向上或向下的趋势,或以小型图来比较几个值。

为了实现这样的目的，Excel 内置了迷你图功能。图 5.18 是 Excel 的屏幕截图，展示了如何使用迷你图来比较小说不同章节中人物出现的频率，快速显示了主角卡罗尔(Carol)以及第三章中介绍的两个角色的出现频率，读者不需要查看电子表格其余部分的数字。

		How often a character name is mentioned				
		Chapter 1	Chapter 2	Chapter 3	Chapter 4	Chapter 5
Alice	⌣	15	2	2	6	21
Bob	∫	0	0	19	25	24
Carol	∼	31	39	28	34	25
Dan	∧	0	0	15	12	1
Eve	＼	7	0	0	1	0

图 5.18　Excel 中展示的小说中的人物出现频次的迷你图

选择正确的可视化

事实上，并不存在正确的可视化。可视化是你根据希望让读者了解的信息的特征而做出的选择。也就是说，会有很多错误的可视化。用散点图显示各国的平均降雨量是一个错误的选择，使用柱状图会更好。最终，你选择使用哪种可视化类型取决于你使用的变量数量(无论它们是定性还是定量变量)，你如何比较它们以及如何呈现它们。创建有效的可视化首先需要从众多适合当前任务的可视化选项中进行选择，并根据需要排除不适合的类型。一旦你 选择了可视化的形式，你必须决定创建可视化的方式。你会用什么颜色和符号？会有示例吗？以下小节将涵盖这些创建步骤。

可视化编码

一旦选择了可视化类型，诸多细节看起来要么不言自明，要么可以忽略不计。点的颜色或形状的选择是否真的很重要？简而言之，答案是肯定的，它与正在使用的可视化类型的选择一样重要。而且，当你知道如何有效地使用各种类型的视觉编码时，你可以有效地设计新的可视化形式，以完美满足你的需求。视觉编码技术的精妙之处在于能够适当地匹配数据变量和图形变量。图形变量包括可视化对象的颜色、形状或位置，而数据变量包括试图可视化的内容，如温度、高度、年龄、国家名称等。

测量的尺度

选择合适的图形变量最重要的一点是了解数据变量的性质。尽管不同项目的数据在形式上可能会有所不同，但它的类型很可能会是以下五种之一：名义、关系、序数、区间和比例。

名义数据，也被称为**分类数据**，是一项完全定性的指标。它代表不同的类别、标签或级别。国家、人名和大学中不同的部门都是名义变量。它们没有固有的顺序，唯一的意义在于对不同的类别进行区分。我们可以把国家名称按照字母顺序排列，但是这个顺序无法显示国家之间的关系。

关系数据是关于名义数据如何相互关联的数据，它可以是定量的。关系数据需要某种名义数据来固定，并且可以包括人与人之间的友谊、城市间的道路，以及音乐家与她所演奏乐器之间的关系。这种类型的数据通常（但并非总是）使用树状或网络可视化图表来表示。关系数据的量化可能是人与人之间的电话通话时间长度或两个城市之间的距离。

184　　　**有序数据**是具有固定顺序的数据，但是不同顺序的数据之间在程度上没有固定的差异。第一名、第二名和第三名在比赛中的表现是有序的，但我们不知道第一名比第二名快多少，我们只知道其中一个比另一个快。调查中常用的李克特量表（Likert scales，每一问题包括"强烈反对""不同意""既不同意也不反对""同意""强烈同意"五个选项）包含了常用的有序数据。尽管顺序对该变量有意义，但它缺乏固有的量值使得有序数据成为一个定性分类。

间隔数据是按比例存在的数据，数值之间存在有意义的定量值。顺序很重要，另外第一位和第二位之间的差异与第二位和第三位之间的差距大小相同。经度、摄氏温度和日期均存在间隔尺度。

比例数据与间隔数据一样，是具有意义的顺序和有序值之间比例恒定的数据，但是存在有意义的零值。将此与体重、年龄或数量进行比较；体重为零在物理上是有意义的，并且与在数量和种类上具有大于零的重量都不同。

具有有意义的零值，使我们能够针对比例数据进行计算，这是我们无法对间隔数据执行的。例如,如果一个箱子重 50 千克,另一箱重 100 千克,我们可以说第二箱重量是第一箱的两倍。然而,我们不能说 100℃的温度是 50℃的两倍,这是由于 0℃不是一个固有的有意义的零值。

这些数据类型的性质决定了哪些图形变量可以用来直观地对它们进行表征。以下部分会讨论几种合适的图形变量,以及它们与各种度量尺度之间的关系。

图形变量类型

图形变量是用于在可视化系统中表示信息的任意可视元素。它们是建构模块。长度是一个图形变量:在柱状图中,较长的数据柱被用来表示较大的值。位置是一个图形变量:在散点图中,点的垂直和水平位置用于表示它的 x 值和 y 值,无论它们的数值是多少。颜色是一个图形变量:在美国投票结果的地区分布图上,红色通常用来显示投票支持共和党的州,蓝色区域则是投票支持民主党的州。

不出所料,在表示不同的数据类型时,一些图形变量类型比其他图形变量 185 类型效果更好。2D 网格中的位置对于表示定量数据非常有用,无论是间隔数据还是比例数据。面积或长度对于显示比例数据特别有用,因为大小也具有有意义的零点。它们具有几乎无限数量的可辨识点的附加优势,所以不论是用它们来处理容量为 2 还是 200 万的数据集都非常容易。将此与角度进行比较。你可以设想创建一个使用角度来表示定量值的可视化图表,如图 5.19 所示。如果你的数据点非常少且数据点变化很大,那么这很适合,但数据总数量终会达到极限,超过这个极限时,微小的角度差异几乎不可辨别。一些图形变量类型的潜在变化数量相当有限,而其他图形变量类型的潜在变化范围更广。

185

演员名	John	Catherine	Dan	Nadia
年龄	17	40	48	8
用角度表示的年龄大小	╱	╱	╱	╱

图 5.19　误用角度代表年龄

185   大多数适用于完全定量的数据的图形变量都适用于有序数据,在这些情况下,提供示例十分重要,这有助于确保读者意识到图形变量的持续变化并不代表基础数据的持续变化。颜色强度的变化对于表示有序数据特别有用,因为我们不能轻易地判断颜色强度之间差异的大小。在信息可视化中,颜色是一个特别微妙的概念。

可以使用三个变量来描述颜色:色调、色值和饱和度(图 5.20)。

186

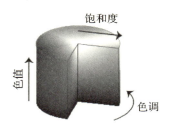

图 5.20   色调、色值和饱和度

185   这三个变量应该用来表示不同的数据类型。除了下文将讨论的一种情况,色调应该仅用于表示名义和定性数据。人们没有足够的知识储备去理解颜色定量层面的区别,例如红色和绿色的定量数值。在一张显示不同部门教师平均工资的柱状图中,色调可以用来区分各个部门。另一方面,饱和度和色值可以用来表示定量数据。在地图上,饱和度可以代表人口密度;在散点图

186   中,单个数据点的饱和度可以代表某人的年龄或财富量。当你要处理二元发散数据时,你可以使用色调来表示定量值。例如,对于更倾向于民主党的州,地图可能会显示饱和度越来越高的蓝色;而对于倾向于共和党的州,地图则使用饱和度越来越高的红色。除了这个使用两种反色的例子,其余情况下最好避免通过色调来表示定量数据。

形状对于名义数据的呈现是有利的,尽管只有类别在六个以下时才能体现出来。在区别不同类别的数据时,你会看到散点图上使用的形状,但可用的形状很少,只有三角形、正方形和圆形。图案和纹理也可以用来区分不同类别的数据;如果你需要区分柱状图等类别的图,这些特别有用,但可视化图表必须使用黑白打印。

关系数据是最难呈现的。距离是表示关系最简单的图形变量,相近的对象在关系上更加紧密。但该变量可能难以处理大型数据集。另外两个可用的

图形变量是附件（通过附加线相连的相关事物）和线性连接（通过实线直接将相关事物相连）。每个图形变量都有自己的优势和缺陷，信息可视化的关键在于懂得在特定的情况选择恰当的变量。

可视化的认知与社会层面

幸运的是，对于我们来说，在可视化类型和图形变量的选择中只有个别图表的问题超越了美学范畴。社会研究已经揭示了人们处理所见事物的方式，并且研究本身的特点应该指导我们做出决策，从而创建行之有效的信息可视化方法。

大约十分之一的男性和百分之一的女性患有一定程度的**色盲**。色盲的种类很多：有些人看什么都是黑白的；有些人分辨不出红色和绿色，或蓝色和绿色，或其他的颜色组合。为应对这一现象，可视化可以利用多种变量编码相同的数据，交通信号灯就是一个很好的例子。我们大多数人都熟悉红色、黄色和绿色，但对于无法区分这些颜色的人来说，通过从上到下的信号灯方位也能得到相同的信号。如果你需要挑选出大多数观众可以清楚区分的颜色，一些在线服务可以给你提供帮助。颜色制造家（colorbrewer，http://colorbrewer2.org/）是一个流行的在线颜色方案提供工具，它允许你创建可能适合你需要的任何一组参数的配色方案。

2010 年，兰德尔·芒罗（Randall Munroe）进行了一次大规模的在线调查，要求人们说出随机呈现的颜色。[①] 结果显示，女性的命名比男性的更详细。比如，一个女性可能标记某种颜色为霓虹绿色，一个男性可能只会将它命名为绿色。这并不意味着区分不同颜色之间的差异对女性更加容易，尽管部分调查结果确实显示出一定比例的男性患有某种类型的色盲症。除性别之外，文化在可视化中对颜色的解释也起着重要作用。在某些文化中，死亡是由黑色表示的，而在另外一些文化中，则是由白色代指。在大多数文化中，炎热和激情都以红色来表示，黄色常常表示疾病，但并非总是如此。你的受众会影响你对

187

---

① Randall Monroe(2010)，"Color Survey Results，" http://blog.xkcd.com/2010/05/03/color-survey-results/.

调色板的选择，因为读者总是会带着先入为主的概念去解读你的图形变量所传递的信息。

格式塔心理学是一种有着百年历史的传统方法，用以了解人们如何看待不同的模式。它试图揭示我们如何将单独的视觉元素视为整体，即我们如何将我们看到的事物组成一个可辨别的物体（图 5.21）。

图 5.21　格式塔框

格式塔心理学的原则包括：

- **邻近性**：我们将彼此靠近的对象视为一个整体。

- **相似性**：视觉上相似（例如：颜色相同）的事物将被视为一个整体。

- **闭合性**：当信息缺失时，我们倾向于补全信息。当看到一个只出现了两个角的盒子时，我们仍然会将该框看作一个单元，而不是两条不相交的线段。

格式塔的这些以及其他原则可以帮助我们在选择图形变量时做出明智的决定。了解哪些模式会导致对事物连续性或不连续性的认知，这对于制作有效的可视化图表至关重要。

在更细化的层面上，当在同样合适的图形变量之间进行选择时，对**前意识加工**的研究可以引导我们朝正确的方向努力。我们预先处理某些图形变量，这意味着我们可以在不到 10 毫秒的时间内发现这些变量的差异。颜色是一种预先加工的图形变量，因此，在图 5.22 中，你将很快发现不一样的点。这一处理是前意识性的，意味着你不需要有意识地寻找差异。

图 5.22　前意识加工

188

188

大小、方向、颜色、密度和许多其他变量都已被预先处理。如果像当前的任务，在大多数可视化中必须将多个图形变量组合起来，那么问题就来了。当组合图形变量（例如形状和颜色）时，最初经过预加工处理的信息通常会更难寻觅。之后，我们可以利用前意识处理的研究结果来确定哪些组合对于快速收集信息仍然有效。这是一组空间距离和颜色的组合。在图 5.23 中，你可以快速确定两个空间中不同颜色的分组。

189

189

图 5.23　两个空间中不同颜色的分组

需要注意的是，人类感知的另一大限制是**变化瞬脱**。当人们连续看到同一场景的两张照片时，虽然第二张照片中缺少第一张照片中的一些事物，但要区分两幅图像之间的不同却异常困难。动画、动态可视化也是如此。我们的大脑难以避免地受到上一帧画面的影响，所以虽然动画在可视化上有显著的短暂变化，但这变化也不会造成什么影响。用小型图或其他静态可视化图表替代动画，将增强读者随着时间推移注意特定变化的能力。

189

制作有效的可视化图表

如果将选择数据视作制作可视化图表的第一步，那么选择一个通用形式就是第二步，选择适当的视觉编码是第三步，而最后一步是整合有效的信息可视化，这个过程是在遵循适当的审美设计原则下进行的。这一步将使你的可视化既有效又令人印象深刻。我们的灵感来源于爱德华·塔夫特（Edward Tufte）关于这个主题的众多著作，以及安吉拉·佐斯（Angela Zoss）的信息可视化在线指南。[①]

190　　　我们经常会忽视一个显而易见的原则，即需要确保你的可视化图表是具有**高分辨率的**。其中最小的细节和文字应该足够清晰且能被识别。在实践中，这意味着以高分辨率保存图形或将可视化创建为可缩放矢量图形。请记住，教室中的大多数投影仪的分辨率仍比不上印刷纸张的分辨率，因此为学生或讲座听众将可视化图表打印出来可能比在屏幕上投影更有效。

可视化图表通常被忽略的另一个重要元素是**图例**，它们被用来详细描述每个图形变量并解释这些图形变量与基础数据的关系。大多数可视化软件不会自动创建图例，所以它们变成了被忽视的后续添加物。一个好的图例体现了一个漂亮但难以辨认的图片和一个信息丰富的学术可视化图表之间的差异。Adobe Photoshop、Adobe Illustrator，以及免费的 Inkscape 和 Gimp 都是创建图例的好工具。

在设计可视化时，一个经验法则是尽可能减少墨水比例。努力使数据最大化，墨水用量最小化。特殊线条、边框和其他设计元素可能会分散所呈现的数据。图 5.24 显示了两个除了墨水用量外，其余特征都相同的图表。

---

　　① Angela Zoss(2015)，"Introduction to Data Visualization，"http：//guides. library. duke. edu/ content. php？ pid＝355157. 爱德华·塔夫特的一系列成果可在以下网址中获取：http：//www. edwardtufte. com/tufte/。

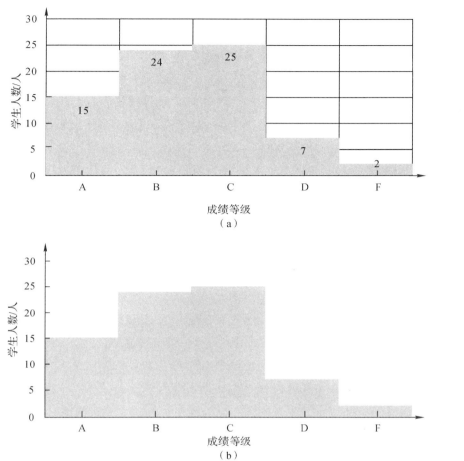

图 5.24　相同图表有无无关行以及数据标签的效果对比

　　一个相关的规则是尽可能避免**图表垃圾**(**chart junk**)的出现。图表垃圾 190
是那些报纸和杂志在其数据可视化中坚持使用的艺术性冗余，使用它们以期
数据更加引人注目。例如用一个男人被风刮跑的图来展现今天刮风的天气，
或者用摇摇欲坠的房子代表房地产市场的崩溃。图表垃圾可能会引起人们的
注意，但它最终会从提供的数据中分散读者的注意力，读者将需要更多时间来
消化呈现给他们的信息。

　　程序化的图形效果可能会与图表垃圾一样分散注意力。"被吹散的"圆饼
图中，饼块之间相距甚远，三维柱状图以及 Excel 提供的其他风格怪异的图表

是糟糕的图像装饰，实际上可能会削弱读者理解可视化图表的能力。例如，在三维倾斜圆饼图中，会很难直观地估计每个扇形区域的面积。倾斜使得后面的圆饼切片看起来比前面的切片更小，而且 3D 视角使读者对应该估计面积还是体积感到困惑。

191　　虽然并非适用于所有可视化类型，但要牢记对轴进行标记并确保每个轴的比例正确，这是非常重要的。特别是柱状图的 y 轴坐标应从零开始。图 5.25 是一个很好的例子，展示了如何通过将轴的起始点定得过高而利用数据可视化说谎，这张图表放大了数据中原本很小的差异。

192

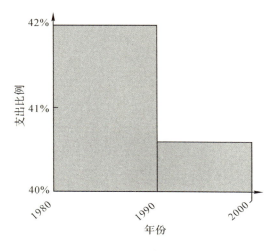

图 5.25　说谎的图表

192　结论

对可视化进行完善是一门艺术。没有公式会告诉你在各类情况下应该做什么，但是要遵循以下步骤：①选择数据；②选择可视化类型；③选择图形变量；④遵循基本的设计原则。以此确保你创建的可视化将是有效且信息丰富的。将这一点与本书其他地方有关文本、网络和其他分析的经验相结合，应该能为制作有效的数字历史项目奠定基础。

正如本书的每一课一样，本章只是一个起点。有关信息可视化的著作正在不断涌现。科林·韦尔(Colin Ware)的《信息可视化》(*Information Visualization*)是一本卓越的教科书，可以帮助你从认知科学和人类感知的视角思考可视化。[①]爱德华·塔夫特(Edward Tufte)的毕生之作有效表达了他对于如何实现高效且美观的数据可视化的诸多洞见，特别是他的著作《数量信息的视觉呈现》(*The Visual Display of Quantitative Information*)和《展望信息》(*Envisioning Information*)。[②] 凯蒂·伯尔纳(Katy Böorner)的《视觉洞察》(*Visual Insights*)提供了一个很好的可视化切入点，可以让你自己进行可视化操作。[③] 伊利亚·米克斯(Elijah Meeks)是斯坦福 ORBIS 项目背后的主要推动者之一，他撰写了一本使用 D3.js 框架创建可视化文档的手册。D3.js 已经超出了本书讲解的范围，但如果你希望创建可以整合到互动网站中的"数据驱动文档"(data driven documents)，那么 *D3.js in Action* 很值得借鉴。[④]

近五年前的页码 193

最近，可视化作为一种诠释性、历史性和人文性实践受到了重视。Lorraine Daston 和 Peter Galison 近来的著作《客观》(*Objectivity*)探讨了客观性作为科学概念的历史，特别关注可视化在构建科学对象中的作用。[⑤] 约翰娜·德鲁克(Johanna Drucker)的著作着重于人文影响可视化的建立以及作为解释对象的可视化理论，她最近出版的著作《图像》(*Graphesis*)是其代表作。[⑥]缺失和不确定数据的可视化对数字历史学家特别重要，这也成为近期数字人文会议上的热门话题。

近年来，一种特殊的可视化——网络图，十分引人注目。部分原因是互联网上的图表软件功能达到了目前这种极高的水准，它同时也是对网络统计性能进行大量研究的一个功能。与这项研究紧密相关的是我们需要找到适合的方式来介绍这项研究。在过去的十年中，随着计算能力和内存的增加，呈现具

---

① Colin Ware (2015), *Information Visualization：Perception for Design*, Boston：Morgan Kaufmann.

② Edward R. Tufte (1983), *The Visual Display of Quantitative Information*, Cheshire：Graphics Press；Edward R. Tufte (1990), *Envisioning Information*, Cheshire：Graphics Press.

③ Katy Börner (2014), *Visual Insights*, Cambridge：MIT Press.

④ Elijah Meeks (2015), *D3.js in Action*, Shelter Island：Manning.

⑤ Lorraine Daston and Peter Galison (2010), *Objectivity*, New York：Zone.

⑥ Johanna Drucker (2014), *Graphesis：Visual Forms of Knowledge Production*, Cambridge：Harvard University Press.

有超过几百个节点网络的技术难度已经下降，但更为关键的是，用于测量和可视化网络的软件在用户友好方面改善明显。不利的一面是，很多情况下，研究者们使用网络分析工具和图标软件进行分析和可视化操作，却没有真正意识到其危机和局限性。

194　　　网络作为一种隐喻，在历史研究中无处不在。形式分析以及对于网络方法的应用将有利于历史学家更好地开展研究，为非常重要的图表增添差别和精确性。我们会在第六、第七章中介绍网络分析和可视化，希望我们可以在人文科学中获得更好的网络分析和可视化。

第六章 网络分析

　　网络和网络可视化在数字人文和数字化历史研究中变得越来越重要。然而，历史学家可用的资源却非常少，网络分析又给我们带来了特殊的挑战。在本章中，我们将介绍网络分析的基础知识，以便让该方法为你所用，并且你将知道如何对他人的网络应用进行批判性阅读。

　　形式化网络就是实体和其关系共存的数学实例。它们表明连接性是理解世界如何运作的关键，无论是对个体还是在全球范围内皆是如此。图论、社会网络分析、网络科学和相关领域的历史可以追溯到 18 世纪初，从那时起，学界突然出现了数次爆炸性发展。我们目前正在享受着类似的复兴，这不是随着因特网的普及而偶然发生的，这是因为网络将世界的绝大部分连接到了一起。

　　当然，关系对理解我们周围的世界至关重要，这一观点由来已久。然而，用形式网络方法进行历史研究则是最近才兴起的方式，只有少数例外情况的发生可追溯到 30 年之前。马尔滕·多尔林（Marten Düring）已经全面汇总了多语言参考文献（http://historicalnetworkresearch.org）。本章将通过一系列实例介绍历史学家使用网络的方法、在哪种情况下可以或不能运用网络，以及网络在数学和技术层面是如何发挥作用的细节知识。

　　20 世纪 60 年代，尤金·加尔菲尔德（Eugene Garfield）创建了"编史学"（historiography），这是一种使用引文网络将科学领域的历史可视化的技术，它将历史叙事从上到下按照时间顺序进行排列。[①] 加尔菲尔德开发了一种利用 算法创建史学图的方法，他的同事希望图表最终会被历史学家们频繁使用。

---

① Eugene Garfield (1973), "Historiographs, Librarianship, and the History of Science," in Conrad H. Rawski (eds), *Toward a Theory of Librarianship*: *Papers in Honor of Jesse Hauk Shera*, Metuchon: Scarecrow Press, pp.380-402.

这意味着，历史学家们可以使用这些视觉材料来快速掌握一门学科研究轨迹的历史，无论是出于研究目的，还是作为出版物中的快速总结。

怀特（White）和麦卡恩（McCann）对 18 世纪有关化学争议的引文进行分析时考虑了科学专业的层次结构。[①] 作者开始时假设如果两位作者都对这一领域做出了贡献，贡献不太突出的作者总是会与更为重要的作者一起被引用，而更重要的作者往往会被单独引用。如果一位科学家倾向于从属于另一位作者（仅与其他作者并列），那么他就与另一位科学家联系在了一起。由此产生的被称为内窥图（entailograms）网络，在证明一个化学范式（paradigm）在 35 年内的稳定性方面十分有效。拉瓦锡（Lavoisier）在 1760 年还是一个小人物，但于 1795 年成了最著名的化学家，在那时，大多数化学家都与拉瓦锡一起被引用。内窥图网络随着时间的推移揭示了冲突和最终的解决方案。

引文分析是一门快速发展的学科，其从业人员也被称为文献计量学家或科学计量学家。尽管许多使用者基于此进行了大量的历史研究，但历史学家很少参与该领域的研究。

历史社会学家、人类学家、经济学家和其他社会科学家已经使用形式网络方法有一段时间了，并倾向于与历史学家交换意见。彼得·哈里斯（Peter Harris）早前开展的社会学研究也采用了引文分析法，但却是一种不同的形式。哈里斯分析了国家最高法院之间的引用，查看了 1870 年至 1970 年间美国的州际通信情况。[②] 通过探索过去一个世纪里法律先例中的依赖关系，哈里斯发现权力最初集中在少数几个东部法院，但后来渐渐地分散到了全美的法庭。网络方法在解决权力平衡问题时可能特别有用，无论是针对单个时期还是随时间推移产生的问题皆是如此。然而，一个网络只有在数据相关或完整时才有用。分析网络时，我们需要非常小心，不要将权力关系添加进可能不平衡的数据中。

在一项关于纽约 19 世纪妇女改革的研究中，罗森塔尔（Rosenthal）等人通

197

---

① Douglas R. White and H. Gilman McCann (1988), "Cites and Fights: Material Entailment Analysis of the Eighteenth-Century Chemical Revolution," in Barry Wellman and Stephen D. Berkowitz (eds), *Social Structures: A Network Approach*, Cambridge: Cambridge University Press, pp. 380-400.

② Peter Harris (1982), "Structural Change in the Communication of Precedent Among State Supreme Courts, 1870-1970," *Social Networks*, 4(3), 201-212.

过分析 202 位女性改革领导人的组织结构，揭示了三个不同时期改革活动的特点。[①] 这 202 名妇女，是上千个组织的成员。通过观察有多少女性分属于相同的两个组织，研究人员将那两个组织联系在一起。结果展示了一个由重叠成员联系起来的多组织网络，以及该时期妇女权利运动结构的清晰视图，其中包括处于中心位置的组织。该研究通过对比网络驱动的结果和历史学家的假设，并比较其优势和劣势最终得出了结论。对于那些关注组织的研究，网络分析可以提供有关大规模社区结构的深入分析，这通常需要经过多年仔细研究才能理解。网络尽管揭示了社区的模式，但也掩盖了被分析的直接数据之外更复杂的关系。

对历史学家之间的通信和通信网络的研究可以追溯到几个世纪前，但对其更为形式化的分析则是不久前才开始的。年鉴学派（Annales）历史学家罗伯特·芒德鲁（Robert Mandrou）[②]以及科学历史学家罗伯特·A. 哈奇（Robert A. Hatch）[③]都对当代早期的文字共和国进行了定量分析，研究学者的地理和社会多样性，但都没有使用形式网络法。在一个有关西塞罗（Cicero）通信的形式网络研究中，亚历山大（Alexander）和达诺夫斯基（Danowski）[④]指出，大规模的分析允许历史学家去质疑事件是否真实存在，同时可以质疑事件是否频繁发生。总之，它有助于历史学家将个体实例抽象为普遍趋势。他们的研究关注了西塞罗写的 280 封信。生成的网络并不是西塞罗的通信对象，而是信件本身传递的信息。每当两人间的互相交流被提及时，他们之间就有了联系。最后，作者从 524 个人之中找到了 1914 条联系。这是西塞罗所看到

198

①　Naomi Rosenthal，Meryl Fingrutd，Michele Ethier，Roberta Karant and David McDonald (1985)，"Social Movements and Network Analysis：A Case Study of Nineteenth-Century Women's Reform in New York State," *American Journal of Sociology*，90 (5)，1022-1054.

②　Robert Mandrou (1978)，*From Humanism to Science 1480-1700*，Atlantic Highlands：Humanities Press.

③　Robert Alan Hatch (1998)，"Between Erudition &. Science：The Archive &. Correspondence Network of Ismaël Boulliau," in Michael Cyril，William Hunter (eds)，*Archives of the Scientific Revolution：The Formation and Exchange of Ideas in Seventeenth-Century Europe*，Woodbridge：Boydell &. Brewer.

④　Michael C. Alexander and James A. Danowski (1990)，"Analysis of an Ancient Network：Personal Communication and the Study of Social Structure in a Past Society," *Social Networks*，12(4)，313-335.

的社交世界的表征。通过为所有人分配社会角色,作者能够证明,骑士和参议员在西塞罗时代占据了类似的社会和结构角色,与早期的历史学家的主张相反(但更符合后来的历史学家的主张)。这是一篇论文的例子,该论文使用网络作为定量证据,佐证了关于社会群体结构位置的主流历史假设。这类研究为探索性更强的网络分析铺平了道路。如果分析证实了共识性观点,那么在尚未达成共识的情况下,它可能更值得信赖。

在一项经典研究中(也许该研究是其学科中最为著名的),帕吉特(Padgett)和安塞尔(Ansell)使用网络巧妙地提出了关于美第奇家族如何在佛罗伦萨上台的历史假说。[①] 作者通过 9 种关系把 15 世纪将近 100 个佛罗伦萨精英家庭联系在了一起,包括家庭关系、经济伙伴关系、惠顾关系和友谊等。他们的分析表明,虽然寡头家族之间关系紧密,但美第奇家族(部分通过设计,而部分源于幸运的巧合)设法将佛罗伦萨家族彼此隔离开来,以充当他们中间重要的缔结组织。美第奇家族利用经济、社会和政治网络获得优势,创造了结构洞,成为社群之间的纽带。他们在这一网络中的地位使得这个家族在几乎所有情况下都能发挥关键性作用,为他们建立对该地区长达 300 年的统治提供了条件。

199   在 Facebook 和 MySpace 之前,人们想到的第一个网络可能是家族成员之间的亲缘关系或家谱网络。这些网络的史学研究起源于早期的传记文集所使用的(或集体传记)方法,但使用社会网络进行分析是最近才兴起的。利普(Lipp)关注 19 世纪初德国西南部的一个大城镇,研究了增加选举制度是否能够以及如何影响先前指导社区权力结构的亲属关系网络。[②] 令人惊讶的是,尽管该地区以民主改革而闻名,但研究结果表明,半个世纪以来的选举并没有减少社区亲属关系的力量,事实上,亲属关系力量愈发强大。利普还利用这个网络揭示了地方政治派别的主要参与者以及他们如何将众多个体联系在一起。在这种情况下,网络是研究的主题,而不是证据,以此来探究政治变革对于权力结构的影响。

---

① John F. Padgett and Christopher K. Ansell (1993), "Robust Action and the Rise of the Medici, 1400-1434," *American Journal of Sociology*, 98(6), 1259-1319.

② Carola Lipp (2005), "Kinship Networks, Local Government, and Elections in a Town in Southwest Germany, 1800-1850," *Journal of Family History*, 30(4), 347-365.

贸易网络在经济学家群体中特别受欢迎，但是这一网络也被用于一些历史研究。埃里克森（Erikson）和比尔曼（Bearman）利用东印度公司贸易商在1601年至1833年间进行的近5000次航行记录，揭示了全球化经济是如何在货船船长们从私人贸易的获得利益的渎职行为中形成的。[①]船长们利用公司资源在东方安排日程外的交易并因此获益，无意中将市场从东方至西方的两点式路线改变为综合而复杂的全球交易系统。作者使用网络作为证据，在这种情况下，港口间的26000条连线中，在每次的交易路线中都有两条被连接起来。200多年来，随着越来越多的港口相互连通，东印度公司失去了对一系列港口间联系的控制。作者指出，私人贸易处于高峰的时期也是创建更复杂贸易路线的关键时期。虽然网络分析在着眼于多个世纪的纵向研究中作用巨大，但也依然需要对它们持有保留意见。如果没有至少一个不同类型的数据集与第一个数据集产生联系的话，那么很难分辨网络结构变化导致的影响，以及哪些影响仅仅是外部的，哪些影响已经改变了网络和被测量的效果。全球网络也倾向于引入地理距离和关系距离，这一事实在试图理解历史人物的生活经历时不应该被掩盖，一旦被掩盖就会造成事实与所呈现的网络图之间出现不匹配现象。

民俗学家一直有根据类型、主题和各种指标对民间故事进行分类的传统，以便让学者们在处理成千上万的故事的过程中更容易找到、关联和设置这些故事。这些方案往往不足以呈现民间故事的多维本质，例如一个被分类为庄园领主的故事，也可能碰巧包括了鬼怪和魔鬼。唐格利尼（Tangherlini）及其同事[②]提出了一个解决方案，将一系列19世纪的丹麦民间故事置于一个网络中，该网络将主题、作者、地点、关键字和原始分类方案结合在一起，从而形成一个包含3000个实体以及50000个关系的网络，促使它们在在线界面中能够轻松地被浏览。界面使得民俗学家能够更轻松地找到他们正在寻找的故事。界面在偶然发现方面也起到了助推作用，让学者在查看特定故事、人物或地点

右侧页码：200

---

① Emily Erikson and Peter Bearman （2006），"Malfeasance and the Foundations for Global Trade：The Structure of English Trade in the East Indies，1601-1833," *American Journal of Sociology*，112(1)，195-230.

② James Abello，Peter Broadwell and Timothy R. Tangherlini （2012），"Computational Folkloristics," *Communications of the ACM*，55(7)，60.

的同时能浏览许多相关的维度。

使用网络进行的谱系研究不仅限于亲属关系。西格里斯特（Sigrist）和威德莫（Widmer）研究了1000名18世纪的植物学家，描绘出了他们之间师徒关系的网络，以展示植物学在130年的时间内是如何从医学培训和更具自身特色的方面发展而来的。[①] 作者挑选了来自各种词典和科学传记目录的植物学家组，并通过将师傅与门徒联系起来的方式进行研究。他们发现来自不同国家的植物学家具有差异化的培训实践，而出国学习的植物学家人数随着时间的推移而减少。这项研究将培训实践变化史，以及受到科学界抵制的、传统的大型科学叙事合并为一系列发现和理论。

很明显，历史网络分析可用于各种情况和各种原因的分析。被连接的实体可以是物品、人、社会团体、政党、考古文物、故事和城市，引文、友谊、人、机构、地点、关键字和船舶路线都可以将实体连接起来。网络研究的结果可以用作说明、研究辅助、证据、叙述、分类方案以及导航或理解工具。

网络分析的潜力巨大，但限制同样存在。网络可能是危险的朋友：它们的可视化形态（称为图形）往往被过度使用，却又很少被真正理解。信息可视化领域的领军人物本·弗里（Ben Fry）曾经指出：

> 人们通过图表来使用自己的数据正成为一种趋势。尽管几百个节点的图形很快变得难以理解，但它对创作者来说通常是满意的，因为由此产生的图形优雅而复杂，并且可能在主观上很漂亮，创作者数据"复杂"的概念适合自己对它的解释。图表有使数据集看起来更复杂和更重要的趋势，但却没有解决如何启发读者的问题。[②]

人们很容易被网络的复杂性所迷惑，屈从于想要连接所有事物的愿望，但是这样做只会一无所获。除了教授网络是什么以及如何使用它们的基础知识之外，以下章节还将涉及网络完全不适用的诸多场景。最后，防止过度使用网

201

① René Sigrist and Eric D. Widmer (2012), "Training Links and Transmission of Knowledge in 18th Century Botany: A Social Network Analysis," *Redes: Revista Hispana Para El Análisis de Redes Sociales*, 21, 347-387.

② Ben Fry (2007), *Visualizing Data: Exploring and Explaining Data With the Processing Environment*, Sebastopol: O'Reilly Media.

络或不正确使用网络的最佳途径是运用知识：如果你了解了网络的来龙去脉，你可以判断在研究中如何以最贴切的方式使用网络。

网络分析基础

正如我们在前一节中所展示的那样，网络是探索我们互联世界的多功能工具。不幸的是，网络的修饰效用偶尔会掩盖其形式的本质。阅读过程中，引用网络词汇却没有标注任何潜在的正式定义的学术文章并不少见，这就引发了其没有实际内容但隐喻意义却十分丰富的质疑。虽然网络分析往往不是最合适的分析方法，但当其被恰当地使用时，它会在那些纵观诸多年份并构建数学和概念框架的研究中得到充分尊重。

本节的第一部分会介绍相关框架，首先从基本词汇开始，通过数学方法进行小规模和大规模的测量。第二部分介绍如何将这些概念付诸实践，包括网络数据的外观以及如何对它们进行编辑或可视化处理。第三部分讨论网络分析适用以及不适用的情况。

基本概念和网络类型

节点、边和属性

网络也可以被称为图表，本质上是一种数学解答，以回应"这个世界上许多值得研究的事物都是相互依存的，且理应如此"这一假设。虽然名字叫作网络，但这里的网络是叉状分支结构的，因为它们只给你提供了两种类别的要素来处理问题：实体和关系。实体被称为**节点**（图 6.1），它们之间的关系称为**边**（图 6.2）。关于网络的一切都围绕着这两种构建模块展开。

节点可以是各种各样的东西，从创意到人物到砖块。在过去几年间，网络被运用于很多不同的学科，所有这些学科的网络都有自己的专业词汇，因此你可能会看到节点被以下诸多名称代替：顶点，因素，媒介，或是点。它们可以互换使用。

边连接节点（图 6.2）。它们可能代表两本书共有的词语数量，两个人之间

203 的友谊或相似的起源地连接着两个博物馆的物品。除了极少的例外情况，形式网络表征允许并且只允许一条边有两个节点。如果兄弟姐妹爱丽丝（Alice）、鲍勃（Bob）和卡洛尔（Carol）存在亲缘关系，则存在三条边（需要将爱丽丝与鲍勃相连，鲍勃与卡洛尔相连，爱丽丝与卡洛尔相连），而不是一条边连接所有三个节点。你可能会看到边被称为弧线、链接、连线，或关系。

202

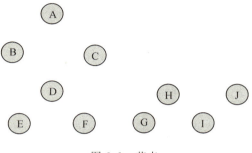

图 6.1　节点

203

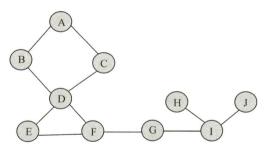

图 6.2　连接边的节点

203　随着时间的推移，新方法已经能够让研究人员在分析中不仅仅只限于使用简单的节点和边。通常，边和节点可以具有任意数量的个体**属性**（图 6.3）。在一个网络中，节点是城市，边是它们之间的旅行路线，每个城市都可以包含其人口数量或主要语言的属性，每条边都可以具有旅行时间或交通方式等属性。

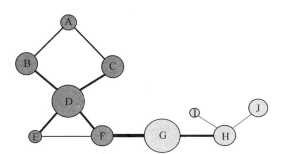

图 6.3　具有属性特征的节点和边（由节点的大小和边的权重描述）

静态和动态网络

人们遇到的许多网络似乎都是一瞬间的**静态**快照：由边连接的一个大型可视化节点，无论是关于人员、图书或想法。事实上，底层网络通常代表随时间发展和变化的**动态**过程。基于航线的港口网络必然会随着经济和天气条件而变化，而静态快照只能呈现带有停靠船舶的数十个港口以及偶尔在海上的船舶，但彼此并无关联。

网络分析师通常采用以下三种方法处理这些问题：

1.将所有数据汇总成代表整个时间跨度的巨型网络，无论是一天、一年还是一个世纪。此时网络是静止的。

2.随着时间的推移慢慢建立网络，创建包含当前时刻和所有过去时刻的快照。每个连续的快照都包含越来越多的数据，每个时间点表示为导致其所有事物的总和。此时网络随着时间的推移不断发展。

3.创建一个时间滑动窗口，例如一周或五年，并分析在此期间的连续快照。每个快照只包含来自该时间窗口的数据。此时，随着时间的推移，网络形式急剧变化。

每种方法都有其优缺点，历史学家应该仔细考虑哪些方法最适合他们的研究。

孤立体、二元组和三元组

网络中最小的意义单位是**二元组**，或由它们之间的边连接的一对节点

（图6.4）。没有二元组,就没有网络,就只剩下一系列不连贯的**孤立体**。很显

205 然,有关二元组的讨论通常基于两个节点之间的关系。例如,两个中世纪手稿
的二元组可能会很强或很弱,具体取决于其内容的相似性。大型网络中二元
组的研究大多围绕以下两个概念进行:**互易性**,即一个方向上的连接是否在另
一个方向上往复;**互配性**,即相似节点之间是否有边相连。

204

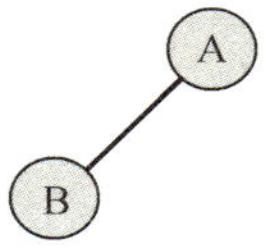

图6.4 二元组

205   如果双方彼此关注,则两个 Twitter 用户的二元组可能被认为是相互的,
且整个 Twitter 网络可能具有更高或更低的**互易性**,这取决于多少二元关系存
在相互关系(图6.5)。

205

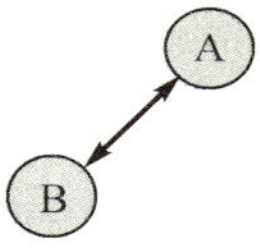

图6.5 相互作用的二元组

205   **互配性**,也被称为**同质性**,是衡量网络中二元组有多少同类事物的指标。
例如,在网络上,网站(节点)倾向于(通过边)链接到大体类似的网站。当二元
组结合连接起来时,这个网络就会被视作**相配混合网络**。网络也可以体验**异
配混合**,例如来自具有强大家庭关系的孤立社区的人在性伴侣中寻求差异性。

一个**三元组**由三个二元组组成,是另一个高频的网络分析单元。即使在
查看具有数百万个节点的网络时,三个节点的各种可能的配置也经常在网络
分析中被调用,并且比人们所期望的更全能(图6.6)。

205

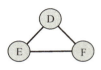

图6.6 三元组

例如,如果 A 型砖和 B 型砖经常出土于同一考古遗址,A 型砖和 C 型砖也是如此,那么 B 型砖和 C 型砖在同一地点被发现的频率如何(从而连接 A、B、C 形成三角形)? 在几百千米半径范围内的考古遗迹探求这一问题可能会获知贸易经济紧密结合的程度。**传递性**的概念如下:当 A 连接 B 和 C 时,B 和 C 也会相连(图 6.7)。有些网络,如朋友之间的网络,具有高度的传递性;有些其他网络则不然。

206

206

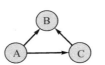

图 6.7 体现传递性的三元组

在一个不断发展的通信网络中,如果爱丽丝写信给鲍勃,鲍勃写信给卡罗尔,我们可以问艾丽斯最终会写给卡洛尔的可能性有多大(又是一个封闭的三角形)。这种被称为**三角闭合**的趋势可以帮助衡量在书信界中介绍和了解正确人物的重要性。

206

加权与未加权

有时与边相关的一个属性是**权重**。权重是两个节点之间连接强度的量化数值。大多数情况下,它们之间边的权重越高,两个节点之间的相似度或紧密度就越高;有时候,边权重可以用来量化非相似性而不是相似性。权重通常由可视化中的线条粗细体现。

加权网络,网络在包含加权边时成为加权网络(图 6.8),加权网络可以采用多种形式来表现。互通电话的人组成的网络,可以通过通话总数或通话长度进行加权。科学文章的网络可以通过一篇文章与另一篇文章共有词总数来进行加权。活动家组织网络可以根据他们共享的成员数量来进行联系。**未加权网络**可以包含彼此连接的网站网络,美国电网或家族树中的亲缘关系网络(图 6.9)。

207

用于测量网络(找出最中心或最重要的节点,计算网络密度等)的最常见算法在呈现节点或边的属性时,并不是很有效。算法形式难以适应类型、类别或名称等属性。对于该理论来说,边权重是个例外。许多网络测量算法在执行计算时可将边权重考虑在内。如果两个人在网络中占据相同的结构位置（与同一人保持联系），但有一人打出电话的次数比另外一个人多得多，计算发现电话呼叫网络中最核心的人可能会因此发生变化。

206

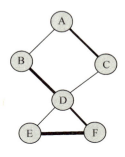

图 6.8　加权网络

207

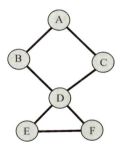

图 6.9　未加权网络

有向和无向

207　　边的第二个常见属性是方向性。一条**有向边**是不对称关系的一部分，简单的理解就是想象一条边的两端有箭头（图 6.10）。

　　例如，引用网络可以制作**有向网络**。2005 年之后撰写的众多论文都引用了
208　马克·纽曼（Mark Newman）2004 年发表的著名文章，这篇文章是关于在网络中寻找群体的[①]，但这并不意味着纽曼的论文反过来引用了它们。Twitter 中被关注者和关注者之间的关系也会形成类似的不对称网络：一些互相关注，但其

---

　　①　Mark Newman（2004），"Detecting Community Structure in Networks," *The European Physical Journal B—Condensed Matter and Complex Systems*，38(2)，321-330.

他一些则不然。贸易网络可能有时是不对称的,因为货物并不总是在两个方
向上流动。

208

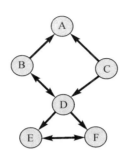

图 6.10　包含有向边的网络

　　相似性网络通常是对称的,因此是**无向的**。《勇敢新世界》(*Brave New* 208
World)与《1984》和《1984》与《勇敢新世界》是一样的。Facebook 也是无向网
络,为了让你选择某人作为朋友,他们也必须选择你作为朋友。高速公路网络
是无向的,因为它们都是双向通行的道路,但是当地的城市道路网络可能是有
向的,因为在城市中单向和双向街道之间可能会混合使用。

　　加权网络通常可以安全地使用为未加权网络生成的算法,并且仍然可以
获得方法上可信的结果,但与加权网络不同,在对有向网络进行分析时必须格
外小心。边的方向性可能对网络结构产生巨大影响,因此为无向网络寻找区
域群落或节点重要性的算法可能在有向网络中产生不易出现的结果。所以要
注意,当你在分析有向网络时只能使用为有向网络专门生成的算法。

二分和 k 分

　　基本网络和大多数网络算法只能支持每个网络中一种类型的节点。你可
以将给定图书与那些受其影响的图书相连,或将图书的共同作者连在一起,但
在同一网络中将作者和图书相连一直以来都是一种方法论层面的错误操作。　209
不能将苹果和橘子,即不相干的事物连接在一起。这不是一个直接而明显的
限制,但是由于大多数网络分析的假设,在同一网络中添加多种类型的节点会
严重限制数据集的使用。这不只是一个理论上的限制,更是一个实际的限制,
网络科学家们尚未创建许多算法来处理这些**多模态网络**。

但是,在有些情况下这种多模态或许是有效的,特别是在处理复杂的人文数据集时。最基本的例子是**二分网络**,也称为双模态网络或双模网络(图 6.11)。顾名思义,这些网络支持两种类型的节点。出于数学原因,稍后将在双模态网络中描述,你必须注意这种模型只允许出现类型之间的边而不允许出现类型之内的边。以最近的例子来说,这意味着你可以在图书与作者之间连上线,但不能在作者之间或图书之间绘制边。

209

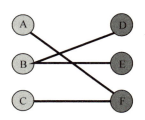

图 6.11　二分网络

209　　　概括来说,一些图可以实现**多模态**或 k-分。斜体 k 代指你最喜欢的数字,这是网络科学家常用的一种表示方法。与二分网络一样,k-分网络具有各种类型的节点,这些节点只能在两者之间进行连接,而不是三者或三者以上。这些网络可能代表极其复杂的贸易网络,其节点可以是图书、作者、出版社、城市等。处理 k-分网络所用的算法比二分网络中的算法更少,所以尽管这些各种各样的网络对初始规划和数据准备非常有用,但在运行大多数网络软件包中包含的任何分析之前,你需要降低网络的复杂性。

有向网络或二分网络的转换

前面的章节提到,对有向或双模态网络进行分析时需要对基础算法多一
210　些预见性以及更深入细致的理解。虽然一些工作流程可用于处理这些更复杂的网络类型,但一些方法可以将这些网络转换为处理起来更简单的网络,这在某些情况下更加实用。

引文网络是一个有向网络的实例。由于各种原因,对这一网络往往难以进行分析(图 6.12)。例如,文章总是引用早期的作品(指示箭头指向过去)。由于引用的是以前的工作而不是当代类似的研究,因此算法很难找到网络中的实践群体。

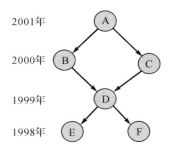

图 6.12　引用网络是一个有向网络

　　研究引文的文献计量学家已经开发了两种相互转换的方法,将一个有针对性的、面向过去的引文网络转变为一个无向网络,这一网络包括了现有的实践群体和应该归类的过去的文章。

　　书目耦合网络是学术文章的网络,如果它们的书目相似,网络将会把它们连接起来。当两篇文章在参考书目中都提到了第三部作品,一条边会将它们连接起来;如果这两篇文章共享 10 个参考文献,则边的权重会更大。然后,书目耦合网络将参考相似材料的文章连接起来,并提供相关实践群体的快照,其来源于作者做出的引用选择。它不会随着时间而改变:文章不会随着时间的改变而改变其参考文献。

　　这种方法可推广到任何类型的有向网络,而不仅仅适用于引文网络。在实践中,当你有一个有向网络且它们的边都指向同一个另外的点,那你就可以将这两个点连接起来。

　　共引网络与书目耦合网络功能相反。在这种情况下,如果两本学术著作出现在同一个书目中,那么这两个学术著作是相互关联的,并且它们被共同引用的次数越多,它们之间的连线就越明显。与书目耦合网络相反,共同引用网络不是根据文章作者的选择,而是根据未来作者对它们的选择连接文章。共同引用网络随着时间的推移会发生变化:两篇文章可能长期存在,在其他人决定在第三篇文章中引用它们之前,这两篇文章是分开的,这是与书目耦合网的又一不同之处。在这种情况下,共同引用网络就变成了呈现各种学术社团的学科领域不断演变的图景;它不是基于过去的看法,而是过去的观点因为现在的决定被连在了一起。

共同引用网络也可以推广到学术之外的领域。在有向网络中，如果两个边从一个节点指向另外两个节点，那么这两个节点之间就会连起一条无向边。例如，在家族树中，有向边从父母指向子女，进行共同引用分析时就会有一条无向边将兄弟姐妹连接在一起。

二分网络指的是那些拥有两种类型的边的网络，这些网络可以被轻易地转换为单边网络。**单边网络**只包含一种类型的节点，其方式与共引文献或书目耦合网络非常相似。如果有一个二分网络，学术社团是一种类型的节点，而这些社团的成员是另一种类型的节点，两种节点依靠边相连。此时你可以把这个网络降维成为单边网络，通过连接属于同一组织的人员或者将拥有相同成员的社团相连。这样的降维非常有用。例如，如果你想通过成员转移来探究哪些社团更可能互相影响，以及信息如何从一个社团传播到另一个社团，这一转变就会凸显其价值。在这种情况下，由此产生的降维网络仅包括社团节点，如果社团共享更多成员，则它们之间的边会更加显著，但是也可以生成相反的网络（图 6.13）。

212

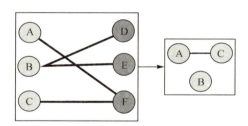

图 6.13　将二分网络降维成为一个单边网络

211　　多图、超图、立体网络及自循环

我们要尽量避免使用此处列出的这四个概念（如果可能的话）。常见的网络软件包往往不支持这些功能，而且可能会给实际操作造成阻碍，或者虽然包 212 含这些功能，却不能正确地执行数学运算。这些概念都涉及更复杂的边关系，尽管它们是表示复杂网络的合理方式，但它们在网络科学中还不够标准，不适合初次接触网络科学的历史学家使用。

多图是允许在一对节点之间出现**平行边**的网络。其含义正如名称一样：

节点之间存在重复的边,就像在一个贸易网络中,两个城市之间每出现一次登记贸易,两个节点之间就会增加一条边。虽然理论上这些网络只是一系列网络事件的另一种合理表征,但在实践中,软件往往会破坏这些网络。权宜之计是用属性编码单个边来代替平行边,例如,给贸易网络一个随着交易数量增加而增加的权重属性。需要指出的是,在有向网络中,与 Twitter 的关注网络一样,从 A 到 B(A 关注 B)的边不被认为与从 B 到 A(B 关注 A)之间的边平行。这些都是很好的方法,大多数软件都支持这种用法。

遗憾的是,软件包或网络数据结构很少支持**超图**,因为它们可能采用很多通常会丢失的细微差别。**超图**允许超边的存在,即单边连接多个节点。超图可以被认为在功能上等同于双图。就像之前提到的社团和成员的例子一样,如果一群人是同一社团的成员,那么他们就可以用一条超边进行连接。在这种情况下,节点就是人,超边是社团。如果你想使用超边,你可以创建一个二分网络。

在前面讨论美第奇家族与其他佛罗伦萨家庭的关系时,我们看到了**立体网络**分析已经以不同的方式被用于历史研究。立体网络允许出现多种类型的边,类似于 k 分网络那样允许使用多种节点类型。通常,当相同的两个节点之间可能存在多种类型的边时,立体网络往往也包含平行边。其中一个例子就是城市之间的交通网络,任何两个城市之间都可能存在空中、海上、公路或火车线路,而且通常每个城市都有不止一个选项。可以清楚地知道,标准的网络数据结构使得建立编码网络非常困难,但是你可以使用与多图相同的快捷方式:在节点之间只创建一条边,但给它多个属性以标识它的各种类型。在上面的例子中,纽约市和利物浦市之间的边可能有四种不同的属性,即船(真)、道路(假)、火车(假)、飞机(真),而不是四条分离的线路。

这里涉及的最后一个特殊的边类型是**自循环**。自循环比起其他类型的边更加无害,它只是一条从同一个节点出发,回到同一个节点的线。一个结构网络将人们聚合成单个节点代表他们整个社会阶层,基于社会阶层之间的交往通过连线将他们连起来,可能会在每个节点上都有自循环,因为每个社会阶层都有相互交谈的人。一个电子邮件网络,以节点表示用户,以边表示电子邮件发送量,自己给自己发送邮件的用户就会形成自循环。所有软件包都支持自循环,但有时可能会以改变结果但不会产生错误的方式影响算法。出于这个

213

原因,如果可以的话,最好避免自循环的出现,除非你特别清楚它们将如何影响你计划用来测量网络的算法。

显性自然与隐性派生

虽然在实践中产生的网络看起来和用起来是一样的,但网络创建的各种方式会影响解释和分析网络的方式。这一部分的介绍将只呈现差异,不会对其进行过多的探讨,因为解读会根据具体的示例而有所不同。

历史学家们应该希望知道他们的网络什么时候是**显性自然的**以及什么时候是**隐性派生的**。一个显性网络可以根据通信者之间的信件或城市之间实际存在的道路创建。派生的网络可能是主观定义的博物馆文物之间的相似性,或者如果文章的参考文献相似,就将文章连接起来的文献耦合网络。

214　　　显性网络和隐性网络之间的差异并不存在明确的二分关系;可能很难,甚至不可能确定,或者说这不是一个合理的问题。你要判断所分析的网络是否源于一些物理的、客观的连接系统。牢记这点很重要,因为在某些情况下这可能意味着历史的度量标准(例如,通过他们写的信函连接的社区),但这并不意味着其他人的标准(例如,将出现在相同参考文献列表中的相关社区连起来)也是如此。

局部度量:仔细阅读、树状图

网络的一个好处是它们能够在不同的尺度和分段中提供多种分析视角。一个节点占据一个特定的相邻点,而相邻点又拥有自己的邻点,所有这些邻点都在全球网络中融合在一起。这使得历史学家不仅能够看到历史人物如何与他们直接相连的人和事进行互动,而且能够看到这些相互作用是有多标准或有多独特,以及它们如何影响整体或受其影响。

目前有许多方法可以用来探索这些相互作用,而且它们通常根据其规模进行分类。有时候,你想在宏观视角下审视自己的网络,以看清整体模式和结构,但有些时候你可能想用微观视角专注于发现局部变化或复杂的地方。例如,你可能需要查明最好的政治说客或最繁忙的贸易路线。将网络分析应用于这些问题的优势在于，局部效应始终置于整体之中，或由整体间的互动驱动。接下来将介绍一些基本的度量指标，用于在节点、二元组或三元组级别上处理网络，这是最小的尺度。

路径：路径长度，最短路径，平均路径长度

路径是一个相当直观的概念：它是两个节点之间的一系列边。对路径的解释因数据集的不同而不同，但其形式上的定义保持不变。

ORBIS 项目是古罗马世界的地图，可让你计算任何两个城市之间的路径长度。在大多数情况下，任何两个城市之间都有多条路线，这些路线的长度可能有所不同。从罗马前往君士坦丁堡所需经过的道路数量即**路径长度**；一条直接的路线需要经过 23 条道路，但是你也可以绕行经过现在的西班牙，这将要求你穿越另外 30 条道路。两个点之间所需路径最少的路线就是**最短路径**。　215

无论是最短的距离、最便宜的旅费，还是最快的旅行时间，历史学家和历史活动者通常都会根据一些标准来优化他们的路径选择。这些往往都各不相同。例如，两个城市之间的最短路径可能需要经过一段险峻的山路，也可能有多条最短路径。例如两条分开的路线，可能需要相同的步数。

通过查看每对可能的点之间的所有最短路径并求它们的平均值，你可以了解网络的连接情况。**平均路径长度**是网络连通性的一个度量指标。在平均路径长度相当长的网络中，比如 ORBIS，人们可以预计，如果他们随机挑选了一个节点，那么他们需要几个步骤才能到达目的地。其他网络的平均路径长度相当短，比如说一起在电影中演出的电影明星的网络。这种较短的平均路径长度让电影小游戏"凯文·贝肯六度"（Six Degrees of Kevin Bacon）的存在成为可能。它是通过随机挑选一名演员并指出与他共同出演的演员，以最终与凯文·贝肯（Kevin Bacon）产生联系。例如，爱德华·诺顿（Edward Norton）和凯文·贝肯之间的路径长度为 3：爱德华·诺顿与布拉德·皮特（BradPitt）共同出演《博击俱乐部》（*Fight Club*）；布拉德·皮特与朱莉娅·罗伯茨（Julia Roberts）出演《十一罗汉》（*Ocean's Eleven*）；朱莉娅·罗伯茨与凯文·贝肯一起出演《灵异空间》（*Flatliners*）（图 6.14）。

215

图 6.14　通过共同主演的电影来测量爱德华·诺顿和凯文·贝肯之间的路径长度

214　　　根据所要求的数据集和历史问题来调整对路径长度的解释是非常重要的。城市之间的路径相对容易理解，对于想要推断出某人旅行的最可能路线的历史学家而言，它们大有用处。从历史上看，两个城市之间的距离是一种有

215　意义的测量，它可以使贸易和旅行成为可能，在看一个人能旅行多远的距离方面，这也是有意义的。家谱网络上两个家庭成员之间的路径则稍有不同。除非涉及遗传学、近亲繁殖或皇室问题，非常接近的路径本质上是有意义的，但

216　要区分路径长度 5 与 15 之间意义上的差异是比较困难的。然而人口水平的平均路径长度再次变得有意义。比如德系犹太人的平均家谱路径长度相当短，表明与其他类似规模的族群相比，这些族群之间相互隔绝且通常是孤立的。[①]

　　　请记住，平均路径长度是网络的属性，而最短路径和路径长度是一对节点的属性，由特定的一系列边描述。

中心性和重要性：度、紧密性和中介性

　　　历史学家往往对寻找网络中最活跃或最有关联的人物充满兴趣，无论是最具影响力的早期或现代思想家，还是那些地处交易路线枢纽、经常途径的城市。用于探索这些主题的参数是**中心性**或**重要性**，当边的方向性与问题无关时使用中心性，而当方向性与问题相关时使用重要性。测量中心性和重要性的方法有很多种，它们的解释方式可以根据现有的方法和数据来进行调整。虽然这些度量可能在数学上很复杂，但最简单的解决方案往往是最好的。

　　　度中心性是一个非常重要的网络指标。它既简单又强大，并且是网络中

①　Shai Carmi，Ken Y. Hui，et al.（2014），"Sequencing an Ashkenazi Reference Panel Supports Population-targeted Personal Genomics and Illuminates Jewish and European Origins，" *Nature Communications*，5，4835.

每个节点都具有的属性。一个节点的**度**就是它连接的边数。这通常与节点具有多少个**邻点**有关，节点的邻点是通过单条边直接与其连接的其他节点。在图 6.15 中，每个节点都按其度进行标记。

217

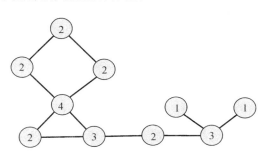

图 6.15　度中心性

216
在 Facebook 友谊网络中，某人的节点度越高，他（或她）的朋友就越多。在通过共同话题相互连接的非小说类图书网络中，百科全书具有非常高的度值，因为它的主题多样性将其与网络中的大多数其他图书连接起来。高度的中心性对应于良好的连通性，这种连通性会根据现有网络的不同而有所差异。

217
在相对小的网络中，也有多达几百个节点，度中心性将成为节点与网络关系的重要代理。如果我们有一个由 100 位作者组成的网络，当他们合作创作作品时彼此相连，那些度最高的作者是与网络中其他人合作最多的作者。合理地说，如果数据收集彻底，这些度值较高的作者是将这个网络连接在一起的人，他们构成了网络中的凝聚力。

度中心性同样适用于较大的网络，但在解释重要性时必须更为谨慎。如果我们拥有一个由 1 万名协同作者（根据 20 世纪后期发表的物理学文章统计）组成的网络，那么会出现几个度值极高的节点，但他们对网络的凝聚没有多大意义。

近年来，高能物理学领域会出现一篇文章拥有数百甚至上千位作者的情况。[①] 这些文章中的每一位作者都拥有数百位共同作者，因此即使没有一位作者与这篇文章之外的人合作撰写过作品，也会出现这种情况，数百名具有高度

---

① Atlas Collaboration (2012)，"Observation of a New Particle in the Search for the Standard Model Higgs Boson With the ATLAS Detector at the LHC," *Physics Letters B*，716(1)，1-29.

中心性的作者可能对整个网络的凝聚力没有太大贡献。一些历史学家将网络简单看作最高级别节点的有序列表,但他们难以辨别网络中真正的中心节点,而即使对网络可视化的简要浏览也会揭示所谓的高度节点的外围性。

218　　网络科学家已经创建了更复杂的度量指标来处理这些和其他潜在的混杂效应。**中介中心性**以及**紧密中心性**是其中的代表,两者都具有可以对每个单独节点进行计算的属性,并且两者都尝试将局部中心性融入较大的网络中进行测量。

　　节点的**紧密中心性**用来衡量网络中其与其他节点的接近程度(图6.16)。在由 ORBIS 建模的古罗马帝国的旅游线路和城市网络中,具有紧密中心性的城市是网络中从任何给定城市出发能最快到达的城市。那些有很多通往其他城市的直达路线,但仍处于网络边缘的城市(如埃梅里达奥古斯塔,现今的西班牙梅里达)拥有高度的中心性,但仍不能被归类为高度紧密中心性的城市之列。罗马可能具有很高的紧密中心性,因为它与许多城市直接相连并且地理位置足够居中,以至于不需要通过很多条道路就能到达地图上的任意城市。

218

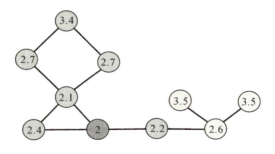

图 6.16　紧密中心性

218　　计算紧密中心性的方法有多种,但最简单的方法是计算从网络上的节点到每个其他节点的平均距离。在罗马城的例子中,如果网络中有 100 个城市(包括罗马),则通过找到从罗马到所有其他 99 个城市的最短路径,将它们的距离加在一起并除以 99 得到最接近的中心性。由此产生的数字是从罗马到任何其他城市的平均路径长度,它越短,就表明罗马越接近世界其他地区。然后可以对每个其他城市重复该计算,以便找出哪些城市具有最低的紧密中心性。请注意,与大多数其他中心性度量指标不同,紧密度按最低数量排列,而不是最高数量。

另一个减少外围高度节点问题的中心度测量值是**中介中心性**（图 6.17）。 219
在罗马城市网络的例子中，具有最高中介中心性的城市是旅行者从任何一个
地点到其他目的地时最有可能经过的城市。形式上，它是位于网络中所有节
点对之间的最短路径上的节点。

219

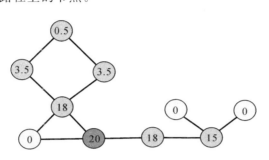

图 6.17　中介中心性

在美国，印第安纳州的道路系统便是如此，几乎所有从该州的一个角落到 219
另一个角落最快的路线都要经过印第安纳波利斯。这个城市是印第安纳州的
中心，高速公路也从这里辐散开来：从布卢明顿到特拉霍特，必须穿过印第安
纳波利斯；从曼西到哥伦布，也必须途径印第安纳波利斯。由于该城市位于该
州大多数城市之间的最短路径的中间，因此它具有最高的中介中心性。

计算中介中心性和紧密中心性需要找出网络中每对节点之间的最短路
径，计算时可能较为耗时，但这具体取决于网络的大小。

PageRank 算法

PageRank 是谷歌用于改善搜索结果质量而开发出的一种算法。它会赋
予热门网页高评分。PageRank 值是一种度量**声望**的指标，这意味着它会测量
一个节点的中心性，并将引向节点或从中引出的边纳入考量范围。它的计算
在数学上比本书讨论的要复杂得多，但只要你理解它背后的概念，就可以准确
地将它用于历史研究。

如果你是一个爬行在万维网上的机器人，那么你会随机遇到一些超链接， 220
但即使没有超链接你也偶尔会跳到另一个网站上，你的这些行为展示出了一

种计算 PageRank 值的方法。毫无疑问,你会发现自己经常在一些网站上停留,而在其他网站很少发生这种情况。例如,维基百科与整个网络相连;如果你不断点击链接,你最终很可能停留在维基百科。但是,你可能不会经常进入一个建立于 1997 年的《指环王》(*Lord of the Rings*)粉丝页面。你在网站上登录的频率等同于该网站的 PageRank 评分。维基百科、BBC 和亚马逊都有很高的 PageRank 评分,因为通过点击链接到达那里的可能性非常高。

将 PageRank 概念化的另一种方式是假设每个网站都有一定数量的分流导向其他网站,并通过超链接到达它分流的网站。一个网站获得的分流越多,允许的分流也就越多。此外,每一个网站都必须使用其所有的分流,这意味着如果 BBC 收集到很多分流(很多网站链接到它),但它本身只链接到另一个网站(例如维基百科),那么 BBC 所拥有的所有分流都将转到那个网站上。因此,即使 BBC 仅会链接到维基百科,维基百科仍然会有极高的 PageRank 值,因为它收集了 BBC 的所有分流。

这种类型的算法最初是为科学引文网络开发的,其中文章替代了网站,引文取代了超链接。对于要在任何类型的有向网络中发现重要节点这个需求来说,这是一个出人意料的强大算法。一些历史学家计算了早期现代欧洲信函作者的 PageRank 值,结果表明这些值与人们记得的数字非常吻合。然而,PageRank 值也可能具有欺骗性。例如,一位著名的国家元首和收到来自权势人物来信的人收到的大部分信件可能会分流给秘书。即使这位秘书在早期的现代政治中扮演的角色相当小,她的 PageRank 评分也会很高,因为她收到了雇主分流中的大部分份额。

局部聚类系数

局部聚类系数(LCC)测量节点的邻点是彼此邻点的程度。每个节点都有自己的 LCC,具有低 LCC 的节点连接不同的社区,而具有高 LCC 的节点不连接不同的社区(图 6.18)。形式上,节点 LCC 的计算方法为:该节点邻点之间实际的边数量除以可能出现的总边数。在你的友谊网络中,这表现为是你朋友,同时又是你朋友的朋友的友谊数量,除以朋友之间可能的友谊总数。

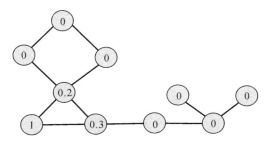

图 6.18　局部聚类系数

这可以成为许多历史网络的有效衡量方法。在社交或通信网络中,具有 221
高 LCC 的节点可能处于中间位置。这个人作为另外不相联系的一些人之间
短暂联系的信息中介,或者可以起到介绍群体一起认识的作用。在电网中,一
些高 LCC 节点可能是弱网络的标志,因为如果一个高 LLC 节点出现故障,网
络的一些部分可能会断掉。在由语言相似性连接起来的语言网络中,高 LLC
节点可能来源于两种地理上遥远的语言所贡献或适应所成。

整体度量:远距离阅读、森林网络

网络并非各个独立成分的聚合。当成分与成分之间的关系聚集在一起并
且其中的每个实体都成为整体的一部分时,网络才得以形成。整体层面的网
络分析揭示了原本分析单个节点或边时不明显的微妙趋势,并且通常会导致
历史学家提出的问题类型发生变化。

整体性网络测量也违背了历史研究中网络分析的一个缺点:同质性。人
与事物自组织方式的某些基本属性可能会创建缩小时看起来非常相似的网
络。在该尺度上,很难将大鼠遗传相似性网络与意大利家庭的网络区分开来。 222
当报告这些测量值时,历史学家需要警惕的是,这通常并不意味着正在研究的
网络具有任何新颖性。与其他网络相比,这些整体性度量在与其他网络衡量
相比较时最为有用。早期的社会网络和现代的社会网络都表现出无标度特
性,但有用的信息是如何将这些特性与其他特性区别开来。

密度

最基本的整体性网络测量指标是**密度**。每个网络的密度范围都在 0 到 1 之间，并且由它所具有的边的数量除以它可能具有的边的数量来界定。一个 13 世纪的小村庄的社交网络将具有令人难以置信的高密度，因为几乎每个人都会认识其他人。但是，通过州际高速公路连接的美国城市网络的密度测量值却相当低，因为两个城市彼此相距越远，越不可能有高速公路直接将它们连接起来。如果有一个商业航班的网络，那么距离就会成为一个很小的限制因素。

历史学家会发现密度在比较网络时的用处。例如，在铁、棉花和烟草贸易网络中，每个交易商品可能会前往同样多的前哨站和城市，但交易网络可能具有令人难以置信的密度差异。这也许表明需求或某些路线的运输费用有所不同。一组作者通过共同作者和引文连接起来的网络密度随着时间的推移而增大，揭示出一个学者群体的凝聚性，甚至是一门新的学科的凝聚性。

一般来说，最密集的网络也是分析成果最少的。随着每个节点相互连接，像中心性和互易性这样的基本测量指标变得意义不大。如果你发现自己的网络非常密集，通常表明数据需要经过不同的处理，或者应该使用不同的技术处理。

直径

网络的**直径**是其最短路径长度的一个函数值。形式上，它是该网络最长的最短路径值，或者是连接网络中相隔距离最远的两个点的边长度。甚至平均路径长度较短的网络也可能具有较长的直径。例如，在电影小游戏"凯文·贝肯六度"（Six Degrees of Kevin Bacon）中，一位在 20 世纪初的无声电影中扮演某个小角色的演员，可能距离去年制作的卡通电影的配音演员只有 15 步之遥。这是一个平均路径长度较短，但直径较大的网络。事实上，共同出演电影网络的直径可能是无法定义的，因为肯定会有一些演员永远无法到达网络的其余部分。

对历史学家而言，在大多数情况下，直径不太可能比平均路径长度更有价

223

值。我们的大部分网络都不完整。它们是我们构建或重建的过去网络的子集,但它们并不代表我们希望研究的全部内容。这可能是因为数据丢失或未完全数字化,或者我们希望将问题限定在较小的范围内。无论如何,历史网络外围的节点通常因为这是数据结束的地方而出现。在这些情况下,网络的直径更多的是创建数据集时历史学家推理的测量方式,而不是用于理解过去的有效指标。虽然这对于网络的直径尤其如此,但通常重要的是考虑收集数据的过程如何影响应用于此的任何算法。

互易性和传递性

互易性和传递性是整体性网络度量指标,它们对网络进化的方式大有启发。由于它们都是用来衡量实际边而不是预期边的,因此它们与密度的测量有关,但更具体。

在一个有向网络中,**互易性**衡量二元组形成相互关联的程度。在互易性为 1 的网络中,每个有向边都是往复的。例如,在 Facebook 上,如果别人没有将你列为朋友,你也不能将他们列为朋友,因此,Facebook 的友谊网络具有互易性。互易性值等于相互边的数量除以网络中的总边数。没有往复边的网络互易性为零。法律先例引用网络是一个典型实例,因为网络的边必须指向以往判决的案例,而两个案例不能互相引用为先例。

随着时间的推移,社交网络往往会变得更具互易性。在 Twitter 上,和生活中一样,单向交流通常会相对较快地转变为双向交流。不出所料,在早期的文学界,我们也看到了这一点。如果一些人先前有过联系的经历,那么一个人与网络中的另一个人通信的概率就会增加。互易性不仅是对网络的衡量,也是对其未来的预测。该指标在大多数情况下是非常有价值的。历史学家可以衡量敌对联盟国家之间军事互动的互易性,以洞察战争中的力量平衡。

传递性是三元组完全连接频率的整体度量指标。它与互易性的相似之处在于,它的计算方式也是用实际连接数除以可能的全部连接数。如果 A 与 B 相连,B 与 C 相连,则传递边连接 A 和 C 的边。传递性本质上是中间有传递边的被连接二元组的百分比。与互易性类似,许多不断发展的网络趋于拥有更高的传递性,它们的机制相当简单。在社交网络中,你经常通过已经存在的朋

224

友认识新朋友。一旦你连接到你朋友的朋友,你已经创建了一个闭合三角形,三角形的三个点都与另一个相互连通。

具有高传递性的网络通常呈现块状,因为其包含着密集相连的独立个体小群组。历史学家可能希望看到整个社会网络中传递性的演变,以探索引荐在形成社会纽带中的相对重要性。

度分布、优先附件及无尺度网络

到目前为止,介绍过的所有整体性网络测量指标都可以生成一个简单的数字,便于跨网络进行比较。然而,并非所有有用的测量值都可以量化为一个数字,一个例子是网络的**度分布**(图 6.19)。务必记住,节点的度是由连接到它

225

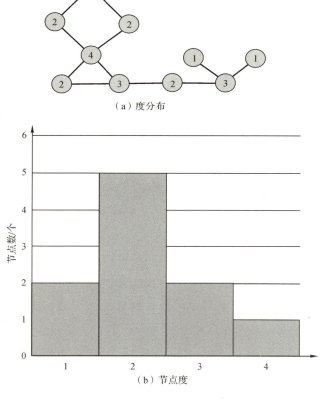

图 6.19　网络的度分布

的边的数量决定的。网络的度分布是该网络中每个节点的度的有序列表,通 224
常以图表的形式进行视觉呈现。它被用于确定网络中节点的倾向程度。

人们很容易认为,大多数网络具有节点度的"正态"分布,也就是说,一些
节点有少量的边连接到它们,一些节点则有很多,但大多数处在两者中间。但
事实通常并非如此。在社交网络、文章引用网络、航空网络以及许多其他有着 225
明显倾斜度分布的网络中,一些中心节点具有大量的边,更多的点拥有数量相
对可观的边,但边的数量明显比前者少很多,大多数节点通过很少的边实现
连接。

按照网络的说法,这种长尾度分布通常被称为**无标度**或**幂次定律**,尽管这
样描述的网络通常不符合这些术语的正式数学定义。无标度网络具有少数几
个主要中心,使其他节点彼此连接。在交通网络中,这些节点都是城市,人们
必须经过这些城市以到达其他地方;在通信网络中,这些主要节点是那些缺少 226
了他们,信息传播效率就会下降的人。

许多机制可以用来解释这种跨网络的相似性,但最有说服力的历史论据
涉及**优先附件**,或强者愈强效应。在朋友网络中,这意味着拥有很多朋友的人
有更大的机会结识更多的朋友,他们有一个更大的圈子可以反过来将他们介
绍给更多的人。这种正相关的反馈循环会一直持续,直到少数人在连通性方
面占据主导地位。引文网络也是如此,因为已经被高度引用的文章更有可能
被其他学者看到,并被再次引用。

网络的这种普遍特征可以为历史学家提供一些见解,但是见解不一定需
要这种特征的存在。如果一个历史网络呈现出一个长尾分布,中心节点非常
突出,那么这个结构本身就不值得特别注意。值得我们努力做到的是找出哪
些节点成为顶级节点,以及背后的原因。为什么所有的道路都通向罗马?梅
森(Mersenne)和哈特利布(Hartlib)在现代欧洲初期如何建立如此广泛的通
信网络? 这些问题的答案可以切入历史时期环境的核心,它们在网络中的形
式化可以帮助我们找到答案。

整体聚类系数、平均最短路径和小世界

"小世界"这个术语经常被用来形容所有紧密得令人惊讶的网络。尽管

"小世界"不一定完全错误,但这个术语有一个正式的定义。一个**小世界**网络是指其中任意两个随机节点之间的最短路径与网络中节点数量的对数成比例增长的网络。这意味着即使网络有许多节点,它们之间的**平均最短路径**也很小。这些网络也具有很高的**整体聚类系数**,也就是所有节点的平均 LCC。

简言之,一个小世界网络是一组节点往往聚集成小群体的网络,任何两个节点之间的路径通常都很短。"凯文·贝肯网络"就是这样一个小世界,某些交通和通信网络同样如此。小世界网络与无标度网络共享许多特质,这并不稀奇,而且两者可以重叠。

在探索历史的进程中越往前,历史整体就越来越不像一个小世界网络。这是因为行程和距离的限制阻止了不同区域之间的短连接。然而,如果将网络定义为仅在一段时间内足够小的区域里的那些连接,小世界属性往往会重新出现。

历史学家可以从小世界网络中得出一些推论,包括材料在社区内部和社区间传播的时间,以及个体参与者在塑造过去时的相对重要性。这些网络的存在也可以在反事实历史的思考中发挥作用。小世界网络倾向于排除扰乱网络结构的小型偶然事件,这意味着信息、疾病等将会不受较小历史波动的影响而广泛迅速传播。

连接全局、远程与局部、附近

历史学家使用网络的真正优势不在于局部(这是我们一直擅长的),也不是全局(我们在这方面也有一定的经验),而是将两者结合起来。局部特征无缝嵌入到整个单元中,而全局特性非常明确地由各个部分组成。这使得网络分析成为结合微观历史史学传统和布劳德里安(Braudelian)长时期历史研究的极有前景的方法论。

中心点和桥梁

网络帮助我们确定那些对于连接不同社区至关重要的路线或个体。它们可以以单个节点的形式出现,这些节点通常被称为中心点,或是以节点对之间的边的形式出现,这称为桥梁。这些术语中的每一个都有多种形式定义,但是定义的内涵是相同的：如果缺少了**中心点**，其邻点之间的路径会更长，而一个**桥梁**是连接两个不相连的群体的边。

中心点与许多已经介绍过的概念有关。无标度网络通常有一些中心程度极高的中心点，它们本身往往具有较高的中介中心性。也就是说，它们位于许多节点对的最短路径之上。这些节点是网络中的脆弱点，缺少了它们，信息传播需要更长的时间，旅行也需要更长的时间。图书网络中根据内容彼此相似的程度连成的中心点具有完全不同的含义：最中心的节点可能是百科全书，因为它涵盖了非常广泛的主题。这些术语的含义总是根据手头的数据集而变化。

桥梁也与之前提到的概念相关。在小世界网络中，桥梁是将两个密集而孤立的集群连接在一起的边，从而使网络与这种紧密团结的群体之间保持极短的平均路径长度。桥梁最简单的历史例子就是一座桥，横跨水域，连接陆地。如果这座桥坍塌了，那么人们就需要不辞辛苦地从一边走到另一边。

中心点和桥梁有助于在局部和整体之间建立联系，因为它们是由自身与其余网络如何连接所定义的独立度量指标。就其本身而言，两个家庭之间的单一婚姻看起来似乎不太起眼，但如果是皇室成员与当时已经没有联系的外国势力结婚，或者两个来自具有深厚传统，信仰却不同的两个社区的人结婚，一个简单的桥梁就会具有全新的重要意义。网络分析有助于发现这些异常连接的实体，并且效率极高，因此历史学家有更多的时间去探索这种联系背后的意义。

派系、群体和连通成分

中心节点和桥梁连接什么？有许多术语描述网络的不同组织模式，但最基本的三个术语是派系、群体和连通分支。一个**派系**是网络最密集的部分；也就是说，每个节点都连接到某个其他节点上。派系中的单个节点可以连接到派系之外的节点。在一个引用其他作者的作者网络中，一个派系是所有相互引用的作者的一个子集。个别作者也可以在派系以外引用其他人的文章，但这些外部作者不属于派系的一部分，除非他们引用其他成员并被其他成员引用。所有封闭的三元组都能被定义为一个派系，派系越多，群集系数就会越

228

高。根据定义,任何一组 LCC 为 1 的连通节点将形成一个派系,因为每个邻点都是彼此的邻点。

₂₂₉ 　　有时候在查找网络中的节点组时,派系因为定义过于苛刻而用处不大。可能有一个公司网络,如果各个公司共享董事会成员,那么它们会彼此相连。并非每个公司都与其他公司拥有相同的董事,但很明显,即使它们不严格地形成派系,同一批人也会将这些公司连接在一起。这些连接良好的节点组虽然没有最大程度的连接,但形成了**群体**。有许多不同的方式来定义群体,群体可能会,也可能不会发生重叠。一个普遍的群体定义是:一组节点之间的内部边比连接到其他群体的外部边更多。它是相对密度的度量指标。

　　与大多数网络的概念一样,一个群体的定义并不明确。多种算法会产生不同的结果,并以不同的方式对网络进行分组。一些算法根据边来分组,一些则根据节点;其他一些则会产生层次上嵌套的群体或重叠的群体。最常用的群体检测方法被称为模块化(modularity),根据邻边的连接程度,将网络中的每个节点放入一个群体。如果在任何特定群体内连接节点的边的比例高于连接到其他群体的边的比例,那么模块性就成立了。最好的社区检测方法是最适合你的网络和最能解决你的问题的方法。方法没有对错,只有相关程度高低之分。一个好的"合理性检测"是看你正在使用的算法是否会把你知道的人或实体归为同一个群体,并将那些不属于他们群体的对象排除在外。如果它对你了解的数据部分起作用,那么你可以确定它会适用于你不了解的数据部分。

　　一组节点中最具包容性的术语是连通成分。一个**连通成分**就是一组节点,它们可能通过任意数量的边相互连接。无向网络有时会根据它们包含的连通成分的数量进行分类,也就是彼此完全断开连接的不同组节点的数量。

　　尽管这类节点组似乎非常大,毫无意义,但连通成分对于理解"谁可能已经听到特定谣言"等问题是非常有价值的。它们定义了互联世界的范围。给历史网络的一个警告是,我们手上的故事通常是不完整的,如果有更多的证据出现,那么那些断开连接的节点可能就会被连接起来。这就是为什么在历史网络分析中,依赖现存的边和节点往往比依赖不存在的那些更好。连接度的₂₃₀ 测量应该被看作下限。这个测量结果表明,你的网络起码是相互连接的,最短路径最多这么长。

弱连接和结构洞的强度

本节的前提是网络揭示了整体属性与局部活动之间的相互作用,而关于弱关系和结构洞的讨论就是这种好处的一个典型实例。许多网络形成了小世界。它们是密集的群体,群体之间有诸多联系,这使得任何群体只需几步即可到达另一个群体。

这是宏观的视角,而在微观视角下,关注点会转移。两个彼此相邻的派系碰巧有一条边将它们连接在一起。这条连接两个孤立、不相连群集的单一边被称为**弱连接**,因为这两个群体之间的连接可能很容易中断。例如,一条断开的电力线可能会分隔电网的两个部分,或者一个疏远的表亲可能会使一个家庭两边之间的连接中断。细心的读者会注意到,弱连接的定义与桥梁的定义非常相似。这种二分法,连接的脆弱性以及桥梁的重要性,对网络动力学有着深远的影响。

在社交网络中,弱连接可能是你几乎没有联系过的大学老友;在早期的贸易网络中,弱连接可能是两个不连贯的世界之间唯一而危险的贸易路线,危险巨大,但回报也同样可观。在实践中,弱连接往往很弱,不仅因为它们的断开会破坏网络,还因为连接本身往往很脆弱。在加权网络中,这些边通常具有非常低的权重。这是网络发展趋向方式所造成的低权重例子。如果你有一个来自另一个社区的特别要好的朋友,你更有可能将他介绍给你的其他密友,这时两个社区之间的联系立即增加,联系也不再脆弱。

然而,这些脆弱的联系是非常重要的。[①] 我们会再次使用社交网络的例子,但是许多其他类型的网络也享有这一特点。当一个人正在寻找某种东西,比如一份新工作时,她不太可能会向她最亲密的朋友寻求建议。她和她最好的朋友都认识同样的人,她们获得的资源和信息都类似,她们对同样的事情感兴趣,因此缺乏新消息的来源。相反,她会去找她的表亲,因为她知道她表亲的单位正在进行招聘,或者一位老师,或者与她有着弱联系的其他人。从以往

231

---

① Mark Granovetter (1973), "The Strength of Weak Ties," *The American Journal of Sociology*, 78(6), 1360-1380.

经验来看,网络研究表明,与外部群体的联系往往是最有成效的。

弱连接的力量被认为是推动 17 世纪欧洲科学兴起的驱动力。[①] 政治流亡、宗教散居和年轻学者广泛旅行的习惯,与相对廉价和快捷的邮政系统相结合,创造了一个每个地区群体都具有弱联系的环境,并且在政治、宗教和知识领域之间广泛延伸。这使得每个群体以及每个人都有更多机会获取继续研究的正确灵感或所需的数据。弱联系使得小群体成为全球网络的一部分。研究弱联系就是研究分离群体之间的联系,但跨区群体的有利影响也在节点中累积。如果某个人或某个事物位于网络中的两个或两个以上相互分离群体的交叉点上,那么就会称其占据了一个**结构洞**,这个位置在节点和网络中都具有一定的优势。由于弱联系与桥梁相对应,结构洞是由中心点填补的负空间(在社会学中,有时被称为**经纪人**)。在企业中填补结构洞的人已经被证明能在职场取得更多成就。在本章的第一部分中,美第奇家族据说在佛罗伦萨家庭网络中战略性地创造了诸多结构洞。从这个角度来看,美第奇家族是唯一可以撷取网络中每个群体利益的家庭。他们能够让群体之间相互对抗,并且在他们觉得适合的时候,就可以扮演网络看守的角色。在早期的现代欧洲,像皇家学会秘书亨利·奥尔登堡(Henry Oldenburg)这样的人位于许多网络的中心,并能够筛选正确的信息给那些需要的人,并让信息远离那些不应接触到它的人。

网络和时间

网络科学是一门年轻的科学,对含时网络的研究虽然广泛,但仍处于起步阶段。随着时间的推移,网络演进对于史学来说是一个重要的课题,它在文献中有待进一步开发的状态将使这部分的简介十分必要。

关于如何呈现含时网络还没有达成共识,这是显而易见的。例如,罗马帝国内外城市之间的贸易网络随着时间的推移发生了剧烈的变化,然而,我们无法确切地说明何时使用特定路线或何时不使用特定路线。即使我们可以直接看到过去,也很难判断路线的使用何时从零星状态变为频繁状态。

---

① Davis Lux and Harold Cook (1998), "Closed Circles or Open Networks? Communicating at a Distance During the Scientific Revolution," *History of Science*, 36, 179-211.

即使在具有完整数据可用性和明确事件划分的现代网络中，人们也不清楚如何模拟网络变化。美国的电话网络创建了一个不断变化的网络，在这一网络中每部电话都是一条附加的边。然而，你不能将单一时刻的网络进行截图，说它代表了美国的电话网络，因为你无法确定那天所有打电话的人在一天中不同时刻打电话的情况是否一样。

一种解决方案是将电话数整理到时间切片中，或以特定的**时间段**（小时、天、月、年）将所有电话数据组合在一起。在这种方法中，每个时间切片都是网络的截图快照，研究快照在每个片段中的变化就是在研究不断演变的网络。这种方法是最常见的，但由于微小的变化就会导致网络的剧烈重构，所以有时难以对时间切片进行相互比较。

另一个显而易见的解决方案是，每一时刻都对网络数据的每一点进行建模，可能会形成一个令人感到愉悦的连续网络，但这种方法很难以有意义的方式进行呈现。在这些动态方法下编写映射我们当前的网络分析概念框架的算法也很困难。

我们希望历史学家对网络分析重燃兴趣，并愿意与网络科学家合作，为用更多细微而有意义的方法来理解随着时间推移而发展的网络铺平道路。

延伸阅读和结论 233

对于那些有兴趣深入网络分析的人，今天有很多资源可供使用。伊斯利（Easley）和克莱因伯格（Kleinberg）[1]所著的《网络，人群和市场》（*Networks, Crowds, and Markets*）提供了"接地气"的介绍，如果本节内容被扩展成书的话，那么这本书将与他们的书很像。特别值得注意的是，这本书将抽象的网络概念与真实的现代社会现象联系了起来。沃瑟曼（Wasserman）和浮士德（Faust）的《社交网络分析》（*Social Network Analysis*）[2]是一本典型的教科

---

[1]　David Easley and Jon M. Kleinberg (2010)，*Networks, Crowds, and Markets*：*Reasoning About a Highly Connected World*，Cambridge：Cambridge University Press.

[2]　Stanley Wasserman and Katherine Faust (2010)，*Social Network Analysis*：*Methods and Applications*，Cambridge：Cambridge University Press.

书，侧重于小规模网络分析以及数据收集和准备的相关问题。它比前者更加数学化，适合那些希望理解网络分析并将其应用的历史学家们，特别是在处理中小规模数据集的时候。纽曼（Newman）的《网络：简介》（*Networks：An Introduction*）①是所有现代大型网络分析的教科书，从代谢网络到社交网络都有涉及。它非常形式化和数学化，我们将其推荐给那些真心想要投入网络科学工作的人，以及那些想要助力推出历史网络分析新算法、工具和方法的人。

现有的各种网络分析软件包都有教科书，其中包括概念以及工具使用。对于那些已经熟悉 UCINET 的人，或者对矩阵研究特别感兴趣的人，由博尔加蒂（Borgatti）、埃弗里特（Everett）和约翰逊（Johnson）②所编写的《社交网络分析》（*Analyzing Social Networks*）是一本必读书。那些希望在 Excel 中使用 NodeXL 进行网络分析的人应该看看汉森（Hansen）、施奈德曼（Shneiderman）和史密斯（Smith）所著的《利用 NodeXL 分析社交网络》（*Analyzing Social Media Networks With NodeXL*）。③ Pajek 是功能最为齐全的一种网络分析程序，可以通过德·诺伊（De Nooy）、姆尔瓦（Mrvar）和巴塔盖尔吉（Batagelj）的《利用 Pajek 进行社交网络解释性分析》（*Exploratory Social Network Analysis with Pajek*）对其进行了解。④ Workbench（NWB）网络和 Sci² Tool 工具都在它们的主页上提供了大量用户手册链接。⑤ 遗憾的是，我们给历史学家推荐的网络分析软件 Gephi 目前还没有系统性的学习指南可供选择。⑥

---

① Mark E. J. Newman（2010），*Networks：An Introduction*，New York：Oxford University Press.

② Stephen Borgatti，Martin G. Everett and Jeffrey C. Johnson（2013），*Analyzing Social Networks*，London：SAGE Publications Ltd.

③ Derek Hansen，Ben Shneiderman and Marc A. Smith（2010），*Analyzing Social Media Networks With NodeXL：Insights from a Connected World*，Burlington：Morgan Kaufmann.

④ Wouterde Nooy，Andrej Mrvar and Vladimir Batagelj（2005），*Exploratory Social Network Analysis With Pajek*，Cambridge：Cambridge University Press.

⑤ 关于 NWB 的相关信息可以登录 http://nwb. cns. iu. eduDocsNWBTool-Manual. pdf 获取；有关 Sci² 的信息请登录 http://sci2. wiki. cns. iu. edu/获取。

⑥ 也就是说，一套有关 Clement Levallois 的优秀教程可登录 http://clementlevallois. net/gephi. html 获取。

第七章 网络应用

本节将介绍如何理解网络分析的概念框架并将其应用于具体实践。历史网络分析往往需要采取一系列类似的步骤：

1.选择一个数据集；

2.编码、收集或清理数据；

3.将数据导入网络分析包；

4.分析数据；

5.使数据可视化；

6.解读结果；

7.得出结论。

该框架不是通用的,该过程通常需要重复多次,并且根据具体情况省略或添加一些步骤。第四和第五步是开放式的,本书的一小部分已经将其涵盖,希望了解更多内容的历史学家可以通过本章的深入阅读部分更深入地研究他们选择的工具。我们花最多时间解释的步骤通常在实践过程中花费的时间最少。在项目中用于分析和可视化数据的时间不到 5%,大部分时间将用于收集、整理和解释数据。

选择一个数据集

你如何知道所拥有的数据是否适合用于进行网络分析？当然,答案取决于项目本身,但不幸的是,在项目一开始时很难说出哪些数据对网络分析最有用,许多网络分析最终走进了死胡同。所以你拥有的经验越多,你就会越早意识到一个网络分析会不会有进展。但也应该牢记,死胡同并不是一个坏结果, 你仍会从你所拥有的信息中学到一些重要的东西。

在你将材料汇集在一起时，有两种静态网络分析方式需要考虑：一种是探索性网络分析，另一种是假说驱动型网络分析。你是否将网络用于探索或证明关于过去的假设？每种方法都有自己的数据假设，这些假设会为你的解释提供支持。**探索性**网络分析是基于"网络非常重要"的观点建立的，但通过什么方式进行分析仍然未知。进行**假说驱动**型网络分析需要一个关于世界的预先假设，然后让网络分析去验证这一假设，结果可能是与这一假设相同或是相反。对于历史网络分析，这两个阵营往往模糊不清[①]，但在创建数据中，这种区别是有用的。

用探索性的网络分析创建数据更加困难。如果你对哪些东西在网络中是有用的还没有一个明确的概念，那么你通常会倾向于选择那些最容易获取的数据。很多以网络为导向的数字化历史项目都以这种方式开始：一位历史学家意识到一个预先存在的网络数据集，该数据集已经带有一组预先定义的类别，他对这一数据集进行探索，以便找出可能隐藏其中的任何有趣信息。这种方法并没有什么缺陷，但它的限制条件很多。这些数据集很少是因对历史网络有兴趣而建立的，并且已有的分类可能只能用于探索有限数量的问题。

虽然从形式角度来看，历史学家们对假说驱动型网络分析可能更为陌生，但这种模式降低了让研究走进死胡同的概率。假说驱动型网络分析的第一步是将一个历史观点**可操作化**。[②] 这一观点可能是：早期电子布鲁斯音乐家的受欢迎程度深受其与其他音乐家关系的影响，而不是唱片公司。这一观点有助于在时间和范围上划定潜在的数据集，并可用于收集某些数据。首先你需要选择节点和边，结合我们的例子，将是录音和合同以及合作将音乐家和唱片公司联结起来。你必须将受欢迎程度可操作化：也许这可以通过唱片销售量或某些歌曲在收音机上播放的频率来完成。你也可以将联系强度可操作化，这也许可以是两个音乐家一起录制唱片或者为同一家公司录歌的次数。要判断音乐家与音乐家之间的联系，音乐家与唱片公司的联系哪个更重要可能很难，

237

[①] Fred Gibbs and Trevor Owens (2013)，"The Hermeneutics of Data and Historical Writing," in K. Nawrotzki and J. Dougherty (eds) *Writing History in the Digital Age*，Ann Arbor：University of Michigan Press.

[②] Franco Moretti (2013-12)，"Operationalizing：Or，the Function of Measurement in Modern Literary Theory," http://litlab.stanford.edu/LiteraryLabPamphlet6.pdf.

因此收集事件发生的时间会很有用。通过所有这些数据，通过路径长度，你可以查看与特定人物或特定公司相连的音乐家是否更受欢迎，或者通过闭合三角查看某些音乐家是否有助于将新的音乐家引入唱片公司。用预先设定的假设或问题进行分析，将使数据收集和分析步骤变得更容易。

软件

在开始网络研究之前，选择一个可供使用的软件包非常重要，因为它可以决定你将收集哪些数据以及如何收集数据。值得庆幸的是，你不用被特定的软件选择所束缚，文件格式可以相互转换，虽然这个过程有时是不可见的，有时候分析需要使用多种工具（不要忽略文本编辑器的功能，它可以生成和创建网络文件，请参阅下面的文件格式部分）。

UCINET

UCINET 可用于执行相当复杂的分析。尽管如此，我们并不推荐大多数历史学家使用 UCINET。它不是免费软件，仅限于在 Windows 操作系统上使用，并且学习曲线陡峭。[①] 然而，对于那些对矩阵数学已经很熟悉的人来说，UCINET 更为直观，它具有许多先进的功能，并且在社交网络分析师中拥有着广大的用户群。（OS X 用户可以通过多种工具运行 Windows 软件，我们使用的工具可在 http://winebottler. kronenberg. org/上获取。）我们不建议使用 UCINET 进行可视化操作。UCINET 可登录 https://sites. google. com/site/ucinetsoftware/home 获取。

Pajek

238

Pajek 是一个免费的网络分析程序，与其他非命令行工具相比，具有更多

---

① 如何通过 UCINET 进行网络分析可参见 Robert Hanneman and Mark Riddle（2005），*Introduction to Social Network Methods*，Riverside：University of California（Online textbook，http://faculty. ucr. edu/～hann-eman/nettext/）。

的功能和算法。我们不建议那些刚开始从事网络分析的人使用它，因为它可能很难学，并且不够直观。但是它可以执行复杂的分析，所以那些在其他工具中无法找到合适算法的人可能会在 Pajek 中找到他们想要的算法。Pajek 也仅限于在 Windows 系统上使用，它拥有更广泛的用户群，新版本可以分析相当大的网络。我们不建议使用 Pajek 创建可视化。但是，Pajek 格式（使用".net"文件扩展名）是一种行业标准，大多数工具都可以读取或创建这种格式。Pajek 可以在 http://pajek.imfm.si/doku.php 上下载。

Network Workbench(NWB)和 Sci^{2}Tool

NWB 和 Sci^{2}Tool(均是与本手册的一位作者合作开发的)都是用于处理数据的免费工具，都可以用来分析网络和创建可视化。其中，NWB 侧重于网络分析，Sci^{2}Tool 侧重于科学计量学（引文分析和其他类似目标）。这些工具在数据预处理方面比其他工具有更多的功能，特别是在非结构化和结构化数据的网络创建方面，但比 UCINET 或 Pajek 的特定分析工具少。它们对于文件格式之间的转换特别有用，它们可以在所有平台上运行，并且比 Pajek 和 UCINET 更易操作，但不像 NodeXL 或 Gephi 那样容易使用。NWB 可以在 http://nwb.cns.iu.edu/上下载，Sci^{2}Tool 可在 https://sci^2.cns.iu.edu/user/index.php 上找到(你需要完成免费注册过程以进行下载)。

NodeXL

NodeXL 是一种免费的 Excel 插件，也只能在 Windows 平台上使用。我们向熟悉 Excel 并刚刚开始探索网络分析的历史学家推荐 NodeXL。该插件并不像这里列出来的其他软件一样功能丰富，但确实让输入和编辑数据变得非常简单，并且非常适用于小型数据集。NodeXL 还提供了一些独特的可视化和从其他包导入数据的能力，但它不能很好地适应包含超过几千个节点和边的网络。NodeXL 也可以被用来挖掘社交媒体（Twitter 用户列表或主题标签、YouTube 或 Facebook）。NodeXL 可以在 http://nodexl.codeplex.com/上下载。

239

Gephi

对于那些不需要 Pajek 或 UCINET 所提供的全套算法的网络分析师来说，Gephi 正迅速成为他们的首选。尽管它没有 NWB、Sci² Tool 或 NodeXL 的数据输入或预处理功能，但其使用相对简单（在这点上仅次于 NodeXL），可用于所有平台，可以分析相当大的网络，并创建美观的可视化界面。研发社区也非常活跃，使得它不断得到改进。**我们建议大多数历史学家都使用 Gephi 进行严肃的网络分析研究。**Gephi 可在 http://gephi.github.io 获取。

网络在线：D3.js、gexf-js 和 sigma.js

当涉及网络可视化时，大多数研究人员最想要的是具有交互性的可视化。直到最近，在线交互式网络可视化唯一真正优秀的选择在杰弗里·希尔（Jeffrey Heer）旗下的 Stanford Visualisation Group 中被开发出来，迈克·博斯托克（Mike Bostock）在这个项目中做出了不少努力。该团队负责过许多广泛使用的可视化基础软件，其中包括用于创建可视化基于 Java 框架的 prefuse 工具包。flare 是一个用于创建可视化的 ActionScript（AdobeFlash）库，而 protovis 是一个用于创建可视化的 JavaScript 库。该团队最近正在努力攻坚的项目 D3.js 是一个基于 JavaScript 用于开发新颖可视化的高度灵活框架，目前是交互式在线可视化的行业标准。迈克·博斯托克现在是《纽约时报》的图形编辑人员，斯坦福可视化团队已转移至华盛顿大学，现在被命名为"交互式数据实验室"（Interactive Data Lab）。

D3.js 是一种复杂的语言，初学者——即使是那些熟悉编码的人——要想有效地使用还是有一定难度。[①] 一些库被创建为 D3.js 周围的数据层，以使得创建可视化的过程变得更加容易，其中包括 vega 和 NVD3。建立这些库都需要用到一些编码知识，在学习它们时只需要些许的努力，就可以得到高度定制的在线交互式网络这一可观回报。对于那些不想自己编写可视化代码的用 240

① 有关 D3.js 的介绍和教程，可见 Elijah Meeks（2014），*D3.js in Action*，Shelter Island：Manning Publications。作者米克斯边写边发布，他会根据读者的反馈调整内容（http://www.manning.com/meeks/）。

户，Gephi 为创建交互式在线可视化提供了几个选择。**Seadragon web export**、**Sigmajs Exporter**，以及 **Gexf-JS Web Viewer** 等插件都可以通过 Gephi 商店获取，用于创建这种可视化（在 Gephi，你可以通过点击"工具"然后点击"插件"来添加新的插件）。

抽象数据

网络数据符合网络理论：它们的基本组成部分是节点和边。这通常有三种表现方式：矩阵、邻接表，以及节点和边列表。每种方式都有自己的长处和短板，下文将一一讨论。

在所有三种描述中将使用同一个示例网络——四个虚拟城市之间的交换网络。数据类型将用于显示网络数据如何具有不同数值的细节。

矩阵

尽管在大多数历史学家的工具箱中并没有矩阵，但对于小型网络来说，**矩阵**是一种十分有效的表现形式，它可以使一种简单的网络可视化效果成倍增长。以下是四个虚拟城市之间的贸易网络：奈特兰德（Netland）、康涅蒂亚（Connectia）、格拉夫维尔（Graphville）和诺德珀里斯（Nodopolis）。当城市之间没有贸易路线时显示"0"，如果存在，则显示"1"。

	Netland	Connectia	Graphville	Nodopolis
Netland		1	0	1
Connectia			1	1
Graphville				0
Nodopolis				

根据这个矩阵，我们可以推断出：Connectia 与 Netland 以及 Graphville 与 Nodopolis 有贸易往来，Nodopolis 与 Netland 有贸易往来。请注意只有矩阵的**上三角**区域填入了数据，**对角线**（阴影部分）没有数据，因为城市与自身进行交易并没有意义，且**下三角**区域没有数据填入，因为在对称的无向网络中，在

该区域里的信息将是多余且相同的。我们已经知道 Netland 与 Connectia 有贸易往来，所以我们不需要多此一举。网络没有加权，因为我们所知道的仅是两个城市之间是否存在交易（以 0 或 1 表示），并不知道交易量。

241

下面这个矩阵与前一个相同，但它现在标识的是一个加权网络。由此可知，Connectia 和 Netland 之间的贸易额为 1000 万美元，Connectia 和 Graphville 之间的贸易额为 200 万美元，Connectia 和 Nodopolis 之间的贸易额为 400 万美元，而 Netland 和 Nodopolis 之间的贸易额也达到了 400 万美元。该可视化可以进一步延伸。

	Netland	Connectia	Graphville	Nodopolis
Netland		$ 10mil	0	$ 4mil
Connectia			$ 2mil	$ 4mil
Graphville				0
Nodopolis				

下面的矩阵展现的是一个有向的城市贸易加权网络。方向性意味着城市之间的贸易关系可以表征为不对称关系，从而分解成相应的组成部分。有向网络需要填充矩阵的上三角和下三角区域。**来源地**和**目的地**是分别执行发送和接收行为的节点网络选择性术语。在上述矩阵中，Netland（来源地）向 Connnectia（目的地）发送 600 万美元的货物，向 Nodopolis（目的地）发送 100 万美元的货物。Netland（目的地）从 Connectia（来源地）收到 400 万美元的货物，从 Nodopolis（来源地）收到 300 万美元的货物。

		Target			
		Netland	Connectia	graphville	Nodopolis
Source	Netland		$ 6mil	0	$ 1mil
	Connectia	$ 4mil		$ 1mil	$ 3mil
	Graphville	0	$ 1mil		0
	Nodopolis	$ 3mil	$ 1mil	0	

如果我们想要进一步扩展这一描述，我们可以创建多个平行矩阵。平行矩阵可以代表时间片段，因此每个矩阵代表随后一年城市之间的交易。此外，

平行矩阵可以代表不同的贸易类型，例如服务、货币和商品。这是对立体网络进行编码的一种方法。

242 　　矩阵在某种程度上是呈现网络的标准方式。它们相当易读，不会占用太多空间，并且很多网络分析算法设计中包含矩阵数学。然而，随着网络的规模越来越大，使用邻接表或节点和边列表呈现它们变得越来越普遍。大多数网络软件仍然可以读取矩阵，某些程序为使用矩阵还进行了优化，特别是UCINET，其次是 NodeXL。

邻接表

邻接表是矩阵的简单替代形式，并且在数据输入方面更为便捷。像矩阵一样，它可以用来呈现多种网络。

Netland	Connectia
Netland	Nodopolis
Connectia	Graphville
Connectia	Nodopolis

该邻接表呈现了与第一个矩阵相同的网络。它是无向且不加权的。赋予权重与增加额外的数据列一样简单。

		Weight
Netland	Connectia	$ 10mil
Netland	Nodopolis	$ 4mil
Connectia	Graphville	$ 2mil
Connectia	Nodopolis	$ 4mil

邻接表可以为每个额外的边的性质添加任意数量的附加列。例如，如果这是一个多元网络对不同的贸易类型进行编码，则可能会有两个额外的列：一个是货物，另一个是人员。每个额外的列可以填充数值。或者，可以使用列来编码联系的类型。在家族企业网络中，"关系类型"栏可以填写为"交易""婚姻"或"两者皆有"。

如下所示,邻接表也可用于表示有向的不对称网络(将列视为"来源地"和"目的地"以表示方向性)。

Source	Target	Weight
Netland	Connectia	$ 6mil
Netland	Nodopolis	$ 1mil
Connectia	Graphville	$ 1mil
Connectia	Nodopolis	$ 3mil
Connectia	Netland	$ 4mil
Graphville	Connectia	$ 1mil
Nodopolis	Netland	$ 3mil
Nodopolis	Connectia	$ 1mil

这与最终的矩阵相同。在网络可视化中,指向性表现为来源地指向目的地的箭头,这体现了边的方向性。

节点和边列表

我们为刚涉足网络分析的历史学家推荐使用这种数据结构。它被广泛使用,便于手动输入数据,并允许将附加信息附加到节点上,而不仅仅是附加到边。**节点和边列表**的一个缺点是它们需要进行更多的初始工作,因为它们涉及创建两个单独的表格:一个用于节点,一个用于边。

Nodes	
ID	Label
1	Graphville
2	Nodopolis
3	Connectia
4	Netland

Edges	
4	3
4	2
3	1
3	2

该节点和边列表相当于第一个邻接表和第一个矩阵。特别要注意的是,节点现在被赋予了独立于其标签的 ID,如果有多个同名的城市,这会变得很有用。下面的两个表格显示了如何添加权重和方向性,以及给单个节点添加额

外的属性。

Nodes			
ID	Label	Population	Country
1	Graphville	700000	USA
2	Nodopolis	250000	Canada
3	Connectia	1000000	Canada
4	Netland	300000	USA

Edges		
Source	Target	Weight
4	3	$ 6mil
4	2	$ 1mil
3	1	$ 1mil
3	2	$ 3mil
3	4	$ 4mil
1	3	$ 1mil
2	4	$ 3mil
2	3	$ 1mil

　　虽然节点和边列表需要进行更多的初始设置，但有付出就会有收获，用户可以获得数据输入的便捷性和软件使用的灵活性。遗憾的是，并不是所有的软件都以完全相同的方式解释这些数据结构，因此有必要将收集的数据转换为程序实际可以读取的格式。

文件格式

　　网络有很多文件格式，大多数都是前一节介绍的三种主要数据结构的实例。下面我们将以四个城市为例，对它们进行详细描述。

UCINET

UCINET 的数据格式简单明了,但进行手工编辑也非常困难。UCINET 最常用的格式是"fullmatrix",它包含矩阵创建出来之前定义的节点标签列表。假定矩阵的相同节点在水平和垂直方向上具有相同的顺序,如下所示:

dl N = 4

format = fullmatrix

labels:

netland,connectia,graphland,nodopolis

data:

0 1 0 1

0 0 1 1

0 0 0 0

0 0 0 0

花一点时间去看看这与上一节(Netland 和 Connectia 交易网络)中的第一个矩阵示例的数据结构有何相似之处,虽然这一文件格式的规格是 UCINET 独有的。第一行显示节点数为 4,第二行显示格式,第三和第四行显示标签,随后的行显示边。虽然这只是一个简单的文本文件,但我们将其文件扩展名改为".dl",因此该文件的文件名为"citynetwork.dl"。

Pajek、NWB 和 Sci^2 Tool

Pajek 和 NWB、Sci^2 Tool 的标准文件格式相似,因为它们都是以单个纯文本文件编码的节点和边列表。在 Pajek 文件格式(NET)中,我们把节点称为**顶点**,有向边称为**弧**,而无向边称为**边**。

* Vertices 4

1. "Graphville"

2. "Nodopolis"

3. "Connectia"

4. "Netland"

＊Edges

4 3

4 2

3 1

3 2

246 如果边是有向的,则该小节将介绍的是弧(Arcs)而不是边(Edges)。只需要在表示这条边的线的末端加上一个与权重相等的数字,就可以给每条边加上权重。NWB 与 Sci_2 Tool 文件格式(＊. nwb)非常类似,尽管它需要对网络类型和变量做出更多说明。它还需要对每个变量类型进行说明(int＝整数, string＝文本字符串等)。具有附加节点和边信息的 NWB 文件示例如下:

＊Nodes　4

id ＊ int　　label ＊ string　　population ＊ float　　country ＊ string

1．"Graphville"　　700000　　　　"USA"

2．"Nodopolis"　　250000　　　　"Canada"

3．"Connectia"　　1000000　　　　"Canada"

4．"Netland"　　300000　　　　"USA"

＊DirectedEdges 8

source ＊ int　　target ＊ int　　weight ＊ float

4　3　6000000

4　2　1000000

3　1　1000000

3　2　3000000

3　4　4000000

1　3　1000000

2　4　3000000

2　3　1000000

这些文件格式对小错误非常敏感,所以一般情况下最好不要直接编辑。这就是我们要使用网络程序的原因。

GEXF

Gephi 基于 XML 的文件格式 GEXF 以纯文本形式保存，扩展名为 ".gexf"。它非常详细，允许保存一个网络的详细信息。

```
<? xml version = "1.0" encoding = "UTF-8"? >
<gexf xmlns = "http://www.gexf.net/1.2draft" version = "1.2">
    <graph mode = "static" defaultedgetype = "undirected">
      <nodes>
        <node id = "0" label = "Graphville"/>
        <node id = "1" label = "Nodopolis"/>
        <node id = "2" label = "Connectia"/>
        <node id = "3" label = "Netland"/>
      </nodes>
      <edges>
        <edge id = "0" source = "3" target = "2"/>
        <edge id = "0" source = "3" target = "1"/>
        <edge id = "0" source = "2" target = "0"/>
        <edge id = "0" source = "2" target = "1"/>
      </edges>
    </graph>
</gexf>
```

这些文件很容易读取，但是需要再次提醒的是，不应该直接编辑文件，除非你真的知道你应该怎么做。

NodeXL

NodeXL 文件不以纯文本保存；相反，它们以默认的 Excel 格式保存。将数据直接输入此格式比其他所有格式都更简单，因为它只需要在 Excel 中打开文件并根据需要在熟悉的电子表格环境中进行编辑。

网络可视化

对于**矩阵图**，计算社会科学家比传统的社交网络分析师用得更多。它们是本章之前讨论的矩阵数据结构的彩色版本，适用于在大中型网络中显示的群体模式。它们不用忍受力导向可视化那样的杂乱无章，但同时却无法以个体为单位进行读取。

图 7.1 是维克多·雨果（Victor Hugo）著作《悲惨世界》（*Les Mis'erables*）中角色互动的矩阵可视化。我们使用 Excel 进行了可视化处理，以印证一个事实：矩阵可视化仅仅是被着色和缩小的数据结构。每一列都是书中的一个角色，每一行也是一个角色，并且角色列表在水平和垂直方向上的顺序相同。如果来自该行的角色与来自该列的角色进行交互，则单元格被涂红，否则会呈现白色。请注意，由于网络是对称的，因此只有一个矩阵里的三角区被填充。

248

248

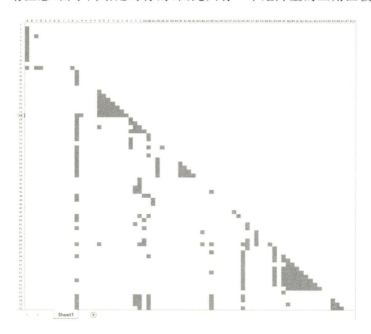

图 7.1 《悲惨世界》的矩阵可视化

注：图片使用得到了微软的许可。

我们在网络上进行群体检测，并根据角色是否同处一个群体中对他们进 248
行排序。这就是为什么有些区域被涂上了红色，而另一些则没有。每个三角
形红色群集代表一个互相交往的角色群体。有许多红色区域的垂直列是与书
中许多其他角色存在互动的主角。例如，靠近左侧的填充栏是冉·阿让（Jean
Valjean）的角色互动。

通过使用矩阵的上部和下部三角形，可以扩展矩阵图来覆盖不对称网络。
附加信息可以用颜色的浓度（表示边的权重）或阴影单元格的色调（表示不同
类别的边）进行编码。

力导向布局是大多数人提到网络分析时所能想到的可视化类型。图 7.2 249
就是一个例子。

249

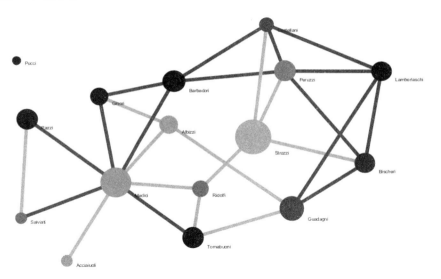

图 7.2 佛罗伦萨文艺复兴时期家庭间的力导向布局

这一可视化使用 Sci² Tool 创建，呈现了安塞尔（Ansell）和帕吉特（Padgett） 249
的文艺复兴时期佛罗伦萨家族之间的联系网络的数据子集。① 像这样的力导向
布局试图减少相互交叉的边的数量，同时将直接连接的节点间的距离缩短。
它们将网络建模模拟成一个物理问题，就好像每条边都是弹簧，每个节点都是

---

① John Padget and Christopher Ansell (1993)，"Robust Action and the Rise of the Medici，1400-
1434，" *American Journal of Sociology*，98(6)，1259-1319.

连接不同弹簧的单元。计算机模拟这个系统，让弹簧回弹，直到每个弹簧尽可能收缩。同时，节点相互排斥，如极性相同的磁铁，因此节点不会显得太靠近。最终，这些节点会像图 7.2 所示那样清晰可辨。该算法是力导向布局如何工作的一个实例，但它们并不是都使用弹簧和磁铁来进行演示，而且往往比我们的描述复杂得多。

250 　　这个算法有几个要点需要牢记。首先是布局通常是**随机**或任意的，有一种随机性元素会在每次运行时将节点和边有向成不同的方向。第二个是传统的空间维度（垂直和水平）在可视化中经常是有意义的，但在这里没有意义。这里没有 x 轴或 y 轴，并且从一个节点到另一个节点的空间距离并不具有内在意义。例如，如图 7.2 所示，阿斯埃欧里（Acciaiuoli）家族与萨尔维亚蒂（Salviati）家族相比，本来更容易接近帕齐（Pazzi），而在这种情况下，情况恰恰相反。要正确阅读力导向的网络可视化，你需要重新训练你的视觉理解，以便明白它是边，而不是将节点标记为更近或更远的空间距离。

　　随着网络的发展，这种可视化方式变得越来越难以解读。更大的例子被称为"意大利面和肉丸可视化"（spaghetti-and-meatball visualizations）或"巨大的毛球"（giant hair balls），这些可视化可能无法辨别任何特定的细节。不过，在某些情况下，这些规模非常大的力导向网络可以帮助我们快速分辨模型。

其他类型可视化

　　矩阵和力导向可视化是两种最常见的网络可视化，但它们绝不是唯一的选择。快速搜索弦图、径向布局、圆弧布局、配置单元图、圆形包和其他图形都已揭示出不断扩展的网络可视化世界。在什么情况下选择哪一种可视化比较合适，更像是艺术而不是科学。无论你选择什么布局，你都要明白：它是否有助你理解历史问题？它能够使论点更清楚吗？

什么情况不适合使用网络

　　网络分析可以成为处理历史数据集的强大方法，但它往往不是最合适的选择。任何历史数据库都可以通过设计感十足的网络呈现，但需要这样呈现的数据并不多。以大西洋贸易网络为例，将城市、船舶、相关政府和企业，连接在一个巨大的多方网络中。从这个网络中获取任何意义是非常困难的，特别是使用传统的网络分析方法时。例如，LCC 将毫无意义，因为任何一个节点的邻点都不可能彼此相邻。网络科学家已经开发了多模态网络的算法，但它们通常是为了相当特定的目的而创建的，在将它们应用于不同的数据集并使用该分析来探索历史问题之前，需要非常小心。

251

网络通常都是经过编码的，但是往往极度缺少细节。我们完全可以说，因为亨利·奥尔登堡（Henry Oldenburg）与戈特弗里德·莱布尼兹（Gottfried Leibniz）和约翰·米尔顿（John Milton）都是相连的，所以他是那两位之间的短连接。然而，编码的网络并不能确定奥尔登堡是否实际上在两者之间传递了信息，或者这种联系是否有意义。在一个飞行网络中，拉斯维加斯和亚特兰大可能都具有非常高的中介性，因为许多其他城市的人到达或从这些机场出发，但两个城市中的其中一个比另一个更重要。这主要是因为人们往往直接到达或者从拉斯维加斯出发，而不是通过拉斯维加斯，而当要从一个城市飞到另一个城市时，人们倾向于在亚特兰大进行中转。尽管这是目前使用的网络分析的信息类型，但是没有很好的工具来对其进行处理。这种缺陷是否影响历史调查主要取决于调查本身。

在决定是否使用网络来探索史学问题时，第一个要解决的问题应该是：连接性在多大程度上对这个研究项目有关键作用？下一个问题应该是：我和我的合作者如果知道如何使用网络分析，会对研究项目特别有帮助吗？如果两者中的一个答案是否定的，则可能需要的是另一种方法。

使用中的网络

一旦选择网络分析作为方法，你必须决定一系列步骤来将历史问题转化为具体的操作流程。有很多方法可以实现这个目标。不存在绝对恰当的路径，工具的选择和所采取步骤的顺序由手头的任务决定。

例如，让我们假设你想在 20 世纪中叶找到重要的艺术品经销商。你可以坐下来查看私人收藏家和博物馆的交易记录，并将所有艺术交易（手动）输入

到 NodeXL 中,列出买家和卖家。如果你用的是 Windows 系统,那么使用
NodeXL 是最明智的选择,因为它是最便于手动输入数据的软件。假设你找
到了几千个买卖艺术品的实体,在这些实体中有超过 10000 件艺术品易手。

252 该网络对于 NodeXL 来说有点大,你可以将它导出到 GRAPHML 中进行格式
化并将其加载到 Gephi 中,以便探索网络。导入到 Gephi 之后,你就可以通过
力导向布局将网络进行可视化处理,你马上就能注意到艺术界的一些中心玩
家:一些著名的经销商、一些博物馆,等等。要使对艺术品经销商的搜索更加
精细,那就需要进行更加深入的调查,你可以运行适当的算法并查找具有高中
心性和低聚类系数的艺术经销商。你所找出的这些经销商,肯定是艺术品持
有者与那些没有直接关联的群体之间的中心角色。你用红色突出显示这些节
点,并用 SVG 文件将它们展示出来,然后发送给你的出版商,因此你书中的插
图清楚地显示了这些经销商如何跨越多个群体。这将是一个很好的网络分
析,你可以详细讨论这些步骤,以便其他人可以重新运行分析以确认、反驳或
扩展你的观点。

其他情况会需要不同的步骤和不同的软件。也许你感兴趣的是网络中的
洞,而非连接模式。在这种情况下,你可能需要使用 UCINET。本书的讲解范
围不包括为每一种处理网络分析的潜在情况和一系列软件包推出教程。相
反,我们会拿一个简单的数据集,并将其加载到你最有可能使用到的软件(如
Gephi)中,看看我们能发现些什么。我们将做一些探索。前一章末尾的延伸
阅读部分将帮助读者获取这些基础内容之外的知识。

回想一下,在第三章中,你使用了 Notepad＋＋、正则表达式和
OpenRefine 来创建德克萨斯共和国外交函件的逗号分隔值文件(CSV)。你创
建的文件的最终版本里有一行列出了列中的每一个字母,并且每行都包含发
件人和收件人的名称。这个文件的样子如下所示:

发件人,收件人
Sam Houston,J. Pinckney Henderson
James Webb,Alc6e La Branche
David G. Burnet,Richard G. Dunlap
...

这个文件是一个边列表，与前一节讨论的网络数据类型一样。如果你的这个文件已经丢失，你可以在网站 http://themacroscope.org/2.0/datafiles/texas-correspondence-OpenRefine.csv 上获取。请保持这个软件随时可用，因为在安装 Gephi 之后你需要加载它。登录 http://gephi.github.io，下载适配你操作系统的 Gephi 安装文件，然后在你的计算机上运行。

在 OS X Mavericks[①] 系统安装 Gephi

OS X 用户在安装 Gephi 时可能会遇到一些问题。我们发现，在 OS X 系统中，Gephi 安装后无法正常加载。这是一个与 Java 相关的问题，因此你需要安装比所提供的版本更早的 Java 版本。为了解决这一问题，请在 Gephi 包中选择"show package contents"（显示包内容），依次单击"contents""resources""gephi""etc"（内容、资源、gephi 等）。在"gephi.conf"上按住 Control 键（或右键单击）并用你的文本编辑器打开，找到以下显示行：

＃jdkhome = "/path/to/jdk"

在下面粘贴以下内容：

jdkhome = "/System/Library/Java/JavaVirtualMachines/1.6.0.jdk/Contents/Home"

保存该文件。然后，转到 http://support.apple.com/kb/DL1572 并安装旧版本 Java(Java 6)。安装之后，正常情况下 Gephi 就能正常运行了。

安装之后运行 Gephi。你将看到一个欢迎窗口，提示你打开最近的文件，创建一个新项目或载入一个示例文件。单击"NewProject"（新项目），然后单击 Gephi 窗口顶部水平条上的"Data Laboratory"（数据库）选项（图 7.3）。

图 7.3　访问 Gephi 中的数据实验室

<hr />

① 在本书定稿时，Yosemite 操作系统正在定稿。克莱门·勒瓦卢瓦斯(ClementLevallois)通过网站 http://clementlevallois.net/gephi.html 提供了优秀的 Gephi 指导网络资源以及帮助文件，包括一份有关 Yosemite(以及 Windows 8)下安装和运行 Gephi 的非常详尽的指南。

253　　　　由于你尚未将 Gephi 与通信数据一起填写，你将会看到一个空白屏幕。
254　为此，请单击"Import Spreadsheet"（导入电子表格）并通过单击带有省略号的
按钮来选择文件 texas-correspondence-OpenRefine. csv。并导航到文件（图
7.4），确保你将文件以"Edges table"（边表格）形式导入。单击"Next"（下一
步），并确保"Create missing nodes"（创建缺失节点）框中有一个复选标记。单
击"Finish"（完成），并注意你已将德克萨斯共和国的外交函件加载到
Gephi 中。

254

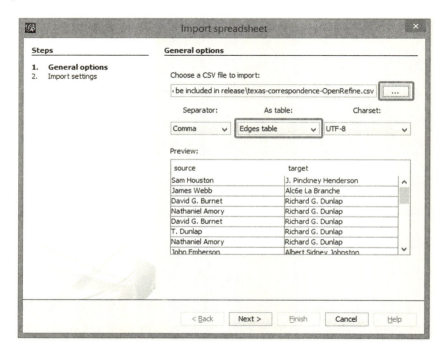

图 7.4　导入电子表格对话框

254　　　　Gephi 被分为三个窗格：Overview、Data Laboratory（数据实验室）和 Preview
（预览）。"Overview"窗格用于处理网络的视觉属性：更改节点或边的颜色，以不
同的方式对它们进行布局等。"Overview"窗格也是你可以将算法应用于网络的
地方，就像你在前一章中学习的那些。Data Laboratory（数据实验室）用于添加、
处理和删除数据。一旦你的网络达到了预期要求，可以使用"Preview"（预览）窗
格对网络的界面外观进行一些最终调整，并导出图像以供发布。

在数据集完全准备好在 Gephi 中进行探索之前,需要在数据表中完成一 255
项调整。单击数据表中的"Nodes"(节点)选项卡,注意,在第三列"Label"(标
签)列中(右边的最前面的字段)每一行都是空白的。这在查看网络可视化时
会成为一个问题,因为这些标签对网络的意义非常重要。

　　在"Nodes"(节点)选项卡中,单击底部的"Copy data to other column"(将
数据复制到其他列),选择"Id",然后单击"OK"(确定)(图 7.5)。这样做后,
"Label"(标签)栏将会给每个通信者填入适当的标签。当你仍在数据实验室
中时,请查看"Edges"(边)选项卡,并注意到有一个"Weight"(权重)列。每次
从通信者 A 向通信者 B 寄出一封信时,Gephi 会自动计算并总结所有事件,从
而得出权重。这意味着 J. 平克尼·亨德森(J. Pinckney Henderson)向詹姆斯
·韦伯(James Webb)寄了三封信,因为亨德森(Henderson)在"Source"(资
源)栏中,韦伯(Webb)在"Target"(目标)中,所以"Weight"是 3。

255

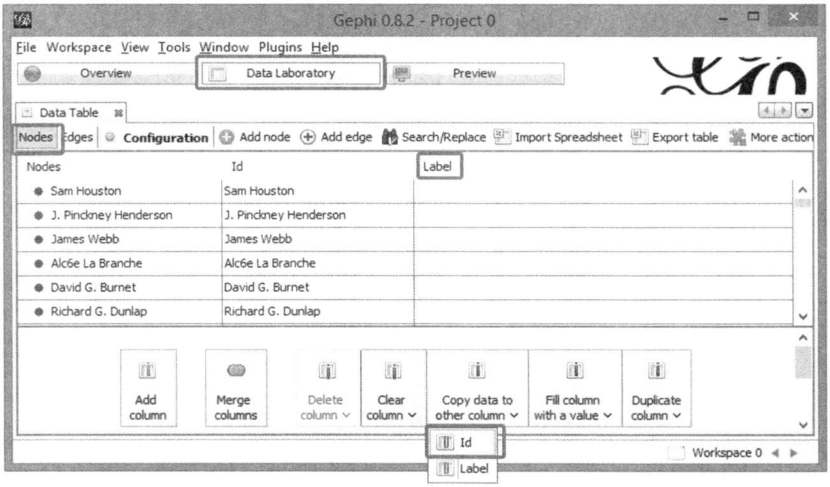

图 7.5　将数据从一列复制到另一列

　　单击"Overview",窗格将显示你刚导入的网络的可视化效果。在屏幕中 255
间,你将在"Graph"(图表)选项中看到你的网络。右上角的"Context"(文本)
选项将显示你导入了 234 个节点和 394 条边。一开始,所有的节点都会随机
散布在屏幕上,视觉效果很差(图 7.6)。通过在"Layout"(布局)选项卡中选择
布局来解决这个问题——对初学者来说最好用的是"ForceAtlas2"。单击"Run" 256

（运行）按钮，将屏幕上的节点和边重新组织成更易处理的内容。布局运行几分钟后，重新单击按钮［现在标记为"Stop"（停止）］显示节点。

256

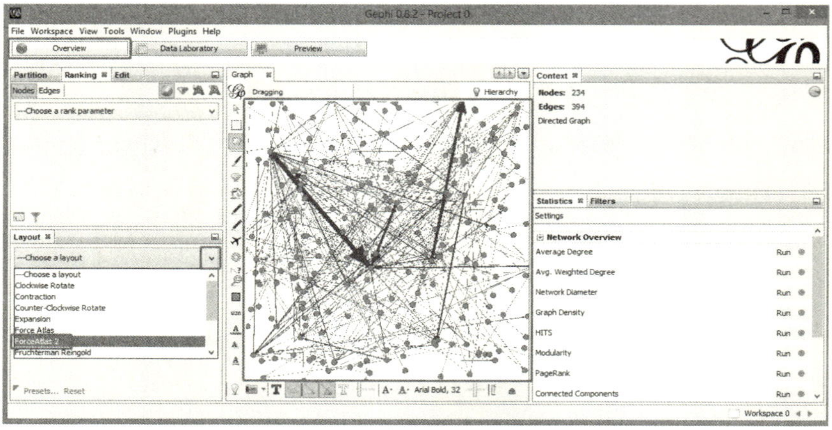

图 7.6　修复布局视图

256　　　正如本章前面所述，你只是运行了一个力导向布局。每个点都是网络中的通信者，点之间的线代表独立个体之间发送的信件。较粗的线代表通信较多，箭头代表信件发送的方向，因此最多可以有两条线连接任意两个通信者（每个方向一条）。

　　　大约有二十几个较小的节点将出现在距离较远处，与中间的大的节点并不相连。为了达到本练习的目的，我们对那些断开连接的节点不会进行过多解读，因此下一步就是将它们从网络中滤除。第一步是计算网络的哪些节点与其他节点相连，通过单击右侧"Statistics"（数据）选项卡上的"Connected Components"（连接成分）旁边的"Run"来执行此操作（图 7.7）。完成以上步骤之后，请选择"UnDirected"（非有向），然后单击"OK"。当表示算法已经完成运行的报告弹出之后，单击"Close"（关闭）。

　　　完成了这步之后，Gephi 会知道哪个是大连接节点（详见第五章），并将该节点标记为"0"。要过滤掉除了巨型节点以外的所有节点，请单击右侧的"Filters"（过滤器）选项卡，然后浏览至文件夹目录中的"Component ID

257　Integer（Node）"［成分 ID 整数（节点），你可以在"Attributes"（属性）下找到它，然后选择"Equal"（平均）］。双击"Component ID *Integer（Node）*"［成分

ID 整数（节点）]选项，然后单击底部的"Filter"按钮（图 7.8）。这样做会删除断开连接的节点。

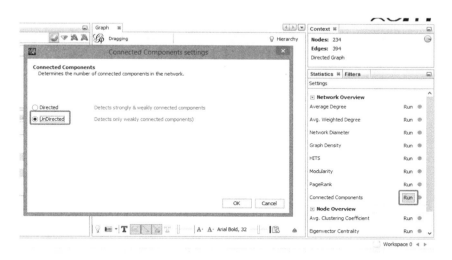

图 7.7　计算连接的组件

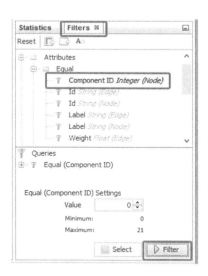

图 7.8　过滤成分

　　到目前为止，你已经完成了最终分析数据前所需的一系列步骤。在本例中，数据收集非常简单，因为它只需从 Internet Archive 下载文本文件。数据清理稍微复杂一些，因为它涉及 Notepad＋＋中的数据挖掘，使用正则表达式和 OpenRefine 中的一些平滑处理。数据准备涉及将你的 CSV 加载到 Gephi 中，为节点添加标签并过滤不需要的数据。剩下两个步骤：分析和可视化。在大多数历史研究项目中，数据收集、数据清理、数据准备花费的时间最长，比其他步骤多上几个数量级，而且随着你对项目想法的不断变化，每一步都经常需要重新审视。

　　有很多可能的算法可用于分析步骤，但在这个例子中，你将使用网络中每个节点的 PageRank 值。这个测量指标根据其他人给他或她写信的频率来计算通信者的声望。该过程是循环的，因此声望很高的通信者会将他们的声望传递给那些他们致信的人，接着那些人将自己的声望再传递给自己的通信者。该算法已在第五章中得到了详细描述，但现在让我们将其结果与德克萨斯共和国信件网络中通信者的声望等同起来。

258　　　通过单击"Statistics"选项卡中的"PageRank"（网页排名）旁边的"Run"按钮来计算 PageRank。你将看到一个询问几个参数的提示。确保选择了"Directed"（有向）网络并且算法囊括了边权重［通过选择"Use edge weight"（使用边权重）］，并将所有其他参数保留为默认值，单击"OK"（图 7.9）。

259

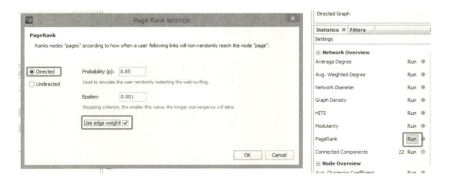

图 7.9　计算 PageRank 值

258　　　计算出 PageRank 值之后，如果你再次单击"DataLabora-tory"（数据实验室）并选择数据表中的"Nodes"列表，你可以看到添加了一个新的"PageRank"列，其中包含每个节点的值。PageRank 值越高，通信者在网络中的中心性越高。回到概览栏，你可以根据 PageRank 更改每个通信记录节点的大小来将中心性可视化。在"Overview"栏左侧的"Ranking"(排名)选项中执行此操作。

　　确保选中"Nodes",单击一个小红钻的图标,然后从下拉菜单中选择PageRank。在下面的参数选项中,在"Minsize"(最小尺寸)处输入 1,将"Maxsize"(最大尺寸)设为 10。单击"Apply"(应用),并根据它们的 PageRank值观察节点的大小(图 7.10)。为了安全起见并减少混乱,请按照前面的描述重新运行"Force Atlas2"布局,确保保持"Prevent Overlap"(防止重叠)复选框被选中。

259

259

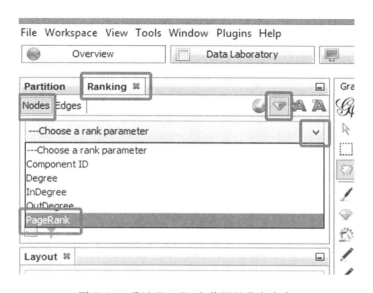

图 7.10　通过 PageRank 值调整节点大小

　　现在,网络处理已经可以在预览窗格中进行可视化,最后开始理解数据。在预览中,在左侧选择"Show Labels"(显示标签)、"Proportional Size"(比例尺寸)、"Rescale Weight"(重新调整权重),并取消选择"Curved"(弯曲)边。单击"Refresh"(刷新)。由此产生的可视化应该与图 7.11 类似(尽管不完全相同——达到这一点的过程,特别是布局,具有元素随机性)。

259

260

　　可视化立即显示出外观结构:顶部[Ashbel Smith(阿什贝尔·史密斯)和Anson Jones(安森·琼斯)]、底部[Mirabeau B. Lamar(米拉博 B. 拉马尔)]和James Treat(詹姆斯·特里特)的中心结构以及连接两个分离群体的两个中心人物[詹姆斯·汉密尔顿(James Hamilton)和詹姆斯 S. 梅菲尔德(James S.

Mayfield)〕。网上快速搜索显示,上面的网络与德克萨斯州共和国最后一任总统安森·琼斯有关;而底层网络主要围绕第二任总统米拉博 B. 拉马尔展开。研究这个历史时期的专家可以利用这种分析来了解附加在德克萨斯上的群体结构,或者他们可以提出关于数据本身性质的元问题。例如,为什么德克萨斯共和国的第一任和第三任总统萨姆·休斯敦(Sam Houston)在这个网络中几乎看不到?

260

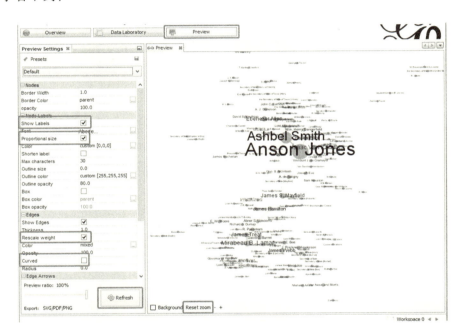

图 7.11　预览网络可视化

260

261　更细致的历史观点将考虑到通信网络的时间性质和演变性质。Gephi 可以支持不断发展的网络的分析并将其可视化。[①] 这样的网络在创建和分析时都非常复杂。然而,对于有兴趣将网络分析应用于他们自身研究的历史学家来说,它很明显是下一步的选择。

---

　　① 有关如何使用其中一些功能的教程,请参阅 Clement Levallois 的网站 http://www.clementlevallois.net/gephitogephitutorialdynamics.pdf 以及 https://marketplace.gephi.org/plugin/excel-csv-converter-to-network/。

更进一步：Gephi 中的动态网络

当我们处理静态网络时，网络分析非常出色。大多数矩阵算法的构建是为了与网络一起捕捉一个时间片段的图像（其中时间可以被定义为从一天到一周、一个月，甚至是几年）。有时候，将发生在一段长时间中的交互模式当作单一网络是行得通的。例如，在考古网络分析中，考虑到材料的性质，一个网络可以包含 200 年的相互交流。[①] 但有时候，将网络的形状看作一个如通信网络一样不断发展的动态关系集合会更有意义。

人们可以在时间片段上创建一系列网络——将 1836 年个人之间的信件寄送作为一个网络，将所有在 1837 年的信件寄送作为另一个，等等。这会是一个很好的方法（取决于你的问题），但是它受限于边效应：绘制边的位置会改变网络的形状。幸运的是，Gephi 可以处理动态数据和在不同持续时间段存在的边，并且可以计算一些度量指标（也可以重新进行查看）。

但是"持续时间"对网络意味着什么？ 在通信网络中，"持续时间"可能意味着"信件在某人脑海中最为重要的时刻"；也许它意味着"直到我写回信的时候"，从而使关系完整（并且这意味着通信网络可以具有有向边和无向边）。在格拉汉姆（Graham）2006 年通过罗马冲压砖的考古学和铭文学推断出的土地所有权关系网络中，"持续时间"被认为是开放式的（广义上说，邮票代表了一种租赁协议，因此，除非我们发现一块土地突然以不同的名称出租，否则我们可以认为这种关系仍在继续）。历史学家在汇编、清理和呈现数据时做出的决定成为计算机处理的对象，因此这些问题在理论上是很重要的。

262

在编写本书时，Gephi 正在准备进行一次更新，这将改变程序在网络中呈现"持续时间"和"时间"的图像方式。有关 Gephi 动态网络的更多信息，请参阅我们的配套网站 http://themacroscope.org。

[①]　Graham（2014）"On Connecting Stamps：Network Analysis and Epigraphy，" *Nouvelles d'archéologie*，135，39-44.

共有之罪：用单模统计分析双模网络

我们经常看到网络分析中网络节点实际上构成了多种类型的事物。20世纪60年代，在北美的一个小镇，小企业与它们员工参加的教堂的连线网络是一个双模网络。对这种网络进行可视化可能是一种有用的启发方式，是对数据的一次很好的初步探索。从集和集群可能会变得明显，而长老会教堂与浸信会教堂作为各种不相关业务之间的桥梁的角色，可能会很突出。

然而，Gephi在这样的网络上计算出的任何网络指标都是似是而非的，因为Gephi的度量指标都建立在单模图的假设之上。也就是说，该算法可行，但由于数据建立在不同于算法预期的不同假设之上，因此得到的数字基本上没有意义。如果有人希望根据这些网络数据的属性提出一个观点，那么解决方案就是将它从一个双模图形（其中节点代表两种事物，企业和教堂）转换成两个单模图形（节点是同一类事物，企业与企业之间，由教会成员的关系而联系在一起；教堂与教堂之间，由去教堂做礼拜的人的雇主联系在一起）。

我们可以使用插件在Gephi内自动完成这种转换。Gephi有很多插件，其中大部分插件可以在"Gephi Marketplace"（Gephi市场）上找到，或者通过Gephi中的Tools→Plugins菜单项找到。要将双模网络转换为两个单模网络，请查找"multimode networks transformations"（多模网络转换）插件。安装这个插件，一个与统计面板相邻的新面板将在Gephi中打开。

263

1. 确保你数据的初始CSV文件有一个名为"type"（类型）的列。用"undirected"（非有向）填充该列（你可以在Gephi的数据实验室中添加一个新列，也可以使用电子表格程序来完成）。该插件为无向数据设计，因此无法有效使用有向图。

2. 导入CSV文件后，在节点表上创建一个新列，称它为"node-type"（节点类型），你可以在此命名该事物，并相应地进行填充。例如，你可能有节点类型"worker"（工人）和"church"（教堂）。

3. 保存你的网络，下一步会不可撤销地改变你的数据。单击多模转换面板上的"load attributes"（加载属性）。在属性类型下，选择你为第二步创建的列。然后，对于左矩阵，选择"worker"—"church"；在右边的矩阵中，选择"church"—"worker"。

4.选择"remove edges"（删除边）和"remove nodes"（删除节点）。

5.单击"Run"。

6.用新名称保存新的单模网络。你在这里的新网络将成为在特定教堂中共同拥有会员资格的员工与员工相连的网络。

7.要生成一个节点是共有的员工相联结的教堂组成的网络，需要关闭Gephi，重新加载原来的双模网络，并在步骤三中反选矩阵中的选项。

虽然双模网络可以帮助我们理解数据中的有趣模式，但为了进行实际分析，我们需要对其进行转换，以便不互相干扰。

结论

网络可视化或网络分析可以成为历史学家宏观研究的重要组成部分。我们用了两章的内容讨论网络是什么、它们可以呈现什么，以及如何呈现。我们已经介绍了如何将网络数据加载到更受欢迎的网络可视化和分析程序之一的Gephi中。多种数据可以用网络来表示，网络方法可以与第三章和第四章中讨论的所有技术结合使用。

但是，你应该这样做吗？如果你在前面两章中注意到一条提示，那么你并不是在胡思乱想。我们参加了足够多的会议并阅读了足够多的文献，了解到了目前对使用网络的过剩热情。有时它们的局限性在使用时人们并没有得到足够多的思考。有时，它们被用作隐喻，但是它们的正式使用会因为产生"意大利面图"（spaghetti diagrams）而被舍弃。这可能会导致做事不分轻重，在抛弃不想要的东西时，把有价值的东西也抛弃了。我们认为，正确而谨慎地使用网络方法，对于处理大数据的历史学家来说会有很大帮助。最后两章为你提供了工具以及简洁明了的使用指南，以获得良好的可视化效果，并确保它们可以在相应的情况下最大限度地支持你的历史观点。

264

结　论

　　这位历史学家遇到了困难。她曾阅读过格拉汉姆、米利根和魏因加特的相关著作,她运行过几个主题模型并发现了有趣的规律。这些帮助她把重心放在了一系列文章的仔细阅读之上,通过在微观和宏观视角之间的往复,她觉得自己有一个引人入胜的故事要讲。但如何讲述这个故事呢? 如何发表她的成果呢? 她来到"数字人文问答"平台寻求帮助。几天之内,她收到了几条建议,其中一些是她熟悉的内容,其中一些是她不得不从 Twitter Bootstrap、D3.js 和 Omeka 上查找的,还有一些诸如"挖掘分派"(Mining the Dispatch)的例子(http://dsl.richmond.edu/dispatch/)。她制定了一项策略,将知识动员(作为其资助者,加拿大社会科学与人文科学研究委员会称之为公共宣传)与数据发布结合在一起,并通过同行评议模式展现工作成果。

　　她收集并创建的所有数据(她的所有电子表格、主题建模脚本、网络文件)都存放在 Fighare.com。这给了她可引用的"数字对象标识符"(digital object identifiers)或 DOI,以便其他人可以找到、引用并在她的研究基础上继续研究下去(同时可以计算其他人查看、分享或引用其成果的数据)。这还让她可以在自己的工作中引用具体的数据输出。然后,使用 Twitter Bootstrap(一系列 HTML、CSS 和其他文件创建的一个工作网站的外壳)的组合,她开始使用各种交互式图形呈现她的数据,构建它们时提出关于他人可能需要的模式建议,以及说明这些模式意味着什么。她创建了公开可编辑的谷歌文档,以允许其他人留下自己的见解。她在"当代数字人文"注册了账号,并将其推荐给当周的编辑。很快,这些成果成为"编辑精选",并且她初步讨论的更长版本被选入《数字人文杂志》。当研究经费快要出现赤字时,她把全部研究成果整理成一篇论文,这是关于研究发现了什么的"档案"版本。

　　与此同时,研究生和其他研究人员开始将她的数据纳入自己的研究,为原始的 Old Bailey Online 数据的创建开辟了新的天地……

上述段落中的一些术语直至今日可能你还闻所未闻，但它们都是你可能加入的群体的一部分。当我们更广泛地使用大数据和数字工具时，我们会自己生成大量的数据，对于这些数据我们应该进行分享，进行可视化，并且对其进行解读。分享电子表格是微不足道的，但向人们展示其中的模式可就大不一样了。在本书中，我们提出了一些对这些模式进行可视化的方法，尤其是在可视化本身是分析的一部分的情况下。

可视化也是一种交流。第一批学术期刊不仅要将学术成果传达给其他学者，还要将其传播给感兴趣的公众。借助数字工具，我们认为历史学家（或者更广义上的人文学者）有机会将实践转化为现实，通过将其放在网络上，使他们的学术交流成为学术的核心部分。当我们的大数据工具以其他人可以模仿的方式使用时，我们的工具就发挥了它们的最大功效，根据我们自己的数据来探索我们的结论，以便让其他故事得以讲述：这是一种新的历史、一种公共人文学科，我们的读者可能成为创造历史的参与者。但要做到这些需要拥有建设者、黑客和沟通者的技能。有很多可视化指南[①]，但至今还没有从历史学家的角度出发而写成的。[②] 如果你要在你的教学中使用这本书，你可能会考虑如何将这本书扩展到这一方面。请在我们的配套网站上留下你的评论，甚至建立你自己的网站也是可行的。

说起来有些奇怪，其实我们不希望每个拿起本书的人都会成为数字历史学家。但我们希望你现在知道它的存在：只要你想，就有算法可以帮助你推进自身的研究，不论是要帮助自己的研究生，还是帮助同事。我们的计算机不仅仅可以用来处理文字，事实上，我们想再次强调，即使是守旧的历史学家也可以成为其中的一分子。

正如我们在本书第一部分所讨论的那样，历史学家的工作流程已经深受数字方法的影响。2012 年 12 月，学术咨询机构 Ithak S＋R 发布了他们对历

267

---

①　登录网站 http://www.jiscinfonet.ac.uk/infokits/data-visualisation/可获取有关学者们应该知道的问题和趋势的高质量介绍性讨论内容，而网站 http://selection.datavisualization.ch/提供了当前实用工具（大多数是免费或开放源代码）的汇编内容。

②　如想入门，可参阅 Matthew Jockers（2014），*Text Analysis With R for Students of Literature*，Cham：Springer International，以及 Elijah Meeks（2014），*D3.js in Action*，Shelter Island：Manning Publications。

史研究方法的综合性概述"支持历史学家不断变化的研究实践"（Supporting the Changing Research Practices of Historians）。詹妮弗·鲁特那（Jennifer Rutner）和罗杰·斯科菲尔德（Roger Schonfeld）指出："数字化辅助工具、数字化收藏品和数码相机的使用已经改变了历史学家与原始资源互动的方式。"①正如他们所言，历史学家正在使用谷歌来寻找资源，还会给档案馆藏品拍照并访问一些博客。数字收集的广泛使用对历史学家的研究产生了深远的影响。虽然大多数资料来源仍然没有数字化且数字化历史研究的发展速度缓慢，但我们的方法正在发生变化。

正如我们在本书中所展现的那样，需要批判性地使用新技术。我们经常使用技术而不加以反思，也没有去了解它是怎样开展工作的。谷歌的黑匣子具有它的实用性，对新技术的运用以及对它们工作原理的理解也是如此。对主题建模、关键词搜索，以及如何使用网络的理解，不仅丰富了你的数字工作流程，而且从技术层面丰富了传统的研究方法。它使你成为更好的评论者、更好的数字化数据消费者，以及更好的用户。

一旦你开始以数字化的方式进行思考，你可以开始更详细地质疑或研究你使用的各种工具。对于新闻报纸数据库中的关键字搜索（使用本书前面的例子），你需要首先了解关键字是如何工作以及如何标记相关问题的，也需要理解如何先将词语变得可搜索：数据库是通过几乎完美的双盲转录创建的（其中两位打字员独立转录材料来源，并找出其中的差异），还是通过强大但易于出错的 OCR 程序建立起来的？了解这种方法能帮助我们评估学术，拓宽自身的研究路径，打破"数字化历史"和其他学科之间的壁垒。

在本书前言中，我们强调数字化方法不会取代传统方法，而是对传统方法的强化并将其纳入其中。历史资源的多样性和丰富性决定了我们仍将需要亲身经历的实践冒险，数字化历史并不能代替做批判性工作的口述历史学家、物质文化学者，或者是那些没有必备经费来开展广泛数字化工作的人。

我们书中的所有技术都可以成功应用于更多"标准"问题。口头历史转录

---

① Jennifer Rutner and Roger C. Schonfeld（2012-12-10），"Supporting the Changing Research Practices of Historians," http://www. sr. ithaka. org/sites/default/files/reports/supporting-the-changing-research-practices-of-historians. pdf.

在对重复出现的地名或组织的探索中可以起到很大的作用,这为继续深入探索提供了路径。例如,名称可以链接到网络中,这为深入进行传记研究提供了路径。主题建模或计算聚类可能会暗含章节结构。从最简单的 Wordle 词云到更复杂的网络图,基本的可视化通过色彩和空间推理可以使传统的出版物或演示活动变得更加生动。

出于正当理由,本书存在一大历史性遗漏——没有过多地讨论地图和绘图,包括历史地理信息系统(HGIS)、考古地理信息系统(GIS)、空间分析等。这是因为这些系统都具有自己的历史、知识体系和最优方法,最重要的是它们都有自己的介绍手册。你可能会发现你更希望开始绘制文本分析发现的数据。复杂的地理信息系统(GIS)或许有些令人生畏,因此研究人员正在研究那些对环境管理(GIS 最早关注的领域)意义不大,但对历史学家和人文学者十分实用的工具。

例如,来自空间和文本分析中心的 Palladio 平台(http://palladio.designhumanities.org)允许用户在地图上进行一些非常复杂的流程可视化操作。达米安·希尔斯(Damian Shiels)使用 Palladio 探索美国内战对爱尔兰的影响,而 2014 年在莱斯大学的 Caleb McDaniel 数字历史研讨会上,学生们使用 Palladio 工具可视化了逃亡奴隶的援助模式。Palladio 工具的精妙之处在于它可以接受 CSV 或制表符分隔的值作为输入。然后,遵循直观的提示,就可以非常轻松地进行复杂的可视化操作(包括点对点映射,如字母的移动等)。Palladio 的速度和易用性可以促进实验的进行,与大多数 GIS 或地图绘制工具不同,后者需要陡峭的学习曲线,然后才能开始使用数据来查看可能呈现的模式。但是,如果你确实发现自己想要更详细探究的模式,那么学习一个或多个更常见的 GIS 平台(如 QGIS)可能是值得的。你已经大致了解了《编程历史学家》;你应该访问吉姆·克里福德(Jim Clifford)的网站——"Geospatial Historian"(地理空间历史学家),该网站就像基于 HGIS 方法的开源教科书。有关 HGIS 可以提供哪些功能的一系列案例研究,请参阅邦尼尔(Bonnell)和福廷(Fortin)编辑的《加拿大 GIS 历史研究》。[①]

269

---

① Jennifer Bonnell and Marcel Fortin (eds)(2014),*Historical GIS Research in Canada*,Calgary:University of Calgary Press.

采用宏观视角之后:评估数字化学术

　　如果你全力以赴地采用我们一直倡导的这些方法和路径,会发生什么呢? 如果你已经是一名大学研究人员,你将如何让多疑的教授、你的同事相信你正在开展有价值的学术研究? 你如何向那些更熟悉基于标准纸质来源撰写论文的同事展示大知识容量、精心设计的主题模型? 存在这样一种诱惑:你试图通过页数、专题论文或期刊文章来框住你所做的工作,但通过网站进行的交互式数据驱动的论证根本不像本科论文或期刊文章那样。我们需要一种新的语言来组织这些新材料。

　　本书并没有涉及评估什么是"重要"的学术,但如果你看到了本书的这一部分,那么你也可以思考一下。问题在于目标范围总是在变化。技术方面的需求随着时间的推移变得越来越容易满足,因此关注的焦点已经从"我们可以做 x 吗?"转变为"x 对 y 有什么影响吗?"。贝萨妮·诺维斯基(Bethany Nowviskie)指出,这与 18 世纪的转变十分类似,当时的"Lunaticks"转变为 19 世纪的科学发展和工业化奠定了基础。[①] 另一个问题是,在数字化工作中,单枪匹马的学者是一种异类。数字化工作经常需要一个团队,而谁是第一作者并不一定反映出工作分配或实施的方式。我们应该抵制将数字化作品硬塞入用于不同媒介载体中的尝试。诺维斯基写道:

　　　　危险在于这项工作将鼓动人们搜寻打印替代品,想要画出每个呈现出来的项目……使其成为另外一些完整的、一元的和一般为私人创建的对象(如文章、版本或专著)。就是否真的合适来说,这种绘制会十分困难。

　　诺维斯基认为,为了证明这一点,我们必须指出,数字作品代表了具体的、变革性的过程。这不是关于什么会变成已知的问题,而涉及我们如何去认识它们。这就是评估数字化作品存在的问题:这项工作会如何改变这一过程?

---

　　① Bethany Nowviskie (2012-01-08), "Two and a Half Cheers for the Lunaticks," http://nowviskie.org/2012/lunaticks/.

这也表明了层次结构的重要性。仅仅把东西放在网上，虽然很重要，但不一定是具有变革性的，除非这种材料在之前从未被数字化过。然后，讨论也变成了关于如何完成这项工作、做出的决定，以及数字对象和物理对象之间的关系。例如，我们有一名学生在一个项目上工作，将与加拿大黑人历史相关的在线展览集合在一起。这很重要，但展览本身不具有变革性。当她通过文本分析开始探索这些材料时，才会有真正的学术以及真正的变革，并用宏观视角审视她收集的整个材料库。

数字化工作是公共工作

关于过程的另一个要点是数字化作品往往具有显而易见的外观。博客等平台允许公众参与我们的工作，因此数字化工作是一种公共人文。因特网的结构以及它的算法如何发现和构建知识？如何通过谷歌为我们服务？探索这些问题的尝试是有价值的，有趣的工作会在正反馈循环中产生更大的作用。最好的数字化作品是公开进行的。"公开的"不应该是与"流行的"相提并论的那一类字眼。对于上网的人来说，网络对于每个人都是不一样的（我们的算法确保每个人都能看到一个个性化的互联网，因为这是利用网络赚钱的方式），所以在博客文章上的点击并不是随机毫无意义的点击，而是加入到了一个更广泛的群体中去。

就学术博客而言，更广泛的社区是其他学者和学生。出版期刊和同行评议文章只是与我们选择的社区互动的一种方式。通过同行评审的后发表模式，比如《当代数字人文》和《数字人文学报》（这是其他人文学科正在取得进展的模式），对于这样的模式以及那些我们更熟悉的模式，我们应该抱以一视同仁的态度。我们希望在历史学家中看到一种将数字化作品，或者在印刷品之外的其他媒体中的作品与其更熟悉的形式一起平等看待的视角。换句话说，因为这些东西与我们传统上期望的东西没有同等的地位，因此必须使用属于它们自己的术语。我们甚至会认为，出版后的同行评审是一个更重要的指标，同时带来了价值，而非一个普通的双盲审印刷模式。

项目管理和项目成果

乔治梅森大学的肖恩·塔塔茨（Sean Takats）写到了他论证自身工作学术价值（作为任期和晋升过程的一部分）的经验。特别是他为其主要软件开发项目的重要性提供了论据，即这些软件开发项目能为学者进行历史研究提供工具。他谈到了项目管理：

> ……实际上，这是所有成功研究的基石。正是项目管理将论文计划书转化为论文，当然也是项目管理将论文从开题报告变成一本出版的专著。人文学者同行们，我为你们带来了一些消息：即使你只领导一个人，你们也都是项目经理。①

272 数字化工作创造了各种各样的产出，这些产出在许多不同阶段都可以为其他研究人员所用。这些产出本身应被视为有价值的出版物。所有这些产出都可以在为长期存储而建造的在线数字档案中找到。通常这些输出被下载或讨论的次数都是可以统计出来的，这些操作也应作为一种引用来考虑。

实验和风险承担

最后，我们认为那些实验性的、探讨什么东西不会有效的工作，应当得到认可和赞赏。数字化历史可能是有风险的工作。但是，如果记录这些风险，仔细收集试错并进行反思，那么这些结果（出版物、网站等）同样是学术的一部分。正如托德·普里斯纳（Todd Presner）所写的那样："把承担风险的学术和实验的挑战看作是对促进和提升具有次要（或没有）价值的活动，只会阻碍创新，鼓励平庸并延缓研究的发展。"②

---

① Sean Takats (2013-02-07)，"A Digital Humanities Tenure Case, Part 2：Letters and Committees，" http://quintessenceofham.org/2013/02/07/a-digital-humanities-tenure-case-part-2-letters-and-committees/.

② Todd Presner （2012），"How to Evaluate Digital Scholarship，" http://journalofdigitalhumanities.org/1-4/how-to-evaluate-digital-scholarship-by-todd-presner/.

那么,优秀数字化研究具备什么特征呢?

- 它是具有变革性的工作;

- 多作者作品与单作者作品一样有价值;

- 它是面向外界的工作,并通过链接、转帖、分享［和其他所谓的 "altmetrics"(补充计量),参见 http://impactstory.org/,一个新的尝试会将这些都集中在一起］得到认可;

- 它将数据当作出版物(参见例子 http://opencontext.org/inthearchaeo-logicalworld);

- 它将代码视为出版物;

- 它进行试验并承担风险,且愿意探讨什么行得通、什么行不通;

- 软件开发和项目管理被认为是研究的一部分;

- 任何工作都为他人建立更高层次和进一步的观察打下基础,是一种谦卑 273 的"如何去做"。

　　本书绝不是历史数字化作品的明确指南,我们的建议也并不代表真理或共识。然而,根据本书的精神,我们希望它能为着手进行数字化工作的新手提供引导和入门的路径,以及在我们的学科范围内部及周边进行更广泛的对话。

　　我们邀请你继续这个对话。你可以链接到本书的网站,找到代码中的(不可避免的)错误,并参与数字化历史对话。宏观研究可以对历史资料中的趋势进行广泛的概述,并且也会吸引许多目光来到目镜之前。

索　引

（条目后的数字为原书页码，即本书边码）

N

O

P

T

U

V

W

X

xpath 查询语言 xpath query language，65

Y

雅虎 Yahoo，81
YouTube（在线视频网站），28，239

Z

Zotero（文献管理工具），7，30，51，52，60，156

图书在版编目(CIP)数据

探索历史大数据:历史学家的宏观视角 /(加)肖恩·格雷厄姆(Shawn Graham),(加)伊恩·米利根(Ian Milligan),(美)斯科特·魏因加特(Scott Weingart)著.梁君英,刘益光,黄星源译.—杭州:浙江大学出版社,2019.1

书名原文:Exploring Big Historical Data
ISBN 978-7-308-18858-6

Ⅰ.①探… Ⅱ.①肖… ②伊… ③斯… ④梁… ⑤刘… ⑥黄… Ⅲ.①史学一研究 Ⅳ.①K0

中国版本图书馆 CIP 数据核字(2018)第 302379 号

浙江省版权局著作权合同登记图字:11-2018-572 号

探索历史大数据:历史学家的宏观视角

[加]肖恩·格雷厄姆(Shawn Graham) [加]伊恩·米利根(Ian Milligan)
[美]斯科特·魏因加特(Scott Weingart) 著

梁君英 刘益光 黄星源 译

丛书主持	陈佩钰
责任编辑	陈思佳
责任校对	刘 郡
封面设计	程 晨
出版发行	浙江大学出版社
	(杭州市天目山路 148 号 邮政编码 310007)
	(网址:http://www.zjupress.com)
排 版	杭州隆盛图文制作有限公司
印 刷	浙江海虹彩色印务有限公司
开 本	710mm×1000mm 1/16
印 张	17.5
字 数	285 千
版 印 次	2019 年 1 月第 1 版 2019 年 1 月第 1 次印刷
书 号	ISBN 978-7-308-18858-6
定 价	59.00 元